संस्कृत भाषा ही आर्यों की मातृ-भाषा थी। कहते हैं—उस समय संस्कृत भाषा को ही लोक-व्यवहार के प्रयोग में लाया जाता था। इसलिए संस्कृत के प्रकाण्ड विद्वानों की भी कमी नही थी। कुछ विद्वान् वीणा पाणि मां सरस्वती के कृपा-पात्र भी थे, उनमें से एक कवि कालिदास का भी नाम आता है। संचार के साधनों में पशु-पक्षी भी आते थे। इसलिए विरही यक्ष का संदेश-वाहक कवि ने मेघ (बादल) को बनाया जिसमें विरह-व्यथा के मार्मिक वर्णन के साथ-साथ प्राकृतिक चित्रण भी अपना महत्त्वपूर्ण स्थान रखता है।

तारक नामक असुर का वध भगवान शंकर के अंश द्वारा ही सम्भव था, इसलिए परम विरक्त शिवजी को वैवाहिक बंधन में बांधने हेतु कामदेव को भेजना, शिव-कोप से कामदेव का भस्म होना, पार्वतीजी के अखंड तप से शिव का प्रसन्न होना, पार्वती-विवाह और काम का पुनर्जीवित होना, शिव का दाम्पत्य सुख-भोग और कुमार (स्वामी कार्तिकेय) की उत्पत्ति, पुनः कुमार के सेनापतित्व में तारक असुर का वध आदि का वर्णन 'कुमार संभवम्' काव्य में बहुत ही सरस एवं अलंकृत भाषा में किया गया है।

महाकवि कालिदास के उक्त दोनों काव्य-ग्रन्थों का एकल समावेश मेघदूत नामक अनुवाद-पुस्तक में किया गया है।

AF518747

कालिदास कृत

मेघदूत

(कुमार सम्भव समाहित)

प्रकाशक : डायमंड पॉकेट बुक्स (प्रा.) लि.
X-30 ओखला इंडस्ट्रियल एरिया, फेज-II
नई दिल्ली - 110 020
फोन : 011- 40712200
ई-मेल : sales@dpb.in
वेबसाइट : www.diamondbook.in
मुद्रक : रेप्रो (इंडिया)

Meghdoot
By : Kumar Sambhav Samahit
Ed. : Ashok Kaushik

भूमिका

किसी ग्रन्थ की महत्ता और उपादेयता उसकी लोकप्रियता पर निर्भर करती है। विद्वान और अविद्वान दोनों को ही ग्रन्थ समान रूप से प्रिय होते हैं। वे ही ग्रन्थ प्रशंसनीय होते हैं और उन्हीं की महत्ता तथा उपादेयता मान्य भी होती है। कालिदास के सभी ग्रन्थ इस श्रेणी में आते हैं, अतः उनकी महत्ता तथा उपादेयता भी स्वतः सिद्ध है।

संस्कृत साहित्य और कालिदास का सम्बन्ध अटूट है। संस्कृत साहित्य का सारा सौष्ठव बहुत कुछ इन ग्रन्थों पर निर्भर है। यदि संस्कृत साहित्य से कालिदास को हटा दिया जाये तो उसमें अन्य अनेक महत्त्वपूर्ण ग्रन्थों के रहते हुए भी संस्कृत की लोकप्रियता में कमी आ जाएगी।

कालिदास अथवा उनकी कृतियों के प्रशंसक भारत में ही नहीं अपितु विश्व-भर में पाये जाते हैं। अमेरिकी विद्वान राइडर ने उनकी श्रेष्ठता को स्वीकार करते हुए अन्त में यही कहा था, *'कालिदास महान् साहित्यकार थे।'* जर्मन कवि गेटे ने तो उनकी प्रशंसा में बहुत कुछ कह डाला था और कालिदास की अनन्य कृति 'अभिज्ञान शाकुन्तलम्' को पढ़कर उनके मुख से बरबस निकल पड़ा था *'यदि तुम स्वर्ग और मर्त्यलोक को एक ही स्थान पर देखना चाहते हो तो मेरे मुख से सहसा एक ही नाम निकल पड़ता है– 'शाकुन्तलम्।'*

कालिदास का 'मेघदूत' यद्यपि छोटा-सा काव्य-ग्रंथ है किन्तु इसके माध्यम से प्रेमी के विरह का जो वर्णन उन्होंने किया है उसका उदाहरण अन्यत्र मिलना असंभव है। आषाढ़ और श्रावण मास का प्रेम और रति के प्रसंग में बड़ा महत्त्व माना गया है। न केवल संस्कृत में अपितु कालान्तर में उर्दू कवियों ने भी इस पर अपनी लेखनी चलायी है। किसी उर्दू कवि ने कहा है–

तौबा की थी, मैं न पियूँगा कभी शराब।
बादल का रंग देख नीयत बदल गयी।।

कालिदास ने जब आषाढ़ के प्रथम दिन आकाश पर मेघ उमड़ते देखे तो उनकी कल्पना ने उड़ान भरकर उनसे यक्ष और मेघ के माध्यम से विरह-व्यथा का वर्णन करने के लिए 'मेघदूत' की रचना करवा डाली। उनका विरही यक्ष अपनी प्रियतमा के लिए छटपटाने लगा और फिर उसने सोचा कि शाप के कारण तत्काल अलकापुरी लौटना तो उसके लिए सम्भव नहीं है इसलिए क्यों न संदेश भेज दिया जाये। कहीं ऐसा न हो कि बादलों को देखकर उसकी प्रिया उसके विरह में अपने प्राण दे दे। और कालिदास की यह कल्पना उनकी अनन्य कृति बन गयी।

'कुमार संभवम्' में यद्यपि कालिदास का कथानक तारक के अत्याचार से देवताओं को मुक्ति दिलाने का है। किन्तु इसमें भी शिव और पार्वती का जो प्रेमाख्यानं है, वही मुख्य

है। इस प्रसंग में उन्होंने स्वयं कहा है—'तथाविधं प्रेम पतिश्च तादृशः' पार्वती का जैसा प्रेम और शंकर जैसा पति, ये दोनों ही अलभ्य हैं। इसी आधार पर उन्होंने 'कुमार संभवम्' की रचना कर डाली।

पहली बार जब शंकर भगवान तपस्या कर रहे थे तो हिमालय के निर्देश पर उनकी कन्या पार्वती उनकी सेवा-सुश्रूषा करने लगी। क्योंकि नारदजी ने उनके मन में शंकर के प्रति प्रेम का बीज अंकुरित कर दिया था। किन्तु जब शिवजी कामदेव का दहन कर अपनी तपस्या बीच में ही छोड़कर वहां से चले गये तो पार्वती को लगा कि वह रूप किस काम का जो अपने प्रिय को रिझा न सके। तब उन्होंने तपस्या द्वारा अपने प्रिय को रिझाने का संकल्प किया और उसके अनुसार वे कठोर तप में निरत हुईं।

पार्वती की तपस्या और शिवजी का छद्म रूप में आकर उनको शिव से विरत करना और अन्त में स्वयं को प्रकट कर उनका पाणिग्रहण करना तथा उनके साथ प्रेम-लीला कर कुमार की उत्पत्ति करना, यही इसका मुख्य उपादेय है। कुमार का देवसेना का सेनापतित्व ग्रहण कर तारक राक्षस से देवताओं का त्राण करना, इसका अपर उपादेय माना जाता है। यही 'कुमार संभवम्' की कहानी है।

'मेघदूत' और 'कुमार संभवम्' का यह हिन्दी रूपान्तर डायमण्ड के यशस्वी संचालक नरेन्द्रजी की अन्यतम इच्छा के आधार पर पाठकों के लाभार्थ प्रस्तुत किया जा रहा है। इस शृंखला में कालिदास की दो अन्य कृतियां 'रघुवंश' और 'अभिज्ञान शाकुन्तलम्' पहले प्रकाशित हो चुकी हैं तथा भविष्य में उनके अन्य नाटकों का सरलीकरण भी शीघ्र ही पाठकों की सेवा में प्रस्तुत किया जाएगा।

— **अशोक कौशिक**

अनुक्रम

मेघदूत

कुमार सम्भवम्

उद्धरण

- अलकापुरी की कन्यायें इतनी सुन्दर हैं कि देवता भी उनको प्राप्त करने के लिए तरसते हैं। वे कन्यायें मन्दाकिनी के जल की फुहार से शीतल पवन में, तट पर स्थित कल्पवृक्ष की छाया में अपनी तपन मिटाती हुई, अपनी मुट्ठियों में रत्न लेकर सुनहरे बालों में डालकर लुका-छिपी का खेल खेला करती हैं।
- अलकापुरी के प्रेमीजन संभोग के लिए अपने चंचल हाथों से अपनी प्रेमिकाओं की कमर की गांठें खोलकर जब उनकी ढीली साड़ियों को हटाने लगते हैं तब वे प्रेमिकायें लज्जा से इतना सकुचा जाती हैं कि उस समय कुछ और वस्तु न पाकर मुट्ठी में गुलाल भरकर जगमगाते रत्नदीपों पर फेंकने लगती हैं। किन्तु उनका इस प्रकार गुलाल फेंकना व्यर्थ सिद्ध होता है, क्योंकि उससे दीपों की ज्योति न बुझती है और न कम हो सकती है।
- अलकापुरी की कामिनियां जब रात्रि के समय लम्बे-लम्बे डग भरती हुई जल्दी-जल्दी में अपने-अपने प्रेमियों के पास जाने लगती हैं तो उस समय उनकी चोटियों में गुंथे हुए कल्पवृक्ष के फूल और पत्ते खिसककर निकल जाते हैं। उनके कानों के सोने के कमल गिर जाते हैं। हारों के टूटे हुए मोती बिखर जाते हैं। दिन निकलने पर इन वस्तुओं को मार्ग में बिखरा हुआ देखकर लोग समझ जाते हैं कि कामिनियां किस ओर से किस ओर को अपने प्रेमियों के पास गयी होंगी।
- महादेवजी के पार्वती के साथ रहते हुए जब धीरे-धीरे पार्वती को भी सम्भोग का रस मिलने लगा, तो उनकी झिझक जाती रही। उस अवस्था में जब महादेवजी उनको कसकर अपनी छाती से चिपका लेते तो वे भी उनको अपने दोनों हाथों से कस लेतीं। शिवजी जब उनके ओठ का चुम्बन लेने लगते, तो वे अपना मुख हटाती नहीं थीं और जब शंकरजी उनकी करधनी पकड़कर खींचते, तो आधे मन से केवल दिखावे के लिए उनका हाथ रोकने का बहाना करतीं।
- मदिरा पान कर लेने पर पार्वतीजी की आंखें इतनी चंचल हो जातीं मानो नर्तन कर रही हों। मद के कारण उनका स्वर खंडित हो जाता, मुख पर पसीने की बूंदें झलक पड़तीं और बिना बात के ही वह हंस देतीं। उनके ऐसे मुख को भगवान शंकरजी उस समय चूमते नहीं थे, अपितु बहुत देर तक अपलक अपनी आंखों से ही उस सुन्दरता का पान करते रहते थे।

मेघदूतम्

पूर्वमेघ

यक्ष का प्रमाद

कुबेर की राजधानी अलकापुरी में एक यक्ष की नियुक्ति यक्षराज कुबेर की प्रातःकालीन पूजा के लिए प्रतिदिन मानसरोवर से स्वर्ण कमल लाने के लिए की गयी थी। यक्ष का अपनी पत्नी के प्रति बड़ा अनुराग था, इस कारण वह दिन-रात अपनी पत्नी के वियोग में विक्षिप्त-सा रहता था। उसका परिणाम यह हुआ कि एक दिन उससे अपने नियमित कार्य में भी प्रमाद हो गया और वह समय पर पुष्प नहीं पहुंचा पाया। कुबेर से यह सहन नहीं हो सका और उन्होंने यक्ष को क्रोध में एक वर्ष के लिए देश से निकाल दिया और कह दिया कि जिस पत्नी के विरह में उन्मत्त होकर तुमने उन्माद किया है अब तुम उससे एक वर्ष तक नहीं मिल सकते।

अपने स्वामी का शाप सुनकर तो यक्ष बड़ा छटपटाया, उसका सारा राग-रंग जाता रहा। अपने शाप की अवधि बिताने के लिए उसने रामगिरि पर्वत पर स्थित आश्रमों की शरण ली। उन आश्रमों के समीप घनी छायावाले हरे-भरे वृक्ष लहलहाते थे और वहां जो तालाब तथा सरोवर थे उनमें कभी सीताजी ने स्नान किया था। इस कारण उनका महत्त्व और भी बढ़ गया था।

रामगिरि से अलकापुरी काफी दूर थी। अपनी पत्नी का एक क्षण का भी वियोग जिसके लिए असह्य था, वह यक्ष अब इन आश्रमों में रहते हुए सूखकर कांटा हो गया था। उसके शरीर पर जितने भी आभूषण थे वह सब ढीले होकर इधर-उधर गिरने लगे थे। इस प्रकार वियोग में व्याकुल उस यक्ष ने कुछ मास तो उन आश्रमों में किसी-न-किसी प्रकार बिताये, किन्तु जब गर्मी बीती और आषाढ़ का पहला दिन आया तो यक्ष ने देखा कि सामने पहाड़ी की चोटी बादलों से लिपटी हुई ऐसी लग रही थी कि कोई हाथी अपने माथे की टक्कर से मिट्टी के टीले को ढाने का यत्न कर रहा है।

उन बादलों को देखकर यक्ष के मन में प्रेम उमड़ पड़ा। वह बड़ी देर तक खड़ा-खड़ा उन बादलों को एकटक देखता ही रहा। क्योंकि बादलों को देखकर जब जो जन सुखी हैं और जो अपनी पत्नी के समीप हैं, उनका ही मन डोल जाता है, फिर उस विरह-व्याकुल यक्ष की तो बात ही क्या है! वह बेचारा तो दूर देश में पड़ा हुआ अपनी पत्नी के वियोग में तड़प रहा था।

इन बादलों को देखकर यक्ष को ध्यान आया कि यह तो आषाढ़ मास है और आषाढ़ बीतते ही सावन आ जाएगा। ऐसे में उसको अपनी पत्नी का ध्यान आया कि सावन मास में

तो उसकी कोमल प्रिया की दशा बहुत ही विकट हो जाएगी, उस समय वह स्वयं को किस प्रकार सम्हाल पायेगी।

यह विचार मन में आते ही यक्ष ने सोचा कि क्यों न इन बादलों के माध्यम से अपनी पत्नी को ढाढ़स बंधाने के लिए तथा उसके प्राणों की रक्षा के लिए उसके पास अपना संदेश भेजूं? ऐसी बात मन में उठते ही उसका चित्त प्रफुल्लित हो उठा। उसने उसी समय ताजे खिले कुटज के फूल तोड़े और उनसे मेघ की पूजा की। फिर उसका कुशल समाचार पूछते हुए उसका स्वागत-सत्कार किया।

अब यह स्वस्थचित्त जनों के सोचने की बात है कि कहां तो धुआं, अग्नि, जल और वायु के संयोग से निर्मित काला बादल और कहां संदेश की वे बातें जिन्हें बड़े कुशल और चतुर लोग ही लाया-ले जाया करते हैं। किन्तु विरही यक्ष को इस बात को सोचने का अवकाश ही कहां? वह तो अपनी प्रिया तक अपना संदेश ले जाने के लिए बादल के आगे अपना रोना रोने लगा। किसी ने ठीक ही कहा है कि प्रेमियों को यह जानने की सुधि ही कहां रहती है कि कौन जड़ है और कौन चेतन? भला जड़ बादल भी कहीं यक्ष का संदेश ले जा सकता था?

संदेश कहने से पूर्व यक्ष ने सबसे पहले तो बादल का यशोगान करना आरम्भ किया। वह कहने लगा, 'हे मेघ ! संसार में पुष्कर और आवर्तक नाम के जो बादलों के दो प्रसिद्ध और ऊंचे कुल हैं, उन्हीं में तुमने भी जन्म लिया है। मुझे यह भी भलीभांति विदित है कि तुम देवराज इन्द्र के दूत हो। मुझे यह भी पता है कि तुम जैसा चाहो उसी प्रकार का अपना रूप भी बना सकते हो। यह सब जानकर ही मैं अभागा, जिसे अपनी प्यारी पत्नी से दूर रहने के लिए विवश किया गया है, तुम्हारे आगे अपना हाथ पसार रहा हूं। कहा भी है कि अपेक्षकृत इसके कि नीच से अपनी इच्छापूर्ति हो, गुणी के आगे हाथ फैलाकर निराश लौट आना उत्तम है।

हे मेघ ! केवल तुम ही एकमात्र ऐसे हो जो संसार के तपे हुए प्राणियों को शीतलता प्रदान करते हो। कुबेर के क्रोध से निकले हुए और अपनी प्यारी से दूर पटके हुए मुक्त विरही का संदेश भी तुम ही मेरी प्राणप्रिया के पास ले जा सकते हो।

मेघराज ! मेरा संदेश लेकर तुमको अलकापुरी नाम की उस नगरी में जाना होगा जहां यक्ष लोग बड़े ठाट-बाट से रहते हैं। वहां नगरी के बाहर बने हुए उद्यान में शिवजी की बहुत बड़ी और उज्ज्वल प्रतिमा स्थापित है। उसके सिर पर जड़ी हुई चन्द्रिका से वहां के भवन सदा प्रकाशित रहते हैं।

जब तुम वायु पर पैर रखकर ऊपर को चढ़ोगे तो परदेशियों की पत्नियां अपनी पलकें ऊपर उठाकर तुम्हारी ओर निहारेंगी, तुमको देखकर उनको बड़ा ढाढ़स मिलेगा और वे एकटक तुमको देखती ही रहेंगी। क्योंकि मुझ जैसे पराधीन को छोड़ अन्य कौन ऐसा अभागा निर्दयी होगा जो तुम्हें उमड़ा हुआ देखकर भी बिछोह में तड़पनेवाली अपनी पत्नी से मिलने के लिए उतावला न हो उठा हो।

हे मेघ ! ऐसा कोई भी स्थान नहीं है, जहां तुम्हारी पहुंच न हो सकती हो। इसलिए तुमको अपनी उस पतिव्रता भाभी अर्थात् मेरी पत्नी को ढूंढने में किसी प्रकार की भी कठिनाई

नहीं होगी, तुम उसको सहज ही पा जाओगे। वह बेचारी एकान्त में बैठी हुई मेरे लौटने के दिन गिन रही होगी। क्योंकि प्रेमियों का फूल जैसा कोमल हृदय, बस अपने प्रिय से मिलने की आशा पर ही अटका रहता है। अपने प्रेमियों से बिछुड़ने पर स्त्रियों के जो हृदय एक क्षण भी टिके नहीं रह सकते, वे इसी आशा के आश्रय से उन स्त्रियों को जीवित रखते हैं।

आज लक्षण भी अच्छे प्रकट हो रहे हैं क्योंकि तुम्हारा साथी यह वायु मन्द-मन्द बहता हुआ धीरे-धीरे तुम्हें आगे बढ़ा रहा है। इधर यह चातक बायीं ओर को होकर मधुर बोली बोल रहा है। थोड़ी ही देर में अभी तुम्हारे इस सुहाने रूप को देखकर ये वक-वनिताएं भी समझ जाएंगी कि उनके गर्भ धारण करने का समय समीप ही है। तब वे पंक्तिबद्ध होकर अपने पंखों से तुम्हारे लिए पंखा झलने के लिए अवश्य ही आकाश में उड़ने लगेंगी।

तुम्हारे गर्जन मात्र से ही कुकुरमुत्ते उग आते हैं और धरती उपजाऊ हो जाती है, उसी तुम्हारे गर्जन को सुनकर मानसरोवर को प्रस्थान करने के लिए उतावले राजहंस अपनी चोंचों में कमल की अगली डंठल को लिये हुए, कैलास पर्वत तक तुम्हारे साथ-साथ उड़ते हुए जाएंगे।

जिस पर्वत को तुमने लपेट रखा है उसकी ढालों पर भगवान रामचन्द्र के उन पैरों की, जिनको सारा संसार पूजता है, जहां-तहां छाप पड़ी हुई है। जब तुम इससे मिलने के लिए आते हो, तब यह भी बहुत दिनों पर मिलने के कारण तुम्हारे साथ अपने गरम-गरम आंसू बहाकर अपना प्रेम प्रकट करता है। इसलिए अपने इस प्यारे मित्र पर्वत की चोटी से जी भरकर गले मिलकर अब तुम इससे विदा ले लो।

तुम्हारे जाने से पहले मैं तुमको वहां जाने का मार्ग भली प्रकार समझा देता हूं जिससे कि तुम्हें वहां पहुंचने में किसी प्रकार का कोई कष्ट न हो। तुम्हें मार्ग समझाने के बाद फिर मैं तुम्हें अपना संदेश बताऊंगा। मार्ग बहुत लम्बा है इसलिए थकान होना स्वाभाविक है। उस अवस्था में तुम पर्वत की चोटियों पर विश्राम करते हुए जाना और जब-जब पानी के अभाव में स्वयं को दुर्बल समझो, तब-तब मार्ग में पड़नेवाले झरनों पर उतरकर उनसे जल ग्रहण कर आगे बढ़ते जाना।

सुन्दर हरे-हरे बेंतों से आच्छन्न इस पर्वतमाला से जब-जब तुम ऊपर को उड़ने लगोगे तो तुम्हें इस प्रकार उड़ते देखकर इन वनों में साधना करनेवाले सिद्धों की भोली-भोली स्त्रियां आंखें फाड़-फाड़कर तुम्हारी ओर देखती हुई सोचेंगी कि कहीं पवन इस पहाड़ की चोटी को ही तो नहीं उड़ाये लिये जा रहा है? इस प्रकार ठाट से उड़ते हुए, तुम दिग्गजों की मोटी-मोटी सूड़ों की फटकारों को एक ओर धकेलते हुए, उत्तर दिशा की ओर मुड़ जाना।

उधर मुड़ने के बाद वहां सामने की ओर बांबी पर उठा हुआ इन्द्रधनुष का एक भाग ऐसा सुन्दर दीख रहा होगा, मानो बहुत से रत्नों की चमक एक साथ वहां लाकर एकत्रित कर दी गयी हो। इस इन्द्रधनुष से सजा हुआ तुम्हारा सांवला शरीर ऐसा सुन्दर लगने लगा है कि जैसे मोर मुकुट धारण किये हुए तथा ग्वाले का वेश बनाये हुए साक्षात् भगवान श्रीकृष्ण ही आकर खड़े हो गये हों।

इसमें तो कोई संदेह नहीं कि कृषि का अच्छा या बुरा ही नहीं अपितु उसका होना, न होना भी तुम पर ही निर्भर है। जब तुम इस मार्ग से जाओगे तो किसानों की वे सुन्दर-सुडौल भोली-भाली ललनाएं भी तुमको बड़े प्रेम और आदर से जाता हुआ देखेंगी। उन कृषक

बालाओं को यद्यपि भृकुटि-कटाक्ष बिलकुल नहीं आता किन्तु उनके तुम्हारे प्रति प्रेम को तुम किंचित् भी कम नहीं समझना। इस प्रकार जाते हुए तुम माल देश के अभी-अभी जोते गये और सोंधी-सोंधी सुगंध देनेवाले खेतों पर बरस जाना। उन पर कृपा करने के उपरान्त तुम थोड़ा पश्चिम की ओर घूम जाना और फिर झटपट उत्तर की ओर मुख करके आगे को बढ़ जाना।

आगे बढ़ने के उपरान्त जब तुम आम्रकूट के वनों पर पहुंचोगे, तो स्वाभाविक ही वहां पर मूसलाधार वर्षा करोगे। इस प्रकार उन जंगलों की आग शान्त हो जाएगी। आम्रकूट इससे तुम्हारा उपकृत होगा। वह तुम्हें थका हुआ जानकर, बड़े प्रेम से तुम्हें मित्र बनाकर अपनी चोटी पर आदर के साथ तुम्हें विश्राम करने का आग्रह करेगा। क्योंकि जब दरिद्रजन भी आगत अतिथि मित्र के उपकार का ध्यान करते हुए उसके स्वागत-सत्कार में किसी प्रकार भी नहीं चूकते तब आम्रकूट जैसे उच्च पर्वत का तो कहना ही क्या !

जब तुम आम्रकूट पर पहुंचोगे, उस समय तक पके हुए फलों से लदे आम के वृक्षों से घिरा हुआ वह पर्वत पीला-सा हो गया होगा। उसकी चोटी पर जब तुम कोमल बालों के जूड़े के समान अपना सांवला रंग लेकर चढ़ोगे तो वह पर्वत देवता दम्पत्तियों को दूर से ही ऐसा दिखाई देगा, मानो वह पृथ्वी रूपी युवती का उठा हुआ ऐसा स्तन हो जिसके मध्य में काली घुंडी हो और चारों ओर से जो पीला हो।

इस प्रकार जब तुम थककर आम्रकूट पर्वत पर पहुंचोगे तब वह अत्यन्त प्रशंसनीय पर्वत तुम्हें अपनी ऊंची चोटी पर विश्राम करने के लिए आमंत्रित करेगा। वह तुम्हारा भली प्रकार स्वागत-सत्कार करेगा। तब तुम भी उस पर कृपा कर वहां पर जल की वर्षा करके वहां लगी गर्मी की आग को शान्त कर देना। कहा गया है कि यदि सच्चे मन से बड़ों पर उपकार किया जाए, तो वे अपने पर भलाई करनेवाले का आदर करने में किंचित् भी विलम्ब नहीं करते।

उस आम्रकूट के सघन कुंजों में वन-वनितायें भ्रमण करती हैं। यहां तुम कुछ समय के लिए विश्राम करके फिर आगे की ओर बढ़ जाना। जहां जल बरसाने के कारण तुम्हारी देह का भार कुछ कम हो जायेगा, इससे तुम्हें आगे बढ़ने में सुविधा होगी। ज्यों ही तुम वहां से आगे बढ़ोगे, तब तुम्हें विन्ध्याचल के ऊबड़-खाबड़ पठार दिखाई देंगे। वहीं, उन पठारों पर बहुत-सी धाराओं में फैली हुई रेवा नदी है। उसको देखकर तुमको ऐसा लगेगा मानो किसी बड़े से हाथी को भभूत से चित्रित कर दिया गया हो।

जब तुम वहां पर भी जल बरसा चुको तो फिर रेवा के उस सुमधुर जल का पान करना, जो जंगली हाथियों से सुगंधित मद में बसा हुआ जामुन के कुंजों में बहता है। जल पीकर तुम आगे बढ़ जाना। इस प्रकार तुम जल पीकर कुछ भारी हो जाओगे तो वहां बहनेवाली बयार तुम्हें इधर-उधर झुला नहीं सकेगी। क्योंकि जिसके हाथ रीते होते हैं उसको सब ही दुत्कारते हैं और जो भरा हुआ होता है उसका सब आदर और स्वागत करते हैं।

जब तुम पर्वत शिखरों पर जल बरसाते हुए आगे बढ़ रहे होगे, तब उस अध-पके हरे-पीले कदम्ब पुष्पों पर मंडराते हुए भ्रमर और दलदलों में नयी फूली कन्दली की पत्तियों

को चरते हुए हिरण तथा जंगली धरती की तीखी गन्ध सूंघते हुए हाथी अपनी सूंड़ों से तुम्हें आगे का मार्ग बताते हुए चलेंगे।

ऊपर-ही-ऊपर जल की बूंद को पी जानेवाले चातकों को देखनेवाली, इसी प्रकार पंक्ति बनाकर उड़ती हुई वक-ललनाओं को एक-एक करके गिननेवाली सिद्धों की प्यारी पत्नियां जब तुम्हारा गर्जन सुनेंगी, तो उससे घबराकर वे अपने पतियों से लिपट जाएंगी। उस अवसर पर वे सिद्ध लोग अनायास इस सुख को पाकर तुम्हारा बड़ा उपकार मानेंगे।

हे सखे! यह तो मेरा विश्वास है कि मेरा कार्य सिद्ध करने के लिए तुम बिना रुके हुए झटपट वहां से जाना चाहोगे, इस पर भी मैं यही समझता हूं कि कुटज के फूलों से लदे हुए उन सुगन्धित पर्वतों पर कुछ क्षण के लिए तुम ठहरने से स्वयं को रोक नहीं पाओगे। उस समय वहां के मोर अपनी आंखों में आनन्द के आंसू भरकर अपनी मधुर कूक से तुम्हारा स्वागत करेंगे। किन्तु मुझे यह भी विश्वास है कि तुम वहां पर अधिक नहीं रुकोगे और झटपट वहां से भी आगे के लिए चल दोगे।

जब तुम दशार्ण देश के समीप पहुंचोगे तब वहां पर फूले हुए केवड़ों के कारण वहां के फूले हुए उपवनों की बाढ़ तुम्हें बड़ी उजली-सी दिखाई देगी। वहां के गांवों के मंदिर, वहां के कौओं आदि पक्षियों के घोंसलों से भरे हुए मिलेंगे। वहां के जंगल पकी हुई काली जामुनों से लदे हुए मिलेंगे। इस अवसर पर कुछ दिनों के लिए मानसरोवर से हंस भी वहां आकर निवास कर रहे होंगे।

दशार्ण देश की राजधानी का नाम विदिशा है। जब तुम वहां पहुंचोगे, तो विलास की सारी सामग्री तुमको वहां मिल जाएगी और जब तुम वहां की सुहावनी, मन-भावनी और नाचती लहरोंवाली वेगवती नदी के तीर पर गर्जन करके उसका मीठा जल पियोगे, तब तुम्हें ऐसा लगेगा मानो तुम किसी कटीली भौंहोंवाली कामिनी के होंठों का रस पी रहे हो।

वहीं समीप ही एक 'नीच' नाम की छोटी-सी पहाड़ी है। तुम वहां जाकर कुछ समय के लिए विश्राम करना। वहां पर कदम्ब के फूल खिल रहे होंगे जो यह आभास देंगे कि तुम्हारा स्वागत करने के लिए उनका रोम-रोम खिल उठा है। उसी पहाड़ी की गुफाओं में से उन सुगन्धित पदार्थों की गन्ध निकल रही होगी, जो वहां के छैले नागरिक वेश्याओं के साथ रति के समय प्रयोग किया करते हैं। इससे तुमको यह भी विदित हो जाएगा कि वहां के नागरिक किस प्रकार के यौवन का रसपान करते हैं।

वहां विश्राम करने के उपरान्त तुम आगे बढ़ना। तब तुम जंगली नदियों के तीरों पर उपवन में खिली हुई जूही की कलियों को अपनी सुन्दर जल की फुहारों से सींचते हुए, वहां फूल तोड़नेवाली मालिनियों के मुख पर अपनी छाया करके, उनसे थोड़ी-सी जान-पहचान बढ़ाते हुए तुम आगे निकल जाना। उन मालिनियों के कानों में लटके हुए कमल की पंखुड़ियों के कर्णफूल उनके कपोलों में बहनेवाले पसीने से लगकर कुछ-कुछ मैले हो गये होंगे, किन्तु इससे उनकी सुन्दरता में किसी प्रकार की कमी नहीं आयेगी।

उत्तर की ओर जाने में तुम्हें उज्जयिनीवाला मार्ग मिलेगा। यद्यपि इस मार्ग से जाने में कुछ फेर तो पड़ेगा, किन्तु फिर भी उस नगर की शोभा इतनी सुन्दर है कि तुम उस मार्ग से ही जाना और वहां की शोभा देखना न भूलना। वहां की चंचल चितवनवाली ललनाएं

यद्यपि तुम्हारे गर्जन से डर जाएंगी तथापि अपनी तिरछी चितवन से वे तुमको रिझाने का यत्न अवश्य करेंगी और यदि तुम उन पर न रीझे, तो समझ लो, तुम्हारा जन्म व्यर्थ गया।

उज्जयिनी की ओर जाते हुए तुम मार्ग में बहनेवाली निर्विन्ध्या नदी का भी रस ले लेना, जिसकी उछलती हुई लहरों पर पक्षियों की चहचहाती हुई पांतें ही करधनी-सी दिखाई देंगी और जो इस सुन्दर ढंग से रुक-रुककर बह रही होगी कि उसमें पड़ी हुई भंवर तुम्हें उसकी नाभि जैसी दिखाई देगी, क्योंकि स्त्रियां तो अपनी चटक-मटक दिखाकर ही अपने प्रेमियों को अपने प्रेम की बात बताया करती हैं, बोलकर नहीं।

इस समय तुम्हारे विछोह में निर्विन्ध्या नदी की धारा किसी ललना की चोटी के समान पतली हो गई होगी और तीर पर स्थित वृक्षों के पीले पत्ते झड़-झड़कर उस पर गिरने से उसका रंग भी पीला पड़ गया होगा। हे सौभाग्यशाली मेघ! अपनी ऐसी वियोग की दशा दिखाकर वह नदी यही बता रही होगी कि वह तुम्हारे वियोग में किस प्रकार सूखी जा रही है। इसलिए उस पर जल बरसाकर तुम ऐसा उपाय करना जिससे कि उसका दुबलापन दूर हो जाए।

अवन्ति देश में पहुंचकर तुम उस विशाला नगरी की ओर प्रस्थान करना जिसका वर्णन अभी मैंने कुछ देर पहले किया था। वहां गांव के वृद्धजन बड़े विद्वान् हैं और वे लोग उस देश पर किसी युग में राज करनेवाले महाराजा उदयन की गाथा को भली प्रकार जानते और समझते हैं। दूर से देखने पर वह नगरी ऐसी लगती है मानो स्वर्ग में अपने पुण्यों का फल भोगनेवाले पुण्यात्मा लोग अपना पुण्य समाप्त होने से पहले ही अपने बचे हुए पुण्य के बदले में, स्वर्ग का कोई चमकीला भाग लेकर उसे अपने साथ धरती पर उतार लाये हों।

उस नगरी में मतवाले सारसों की मीठी बोली को दूर-दूर तक फैलता हुआ प्रातःकाल खिले हुए कमलों की गन्ध में बसा हुआ और शरीर को सुहानेवाला क्षिप्रा नदी का सुन्दर वायु स्त्रियों की संयोग की थकावट को उसी प्रकार दूर कर रहा होगा जैसे चतुर प्रेमी, मीठी-मीठी बातें बनाकर, प्रेमिकाओं को फुलेल सुंघाकर और पंखा झलकर संभोग से थकी हुई अपनी प्यारी की थकावट को दूर करता है।

उज्जयिनी के हाट-बाजारों में कहीं तो तुमको करोड़ों मोतियों की ऐसी मालायें सजी हुई दिखाई देंगी जिनके बीच-बीच में बड़े-बड़े रत्न गुंथे हुए होंगे, कहीं करोड़ों शंख और सीपियां रखी हुई मिलेंगी। इसके साथ ही कहीं पर नयी घास के समान नीले और चमकीले नीलम बिछे हुए दिखाई देंगे। उन सबको देखकर तुमको ऐसा लगेगा कि सभी प्रकार के रत्न तो निकालकर यहां लाकर रख दिये गए हैं, इसलिए समुद्र में तो अब केवल खारा पानी ही शेष रह गया होगा।

वहां के जानकार लोग यह कथा सुना-सुनाकर बाहर से आनेवाले अपने सम्बन्धियों का मन बहला रहे होंगे कि यहां पर वत्स देश के राजा उदयन ने उज्जयिनी के राजा प्रद्योत की प्रिय कन्या वासवदत्ता का हरण किया था। यहीं उनका बनाया हुआ ताड़ के वृक्षों का सुनहरा उपवन था और यहीं पर मद से उन्मत्त नलगिरी नाम का हाथी अपना खूंटा उखाड़कर इधर-उधर मदमस्त-सा घूमता फिरता था।

वहां के भवनों में जलाया गया अगर का धुआं वहां की ललनाओं के बालों को

सुगन्धित करता हुआ झरोखों से बाहर निकलकर तुम्हारे शरीर को बड़ा ही करेगा। इसके साथ ही तुम्हें अपना निकट सम्बन्धी समझकर वहां के पालित मोर भी नाच-नाचकर तुम्हारा स्वागत करेंगे। तब तुम फूलों की गंध से महकते हुए वहां के सुन्दर भवनों की सजावट देखकर अपनी थकावट दूर कर लेना जिनमें सुन्दरियों के चरणों में लगी हुई महावर से लाल पैरों की छाप बनी हुई होगी।

इसके बाद वहां से तुम तीनों लोकों के अधिपति तथा चंडी के स्वामी महाकाल के महामन्दिर की ओर चल देना। उस स्थान पर पहुंचकर शिवजी के गण अपने स्वामी शिवजी के कंठ के समान ही नीला समझकर तुम्हें बड़े आदर से देखने लगेंगे। वहां जल-विहार करती हुई युवतियों के स्नान करने से महकता हुआ और कमल के गंध में बसी हुई गंधवती नदी की ओर से आनेवाला पवन महाकाल के मन्दिर के उपवन को बारम्बार झुला रहा होगा।

यदि तुम महाकाल के मन्दिर में सायंकाल होने से पहले ही पहुंच जाओ, तो वहां तब तक ठहर जाना जब तक सूर्य भली प्रकार ओझल न हो जाए और जब महादेवजी की सायंकाल की सुहावनी आरती होने लगे तब तुम भी गरज-गरजकर नगाड़े के स्वर में स्वर मिलाना। इस प्रकार तुम्हें अपने मंद गंभीर गर्जन का सुफल प्राप्त हो जाएगा।

सन्ध्या के समय नाचती हुई, थिरकती हुई जिन वेश्याओं की करधनी के घुंघरू बड़े मन्द और मधुर बज रहे होंगे और जिनके हाथ के कंगन के नगों की चमक से दमकते हुए डंडोंवाले चँवर डुलाते-डुलाते थक गये होंगे, उन वेश्याओं के नखक्षतों पर जब तुम्हारी ठंडी-ठंडी बूंदें पड़ेंगी तब वे बड़े प्रेम से मोरों की पातों के समान अपनी सुन्दर और बड़ी-बड़ी चितवन तुम्हारी ओर डालेंगी।

सांझ की पूजा हो चुकने पर जब महाकाल अपना तांडव नृत्य करने लगें, उस समय तुम सांझ की ललाई लेकर उन वृक्षों पर छा जाना, जो उनकी ऊंची उठी हुई बांह के समान खड़े होंगे। ऐसा करने में शिवजी के मन में जो हाथी की खाल ओढ़ने की इच्छा होगी वह भी पूरी हो जाएगी। यह देखकर पहले तो पार्वती डर जाएंगी कि यह हाथी की खाल कहां से आ गयी, किन्तु उसी क्षण तुमको पहचानकर उनका डर दूर हो जाएगा और वे एकटक होकर शिवजी में तुम्हारी इतनी भक्ति को आश्चर्य से देखती रह जाएंगी।

वहां पर जो युवतियां अपने प्रियजनों से मिलने के लिए ऐसी घनी अंधेरी रात में घर से निकली होंगी उन्हें सड़कों पर अंधेरे के कारण कुछ भी न सूझता होगा, तब तुम कसौटी में सोने के समान दमकनेवाली अपनी बिजली चमकाकर उन्हें ठीक मार्ग दिखा देना। किन्तु देखना, उस समय तुम न तो गरजना और न ही बरसना। यदि तुम गरजे अथवा बरसे तो इससे वे युवतियां घबरा उठेंगी।

इस प्रकार बहुत देर तक चमकते-चमकते थकी हुई अपनी प्रिय बिजली को लेकर तुम किसी ऐसे भवन के छज्जे पर वह रात बिता देना जिसमें कपोत निद्रामग्न हों। ज्यों ही प्रातः काल हो तुम वहां से चुपचाप आगे के लिए चल देना। क्योंकि जो भद्र अपने मित्रों का काम करने के लिए उद्दत रहता हो वह किसी प्रकार का आलस्य अथवा प्रमाद नहीं करता।

उस समय बहुत से प्रेमीजन अपनी उन प्रेयसियों के आंसू पोंछकर उनको ढाढ़स दे रहे होंगे जिन्हें छोड़कर उन्होंने वह रात्रि किसी अन्य प्रेमिका के कक्ष में बिताई होगी।

इसलिए तुम उस समय सूर्य को भी मत ढंकना, क्योंकि उस समय सूर्यदेव भी अपनी प्यारी कमलिनी के मुख कमल पर पड़ी हुई ओस की बूंदें पोछने और उसको प्रफुल्लित करने के लिए आ गये होंगे। ऐसे में तुम उनके हाथों को कहीं रोक न बैठना, यदि ऐसा हुआ तो उनको इसका बहुत बुरा लगेगा।

वहां से चलने पर तुम्हें गंभीरा नदी मिलेगी। तुम्हारे सहज-सलोने शरीर की परछाईं उस गंभीरा नदी के निर्मल जल पर बड़ी साफ दिखाई देगी। उस नदी में किलोलें करती हुई कुमुद के समान उजली मछलियों को देखकर तुम तो यही समझना कि नदी न केवल अपनी अपितु तुम्हारी ओर भी प्रेम भरी चंचल चितवन चला रही है। किन्तु अपनी रुखाई से तुम उसके प्रेम का निरादर न कर बैठना।

तुम्हारे गंभीरा नदी का जल पी लेने के बाद उसका जल कम हो जायेगा, इससे उसके दोनों तट नीचे तक दिखाई देने लग जाएंगे। उस समय जल में झुकी हुई किनारे के बेंत की लताओं को देखने से ऐसा लगने लगेगा मानो वह गंभीरा नदी अपने तट रूपी नितम्बों पर से अपने जल के वस्त्र खिसक जाने पर लज्जा से अपने बेंत रूपी लताओं के हाथों से अपना जल रूपी वस्त्र थामे हुए है। हे सखे मेघ! यह सब देखकर और उस पर झुके हुए तुम वहां से किसी प्रकार भी जा नहीं पाओगे, क्योंकि जवानी का रस ले चुकनेवाला ऐसा कौन रंगीला होगा जो कामिनी की खुली हुई जांघों को देखकर उसका रस लिये बिना ही वहां से चल दे।

वहां से तुम देवगिरि पर्वत की ओर प्रस्थान करोगे। उस समय वहां मन्द-मन्द बहता हुआ शीतल पवन तुम्हारी सेवा करेगा जिसमें बरसाये हुए जल से आनन्द की सांस लेती हुई धरती की गंध भरी रहेगी, जिसे चिंघाड़ते हुए हाथी अपनी सूड़ों से पी रहे होंगे और जिसके चलने से वन के गूलर पकने लग गये होंगे।

उसी देवगिरि पर स्कन्द भगवान् भी सदा निवास करते हैं। इसलिए जब तुम वहां पहुंचो तो फूल बरसानेवाले बादल बनकर उन पर आकाश से गंगाजल से भीगे हुए फूल बरसाकर उन्हें स्नान करा देना। हां, यह बात जरूर समझ लेना कि स्कन्द भगवान् कोई साधारण कोटि के देवता नहीं हैं। जिस समय इन्द्र की सेना को बचाने के लिए शिवजी महाराज ने सूर्य से भी बढ़कर जलता हुआ अपना तेज अग्नि में डालकर इकट्ठा किया था, उसी तेज से स्कन्द भगवान् का जन्म हुआ था।

वहां पहुंचने पर तुम अपनी गर्जना से पर्वत को गुंजायमान कर देना। उसे सुनकर स्वामी कार्तिकेय का वह मोर नाच उठेगा जिसके नेत्रों के कोने सदा शिवजी के सिर पर विराजमान चन्द्रमा की चमक से दमकते रहते हैं। मोर के जो पंख गिरे होंगे, उनसे चमकीली किरणें निकल रही होंगी, जिन्हें पार्वतीजी अपने पुत्र पर प्रेम दिखाने के लिए अपने उन कानों पर सजा लेती हैं जिन पर वे कमल की पंखुड़ी सजाया करती थीं।

स्कन्द भगवान् की पूजा करने के उपरान्त तुम आगे चर्मण्वती नदी की ओर चलोगे तो मार्ग में तुमको अपनी पत्नियों के साथ आते हुए और हाथ में वीणा लिये हुए सिद्ध लोग मिलेंगे। तुम्हारे कारण भीगकर बिगड़ जाने के डर से वे अपनी वीणाओं को तुमसे दूर-ही-दूर

रखने का यत्न करेंगे। जब तुम आगे बढ़कर चर्मण्वती नदी के समीप पहुंचो, तो उसका आदर करने के लिए नीचे उतर जाना। चर्मण्वती वह नदी है जिसके तीर पर राजा रन्तिदेव ने अपना प्रसिद्ध गवालंभ यज्ञ किया था। वह नदी उस यज्ञ की कीर्ति बन गयी है।

जब तुम चर्मण्वती का जल पीने के लिए नीचे उतरोगे उस समय सिद्धों और गन्धर्वों को, जो कि आकाशचारी हैं, उनको दूर से पतली रेखा-सी दिखाई देने वाली चर्मण्वती नदी की चौड़ी धारा के मध्य में तुम ऐसे शोभायमान होगे मानो पृथ्वी के गले में पड़े हुए एक लड़ी वाले हार के बीच में एक मोटी-सी इन्द्र नीलमणि पिरो दी गई हो।

चर्मण्वती नदी पार करने के उपरान्त तुम आगे दशपुर नगर की ओर बढ़ जाना। अपने रूप से तुम वहां की उन रमणियों को रिझाना जिनकी काली-काली कटीली भौंहें तुम्हें ऐसी जान पड़ेंगी मानो उन रमणियों ने कुन्द के फूलों पर मंडरानेवाले भ्रमरों की चमक को चुरा लिया हो।

दशपुर से आगे प्रस्थान करते हुए तुम ब्रह्मावर्त देश की ओर अग्रसर होना। ब्रह्मावर्त पर अपनी छाया से शीतलता प्रदान करते हुए तुम उस कुरुक्षेत्र पर पहुंच जाओगे जो कौरवों और पाण्डवों के परस्पर गृह-कलह के कारण आज तक भी कुख्यात है। उस क्षेत्र में गाण्डीवधारी अर्जुन ने अपने शत्रु राजाओं पर उसी प्रकार अगणित वाणों की वर्षा की थी जिस प्रकार तुम कमलों पर जल वर्षा करते हो।

तुम्हें एक विशेष बात तो पता ही होगी कि भगवान श्रीकृष्ण के बड़े भाई बलरामजी का कौरवों और पाण्डवों के प्रति एक-सा प्रेम था। यही कारण था कि महाभारत के उस महायुद्ध में उन्होंने किसी भी पक्ष की ओर से युद्ध नहीं किया था। ऐसे वे बलरामजी अपनी प्रिया रेवती के नेत्रों की छाया पड़ी हुई मदिरा को त्यागकर जिस सरस्वती नदी का जल पिया करते थे उसी जल को यदि तुम भी पी लोगे तो बाहर से तुम चाहे कितने ही काले दिखाई देते रहो, किन्तु उस जल के पान से तुम्हारा मन उजला हो जाएगा।

कुरुक्षेत्र से आगे उत्तर की ओर बढ़ते हुए तुम धीरे-धीरे कनखल पहुंच जाओगे। वहां तुम्हें हिमालय की घाटियों से उतरी हुई वे गंगाजी मिलेंगी जिन्होंने एक प्रकार से सीढ़ी बनाकर सगर के पुत्रों को स्वर्ग जाने का मार्ग प्रशस्त कर दिया। उस गंगा की उजली फेन ऐसी लगती है मानो उस.फेन के रूप में हंसी-सी उड़ती हुई उन पार्वतीजी का निरादार कर रही हों जो सौतिया डाह से गंगाजी पर अपनी भौंहें तरेर रही हों और अपने लहर रूपी हाथों को चन्द्रमा पर टेककर शिवजी के केश पकड़कर मानो पार्वती को यह बता रही हों कि तुमसे बढ़कर तो शिवजी आज भी मेरी मुट्ठी में हैं।

कनखल में पहुंचकर यदि तुम दिग्गजों के समान अपना पिछला भाग ऊपर उठाकर और आगे के भाग को झुकाकर, गंगाजी का स्फटिक के समान उजला जल तिरछे होकर पीना चाहोगे तो इस प्रकार तुम्हारी जो चलती हुई छाया गंगाजी की धारा पर पड़ेगी वह ऐसी सुन्दर दिखाई देगी कि मानो प्रयाग पहुंचने से पूर्व ही यमुनाजी गंगाजी से मिल गई हैं।

वहां से चलकर तुम जब हिमालय की उस हिम से ढकी चोटी पर बैठकर थकावट मिटाओगे जहां से गंगाजी निकली हैं और जिसकी शिलायें सदा ही कस्तूरी के मृगों के बैठने से निरन्तर महकती रहती हैं, उस समय उस चोटी पर बैठे हुए तुम वैसे ही दिखाई दोगे,

जैसे महादेवजी के सुन्दर उजले नन्दी के सींगों पर मिट्टी के टीलों पर टक्कर मारने से कीचड़ जम गया हो।

अपनी यात्रा पर जाते हुए मार्ग के वनों में अंधड़ चलने पर देवदार के वृक्षों के परस्पर रगड़ खाने से जब वन में आग लग जाए और उसके उड़ते हुए अंगारे सुरा-गाय के लम्बें-लम्बे रोयें जलाने लगें तो उस समय तुम धुआंधार पानी बरसाकर उसे बुझा देना। क्योंकि कहा भी गया है कि भले लोगों के पास जो कुछ होता है, वह सब दीन-दुखियों का दुःख मिटाने के लिए ही होता है।

हिमालय पर जाते हुए जब शरभ जाति के हिरण तुम्हें देखकर दूर से ही तुम पर बिगड़कर उछलने-मचलने लगें और अपने हाथ-पैर तुड़वाने के लिए तुम पर सींग चलाने को झपटें, तो तुम उनके ऊपर इस प्रकार निरन्तर ओलों की वर्षा करना कि तितर-बितर हो जाएं। क्योंकि जो लोग व्यर्थ का काम करने लगते हैं उन्हें इसी प्रकार ठीक किया जाता है।

इस प्रकार हिमालय पर जाते हुए तुम्हें पर्वत की एक शिला पर शिवजी के पैर की छाप बनी हुई दिखाई देगी। उस पर सिद्ध गण निरन्तर पूजा के पुष्प आदि चढ़ाया करते हैं। वहां पहुंचने पर तुम भी भक्तिभाव से नम्र होकर उस शिला की प्रदक्षिणा कर लेना। क्योंकि श्रद्धा से भरे लोगों के पाप उस शिला के दर्शन मात्र से ही धुल जाते हैं। वे शरीर-त्याग करने पर सदा के लिए शिवजी के गण हो जाते हैं।

हिमालय के पीले बांसों में जब वायु भरने लगता है तब उसमें से मधुर-मधुर स्वर निकला करते हैं। उस समय किन्नरों की ललनायें उनके स्वरों में अपना स्वर मिलाकर त्रिपुर विजय का गीत गाने लगती हैं। उस समय यदि तुम भी अपनी गर्जन से पर्वत की घाटियों को गुंजाकर मृदंग के समान शब्द कर दोगे तो इस प्रकार शिवजी के संगीत के सभी अंग पूर्ण हो जाएंगे।

पर्वतराज हिमालय के समीपवर्ती जितने भी सुहावने स्थान हैं, उन सबको देखकर तुम उस क्रौंच रन्ध्र में, जिसमें से होकर हंस भी मानसरोवर की ओर जाते हैं और जिसे परशुरामजी ने अपने वाण से छेदकर अपना नाम अमर कर लिया है, वहां से होते हुए तुम उत्तर दिशा की ओर चले जाना। वह मार्ग संकरा है इसलिए तुमको वहां से उसी प्रकार तिरछा और लंबा होकर जाना पड़ेगा जिस प्रकार बलि को छलते समय भगवान विष्णु का सांवला चरण लंबा और तिरछा हो गया था।

हिमालय पर्वत से जब तुम ऊंचे उठकर आगे बढ़ने लगोगे तो फिर उस कैलास पर्वत पर पहुंच जाओगे जिसकी चोटियों के अंग-अंग और जोड़-जोड़ रावण की बलिष्ठ भुजाओं ने हिला डाले थे। उस कैलास पर्वत पर, जिसकी कुमुद जैसी उजली चोटियां आकाश में इस प्रकार फैली हुई हैं मानो वह प्रतिदिन एकत्रित किया हुआ भगवान् शिव का अट्टहास हो, देवताओं की स्त्रियां अपना मुख देखा करती हैं।

तुम तो चिकने और बहुत अच्छी तरह घुटे हुए आंजन के समान काले दिखाई देते हो। किन्तु कैलास पर्वत इतना गोरा है, जैसे तुरन्त काटा हुआ हाथी का दांत। इसलिए जब तुम कैलास पर्वत पर पहुंचोगे, मेरी समझ में तो उस समय तुम इस प्रकार शोभायमान होगे, ऐसे मनोहर लगोगे जैसे बलरामजी के कंधों पर पड़ा हुआ चटकीला वस्त्र। उस समय सबकी आंखें एकटक तुम्हें ही देखती रह जाएंगी।

उस कैलास पर्वत पर जब पार्वतजी अपने पति महादेव के हाथ में हाथ डाले हुए टहल रही हों और पार्वतजी का विचार करके शिवजी ने अपने हाथों से सांपों के कड़े उतारकर रख दिये हों और वे जिस समय मणि-शिखरों पर चढ़ रहे हों, उस समय बरसना नहीं। उस समय तुम आगे बढ़कर सीढ़ियों के समान बन जाना जिससे कि पार्वतीजी को ऊपर चढ़ने में सुविधा हो।

हे सखे ! उस समय उस पर्वत की अनेक अप्सरायें अपने नग से जड़े कंगनों की नोक तुम्हारे शरीर में चुभोकर तुम्हारे शरीर को क्षत करके उससे जल-धाराएं निकाल लेंगी, इस प्रकार तुम्हें फुहारे का घर बना लेंगी। तब यदि वे अपने तपे हुए शरीर को शीतलता मिलने के कारण तुम्हें न छोड़ें तो तुम उन केलि करनेवाली देवांगनाओं से छुटकारा पाने के लिए कान फाड़नेवाला अपना गंभीर गर्जन सुनाकर थोड़ा डरा-सा देना।

आगे जाकर जब तुम मानसरोवर पर पहुंच जाओगे तो पहले वहां पहुंचकर उस मानसरोवर का जलपान करना जिसमें सुनहले कमल खिला करते हैं और फिर उसके बाद ऐरावत के मुख पर थोड़ी देर कपड़े की भांति छाकर उसका मन भी बहला देना, फिर जाकर कल्पद्रुम के कोमल पत्तों को महीन कपड़े की भांति हिला देना। ऐसे-ऐसे बहुत से खेल करते हुए तुम कैलास पर्वत पर जी भरकर घूमना।

उसी कैलास पर्वत की गोद में अलकापुरी बसी हुई है। वहां पर वैसी ही लगती है जैसे कोई कामिनी अपने प्रिय की गोद में बैठी हो और वहां से निकली हुई गंगाजी की धारा ऐसी लगती है मानो उस कामिनी के शरीर पर से सरकी हुई उसकी साड़ी हो।

यह तो बिलकुल भी संभव नहीं है कि ऐसी अलकापुरी को देखकर तुम उसको पहचान न पाओ। ऊंचे-ऊंचे भवनोंवाली अलकापुरी पर वर्षा के दिनों में बरसते हुए बादल ऐसे छाये रहते हैं जैसे कामिनियों के सिर पर मोती गुंथे हुए जुड़े हों।

उत्तरमेघ

अलकापुरी का वर्णन

हे सखा मेघ ! अलकापुरी के ऊंचे-ऊंचे भवन सब बातों से तुम्हारे समान ही हैं। यदि तुम्हारे पास बिजली है तो वहां के भवनों में भी चटकीली नारियां निवास करती हैं। यदि तुम्हारे पास इन्द्रधनुष है तो उन भवनों में भी रंग-बिरंगे चित्र लटके हुए हैं। यदि तुम मृदु और गंभीर गर्जन कर सकते हो तो उन भवनों में संगीत के साथ मृदु मृदंग बजते हैं। यदि तुम्हारे भीतर नीला जल है तो उनकी धरती भी नीलम से जड़ी हुई है। यदि तुम अपने को ऊंचा चढ़ा हुआ मानते हो तो उनकी अट्टालिकाएं भी आकाश को चूमनेवाली हैं।

वहां की कुल-बधुएं हाथों में कमल के आभूषण धारण करती हैं, अपनी चोटियों में नये गुंथे हुए कमल के फूल गूंथती हैं, अपने मुख को लोध्र के फूलों का पराग मलकर वे गोरा करती हैं। अपने जूड़ों में वे ताजे नये कुरब के फूल लगाती हैं तथा अपने कानों पर वे सिरस के फूल रखती हैं और वर्षा में जब कदम्ब के फूल खिलते हैं तो वे उन फूलों से अपनी मांग संवारा करती हैं।

वहां पर सदा ही फूलनेवाले वृक्ष हैं और उन पर नित्य ही भ्रमरों का गुंजन होता है। वर्ष भर खिलनेवाले कमल और कमलनियों को हंसों की पांतें घेरे रहती हैं। वहां चमकीले पंखोंवाले पालतू मोर अपना सिर ऊंचा किये हुए दिन-रात बोलते रहते हैं। वहां की रातें सदा चांदनी ही दिखाई देने से बड़ी उजली और मन-भावनी होती हैं।

यहां रहनेवाले यक्षों की आंखों में जब कभी आंसू आते हैं तो वे केवल आनन्द के ही आंसू होते हैं। वहां के निवासियों में यदि किसी प्रकार की जलन होती भी है तो वह अपने प्रिय से बिछुड़ने की जलन होती है। अन्य किसी प्रकार की जलन वहां किसी को नहीं होती। वहां प्रेम में रूठने के अतिरिक्त कभी किसी का किसी से विछोह भी नहीं होता और जवानी की अवस्था को छोड़कर वहां कोई किसी अन्य अवस्था को प्राप्त नहीं करता। वहां सदा यौवन ही बना रहता है।

वहां के यक्ष अपनी अलबेली ललनाओं को लेकर स्फटिक मणि से निर्मित अपने उन भवनों पर बैठते हैं जिनकी गच पर पड़ी हुई ताराओं की छाया ऐसी जान पड़ती है मानो फूल टके हों। वहां बैठकर वे दम्पत्ति कामदेव को उत्तेजित करनेवाला ऐसा मधु पी रहे होंगे जो उन वाद्ययंत्रों के, जो तुम्हारी गंभीर गर्जना के समान ही गूंजा करते हैं, मन्द-मन्द बजने से कल्पवृक्ष से वह मधु निकल रहा होगा।

वहां की कन्याएं इतनी सुन्दर हैं कि देवता भी उनको प्राप्त करने के लिए तरसते हैं। वे कन्याएं मन्दाकिनी के जल की फुहार से शीतल पवन में, तट पर स्थित कल्पवृक्ष की छाया में अपनी तपन मिटाती हुई, अपनी मुट्ठियों में रत्न लेकर उनको सुनहरे बालों में डालकर छिपने और ढूंढ़ने का खेल खेला करती हैं।

वहां के प्रेमी जन संभोग के लिए अपने चंचल हाथों से अपनी प्रेमिकाओं की कमर की गांठें खोलकर जब उनकी ढीली साड़ियों को हटाने लगते हैं, तब वे प्रेमिकाएं लज्जा से इतनी सकुचा जाती हैं कि उस समय कुछ और वस्तु न पाकर मुट्ठी में गुलाल भरकर जगमगाते रत्नदीपों पर फेंकने लगती हैं, किन्तु उनका इस प्रकार गुलाल फेंकना व्यर्थ सिद्ध होता है, क्योंकि उससे दीपों की ज्योति न बुझ सकती है और न कम हो सकती है।

तुम्हारे जैसे बहुत से बादल, वायु के झोंकों के साथ वहां के ऊंचे-ऊंचे भवनों के ऊपरी खंडों में पहुंचकर भीतर घुस जाते हैं और वहां टंगे हुए चित्रों को अपने जलकणों से भिगोकर मिटा देते हैं और फिर धुएं का रूप बनाने में निपुण वे बादल वहां के निवासियों के डर के कारण झट से झरोखों की जालियों में से छितरा-छितराकर बाहर की ओर भागने में सफल हो जाते हैं।

आधी रात्रि के समय अपने प्रियतम की भुजाओं में कसे रहने के कारण वहां की ललनाओं के शरीर ढीले पड़ जाते हैं और उनमें थकान अनुभव होने लगती है। उस समय खुली चांदनी में झालरों में लटके हुए चन्द्रकान्त मणियों से टपकता हुआ शीतल जल उन स्त्रियों की थकावट को दूर करने में कुछ सहायक होता है।

वहां अथाह सम्पत्तिवाले लोगों का निवास है। वे कामीजन अप्सराओं के साथ वार्तालाप करते हुए मीठे कंठ से और उच्च स्वर से यक्षराज कुबेर का यशोगान करनेवाले किन्नरों के साथ बैठे हुए वैभवराज्य नामक उपवन में, जो नगर के बाहरी भाग पर बना हुआ है, रात-दिन विहार किया करते हैं।

वहां की कामिनी ललनाएं जब रात्रि के समय लंबे-लंबे डग भरती हुई जल्दी-जल्दी में अपने प्रेमियों के पास जाने लगती हैं, तो उस समय, उनकी चोटियों में गुंथे हुए कल्पवृक्ष के फूल और पत्ते खिसकर निकल जाते हैं। उनके कानों पर जो सोने के कमल हैं वे भी गिर जाते हैं। यहां तक कि हारों से टूटे हुए मोती भी इधर-उधर बिखर जाते हैं। दिन निकलने पर इस प्रकार की सब वस्तुओं को मार्ग में बिखरा हुआ देखकर लोग समझ जाते हैं कि वे कामिनी स्त्रियां अपने प्रेमियों के पास किस ओर से किस ओर को गई होंगी।

अलकापुरी में तो रंग-बिरंगे वस्त्र, नेत्रों में बांकापन बढ़ानेवाली मदिरा, कोमल-कोमल पत्ते और फूल, भांति-भांति के आभूषण, पैरों में लगाने का महावर आदि-आदि स्त्रियों के श्रृंगार की जितनी भी वस्तुएं हैं, ये सभी केवल एक कल्पवृक्ष से ही उनको प्राप्त हो जाती हैं।

वहां के घोड़े पत्तों के समान श्याम रंग के होते हैं। वे घोड़े अपने रंग और अपनी गति में सूर्य के घोड़ों को भी मात देने की क्षमता रखते हैं। इसी प्रकार पर्वताकार और सुन्दर लगनेवाले वहां के हाथी उसी प्रकार मद बरसाते हैं जिस प्रकार तुम पानी बरसाते हो और वहां के लड़ाके रण- बांकुरे अपने सब आभूषण छोड़कर बस उन घावों के चिह्नों को ही आभूषण समझते हैं जो उन्होंने रावण से युद्ध करते हुए उसकी चन्द्रहास नाम की तलवार से खाये थे।

वहीं निकट ही कुबेर के मित्र भगवान् शंकर का भी निवास-स्थान है। उनके डर के कारण कामदेव अपने भौहों की डोरीवाले धनुष पर वहां प्रत्यंचा नहीं चढ़ाता। अपितु वहां की

चतुर वनितायें अपने प्रेमियों की ओर जो बांकी चितवन से देखती हैं, कामदेव उसी से अपने धनु का कार्य सिद्ध कर लेता है।

वहीं उसी अलकापुरी में महाराज कुबेर के भवन से उत्तर की ओर इन्द्र धनुष के समान सुन्दर गोल-गोल द्वारवाला हमारा घर तुम्हें दूर से ही दिखाई दे जायेगा। मेरे घर के समीप ही एक छोटा-सा कल्पवृक्ष है। उस कल्पवृक्ष को मेरी पत्नी ने पुत्र के समान पाला-पोसा है। जब तुम वहां जाओगे तो वह फूलों के गुच्छों से इतना झुका हुआ होगा कि नीचे खड़े-खड़े ही उन गुच्छों को हाथ से तोड़ा जा सकता है।

मेरे भवन के भीतर के आंगन में प्रविष्ट होने पर सामने तुम्हें एक बावड़ी दिखाई देगी। उस बावड़ी की सीढ़ियों पर नीलम जड़ा हुआ है। उसमें चिकने वैदूर्य मणि की डंठलवाले बहुत से सुनहरे कमल खिले हुए होंगे। उसके जल में बसनेवाले हंस इतने सुखी हैं कि मानसरोवर के इतने समीप होते हुए भी तुम्हें देखकर वे वहां नहीं जाना चाहेंगे।

उस बावड़ी के तट पर एक कृत्रिम-सा पर्वत बनाया गया है। उस पर्वत की चोटी नीलमणि की बनी हुई है। वह पर्वत चारों ओर से सोने के केलों से घिरा होने के कारण बड़ा ही दर्शनीय बन गया है।

हे सखे! वह पर्वत मेरी पत्नी को बड़ा ही प्रिय है। इसलिए जब मैं तुमको बिजली के साथ देखता हूं तो मेरा मन अकेला होने से उदास हो जाता है और वह पर्वत मेरी आंखों के सामने नाचने लगता है।

उस कृत्रिम पर्वत पर कुरबक के वृक्षों से घिरे हुए माधवी-मण्डप के समीप ही एक तो लाल अशोक का वृक्ष है, जिसके पत्ते बड़े ही चंचल हैं और दूसरा वहीं पर मौलश्री का वृक्ष है। जिस प्रकार मैं तुम्हारी सखी के पैर की ठोकर खाने के लिए तरस रहा हूं उसी प्रकार वह अशोक-वृक्ष भी फूलने का बहाना लेकर मेरी पत्नी के बायें पैर की ठोकर खाने के लिए तरस रहा होगा और जो उसके समीप मौलश्री का वृक्ष है वह भी उसके मुख से निकले हुए मदिरा के छींटे पीने के लिए लालायित होगा।

उन दोनों वृक्षों में नये बांस के समान चमकीले मणियों से बनी हुई एक चौकी है। उस चौकी पर स्फटिक की एक चौकोर पटिया रखी हुई है। उस पटिया पर सोने की छड़ें जड़ी हुई हैं। उन्हीं में से एक छड़ पर तुम्हारा मित्र नित्य सायंकाल आकर बैठ जाता है। उसको मेरी पत्नी अपने घुंघरूदार कड़ेवाले हाथों से तालियां बजा-बजाकर नचाया करती है।

हे साधो! ये जो-जो चिह्न मैंने तुमको बताये हैं यदि तुम इनको भलीभांति स्मरण रखोगे और मेरे द्वार पर पहुंचने पर वहां शंख और पद्म के चिह्न देख लोगे तो तुम मेरा घर अवश्य ही पहचान लोगे। मेरे बिना वह भवन बड़ा सूना-सूना और उदास दिखाई देगा। क्योंकि सूर्य के छिप जाने पर कमल तो उदास हो ही जाता है।

यदि तुम चाहो कि मेरे घर में झट से बैठ जाओ तो उसके लिए तुम्हें चट से हाथी के बच्चे जैसा छोटा बनकर घर के भीतर खेलने के लिए बनाई हुई पहाड़ी की सुहावनी चोटी पर जाकर बैठना होगा। उस पर बैठने के बाद अपनी इन बिजली की आंखों को जुगनुओं की भांति थोड़ी चमक कर मेरे घर के भीतर झांकना। बिजली जोर से मत चमकाना, नहीं तो इससे मेरी प्रिया घबरा जाएगी।

भीतर झांककर जब तुम देखो कि एक दुबली-पतली, नन्हें से दांतोंवाली, पके हुए बिम्बा फल के समान लाल-लाल होंठोंवाली, पतली कमर वाली, डरी हुई हिरणी के समान आंखोंवाली, गहरी नाभिवाली, नितम्बों के बोझ से धीरे-धीरे चलनेवाली और स्तनों के भार से कुछ आगे को झुकी हुई युवती दिखाई देगी। बस, वही मेरी पत्नी है। उसकी सुन्दरता देखकर यही जान पड़ेगा मानो ब्रह्मा की सर्वोत्तम कृति वही है।

उसकी दशा ठीक वैसी ही होगी जैसी कि अपने साथी से बिछुड़ी और अकेली रहनेवाली चकवी की होती है। उस बहुत ही कम बोलनेवाली स्त्री को देखकर तुम समझ जाओगे कि वह मेरा दूसरा प्राण ही है। विरह के कठोर दिनों को बड़ी उत्सुकता से बिताते हुए अब तक तो उसका रूप भी बदल गया होगा। यहां तक कि तुम्हें उसे देखकर यह भी धोखा हो सकता है कि वह कोई बाला है अथवा पाले से मारी हुई कोई कमलिनी।

मेरे बिछोह में उसके निरन्तर रोते रहने से मेरी प्रिया की आंखें तो सूज गई होंगी, गर्म सांसों से उसके होंठों का रंग फीका पड़ गया होगा, चिन्ता के कारण गालों पर हाथ रखे रहने से और बालों को मुंह पर आ जाने से उसका अधूरा दिखाई देनेवाला मुंह मेघ से ढके हुए चन्द्रमा के समान धुंधला और उदास-सा दिखाई दे रहा होगा।

तुम जिस समय उनके भवन में जाओगे उस समय या तो वह तुमको देवताओं की पूजा करती हुई दिखाई देगी या फिर मेरे इस विरह से व्याकुल हुए दुर्बल शरीर का, अपनी कल्पना से चित्र बना रही होगी। या फिर पिंजड़े में बैठी और बहुत ही मधुर-मधुर बोलनेवाली मैना से बात करती हुई पूछ रही होगी, 'क्या कभी तुम भी अपने प्रिय पति का स्मरण कर लेती हो?'

या फिर वह मेरे विरह में मैले ही वस्त्र धारण किए हुए, अपनी गोद में वीणा लिये हुए उच्च स्वर से मेरे नाम वाले गीत गा रही होगी। गाते-गाते उसकी आंखों से आंसू झरने लगेंगे और गोद में रखी वीणा भीग जाएगी। उस वीणा को तो वह किसी प्रकार पोंछ लेगी किन्तु मेरा स्मरण हो आने से वह ऐसी बेसुध हो जाएगी कि अपने साधे हुए स्वरों का उतार-चढ़ाव ही भूल जाएगी और उसी स्वर में विरह के गीत गाती रहेगी।

या फिर वह तुमको उन फूलों को फैलाकर उनकी गिनती करती हुई मिलेगी जिनको वह मेरे विरह के दिन से ही एक-एक करके रख रही होगी। उनकी गिनती करती हुई वह सोचती होगी कि अब विरह के और कितने दिन शेष रह गये हैं। या फिर मेरे साथ जो उसने आनन्द और संभोग के दिन बिताये हैं, उनका स्मरण कर उनका रस लेती हुई बैठी दिखाई देगी। कहा भी है कि अपने प्यारों के बिछोह में स्त्रियां प्रायः इसी प्रकार की बातों में अपने दिन बिताया करती हैं।

इस प्रकार जब वह दिन में इन कामों में स्वयं को व्यस्त रखती होगी इससे उसका दिन तो किसी प्रकार बीत जाता होगा और मेरा बिछोह उतना नहीं सताता होगा। किन्तु मुझे सन्देह है कि रात के लिए कुछ काम न होने से उसकी रात बड़ी कठिनाई से कटती होगी। इसलिए मेरा तुमसे निवेदन है कि उसको सुख देने के लिए तुम आधी रात को मेरे झरोखे पर बैठकर मेरा सन्देश देना। उस समय वह तुमको उनींदी-सी धरती पर पड़ी मिलेगी।

मेरी प्रिया की प्यारी सखियां उस कोमल गातवाली को दिन के समय कभी भी अकेली नहीं छोड़ेंगी, क्योंकि संसार में सभी स्त्रियां, अपनी सखियों के दुःख में कभी उनका साथ नहीं छोड़तीं। इसलिए तुम उसके पलंग के समीपवाली खिड़की पर बैठकर थोड़ी देर तक वहां की स्थिति को देखते-परखते रहना और जब उसकी सखियां सो जायें तब तुम मेरी जागनेवाली प्रिया को सरलता से ढूंढ़ लोगे, क्योंकि वह भी उनके साथ ही वहीं कहीं धरती पर पड़ी करवटें बदल रही होगी, उस समय तुम उसके पास पहुंच जाना।

जब तुम उसके समीप जाओगे, तो देखोगे कि उसके आस-पास मोतियों के हार से टूटे हुए मोतियों के समान उसके आंसू धरती पर बिखरे पड़े होंगे। और वह बढ़े हुए नखोंवाली अपने हाथ से उस इकहरी चोटी के उन रूखे और उलझे हुए बालों को अपने गालों पर से बार-बार हटा रही होगी, जो अब शाप के बीतने पर ही किसी प्रकार सुलझाए जा सकेंगे।

जो प्रिया मेरे साथ जी भरकर संभोग करके पूरी रात क्षण भर के समान बिता देती थी वही आज वियोग की चिन्ता में सूखी हुई सूने से पलंग पर एक करवट लेटी हुई पूर्व के क्षितिज पर पहुंचे हुए एक कला भर बचे हुए चन्द्रमा के समान दुबली होकर अपनी रातें गरम-गरम आंसुओं को बहाकर बिता रही होगी।

जालियों से छनकर जो चन्द्रमा की किरणें आ रही होंगी, वह उन्हें समझती होगी कि पहले सुख के दिनों में वे जैसी अमृत के समान ठंडी थीं वैसी ही अब भी होंगी। यही समझकर वह उन किरणों की ओर मुंह करेगी। किन्तु विरह के कारण जब वे ही किरणें उसको तपाने लगेंगी तब वह अपनी आंसुओं से भरी हुई आंखों को झट से पलकों से ढंक लेगी। उस अवस्था में वह मेरी प्रिया-ऐसी दिखाई देगी जैसे बदली के दिन धरती पर खिलनेवाली कोई अधखिली कमलिनी हो।

मेरे विरह में तो वह आजकल स्नान भी केवल कोरे जल से ही करती होगी। इसलिए उसके रुखे और बिना कंघी किए हुए बाल उसके गालों पर लटक आये होंगे और वे उसके पतले होंठों को तपानेवाली सांसों से हिला रहे होंगे। वह बार-बार सोचती होगी कि किसी प्रकार स्वप्न में ही प्रिय से संभोग हो जाए, इसलिए नींद को बुला रही होगी किन्तु आंखों से निरन्तर बहनेवाले आंसू उसकी आंखें भी नहीं लगने देते होंगे।

बिछुड़ने के दिन ही उसने अपने जूड़े की माला खोलकर इकहरी चोटी बांध ली थी। उसे छूने में ही उसको पीड़ा होती होगी। उस चोटी को तो जब मैं शाप से मुक्त होकर उसके पास जाऊंगा तब मैं ही बांधूंगा। उसी उलझी और बिखरी हुई रुखी चोटी को वह अपने बढ़े हुए नखोंवाले हाथों से अपने भरे हुए गालों पर से बार-बार हटा रही होगी।

वहां जाकर तुम देखोगे कि वह बेचारी बार-बार दुःख से पछाड़ खाकर पलंग के पास पड़ जाती होगी और किसी प्रकार अपने आभूषण रहित कोमल शरीर को सम्हाल लेती होगी। उसको जब तुम इस दशा में देखोगे तो उस पर दयार्द्र होकर तुम भी आंसू बहाये बिना नहीं रह सकोगे। क्योंकि ऐसा कौन कोमल ह्रदयवाला व्यक्ति होगा जो दूसरों का दुख देखकर पसीज न जाता हो।

मैं यह भली-भांति जानता हूं कि तुम्हारी सखी मुझे जी-भर कर प्यार करती है। और

मैं यह भी भली-भांति जानता हूं कि जीवन में यह पहली बार हुए बिछोह से वह बहुत ही दुर्बल हो गई होगी। तुम यह मत समझना कि ऐसी पतिव्रता पत्नी का पति होने के सौभाग्य से ही मैं इतना बढ़-चढ़कर बोल रहा हूं। नहीं, यह बात नहीं है। जो मैंने कहा है वह जब तुम स्वयं वहां जाओगे तो अपनी आंखों से देख लोगे।

जब तुम उसके पास पहुंचोगे तो उस मृगनयनी की वह बायीं आंख फड़कने लगेगी जिस पर उसके सिर के बाल आकर फैल गए होंगे और आंजन न लगने से जो रूखी हो गई होंगी और जो बहुत दिनों से मदिरा न पीने के कारण भौंहें चलाना भी भूल गई होंगी। उस समय फड़कती हुई वह बायीं आंख उस नीले कमल जैसी सुन्दर दिखाई देगी, जो मछलियों के इधर-उधर आने-जाने से कांप-सा उठता है।

तुम्हारे वहां पहुंचते ही नये केले के खम्भे के समान उसकी वह गोरी-गोरी बायीं जांघ भी फड़क उठेगी जिसे मैं संभोग कर चुकने पर अपने हाथ से दबाया करता था। अब उस जांघ पर न तो तुम्हें मेरे नख-क्षत ही बने हुए मिलेंगे और न दुर्भाग्यवश उस पर मोती की करधनी ही पड़ी मिलेगी जिसे वह बहुत दिनों से पहनती चली आ रही थी।

हे जलद ! यदि तुम्हारे पहुंचने पर उसे कुछ नींद आने लगे तो तुम उसके पीछे चुपचाप एक पहर तक ठहर जाना, क्योंकि यदि मेरी प्यारी किसी प्रकार स्वप्न में मुझसे कसकर लिपटी हुई हो तो मेरे कंठ में पड़ी हुई उसकी भुजायें अचानक नींद टूटने से छूट न जाएं।

और यदि एक पहर बीत जाने पर भी वह अपनी आंखें न खोले, तो तब तुम मालती के नये फूलों के समान कोमल मेरी प्रिया को अपने जल की मध्यम फुहार से ठंडा किया हुआ वायु चलाकर जगा देना। इस प्रकार जगने से अपनी आंखें खोलकर जब वह झरोखे से तुम्हारी ओर एकटक देखने लगे तो तुम अपनी बिजली को छिपा लेना। उसके बाद तुम अपने धीमे गर्जन के शब्दों में उस मानिनी से वार्तालाप आरम्भ करना। और उससे कहना–

'अयि सौभाग्यवती! तुम मुझे अपने प्रिय पति का परम मित्र समझो। मैं मेघ हूं और तुम्हारे प्रिय का सन्देश लेकर तुम्हारे पास आया हूं। मै अपनी धीमी और मीठी गरज से उन थके हुए बटोहियों के मन में घर लौटने की हड़बड़ी मचा देता हूं जो अपनी स्त्रियों की उलझी हुई इकहरी चोटियां सुलझाने के लिए उतावले रहते हैं।'

तुम्हारे मुख से इस प्रकार की बात सुनकर मेरी प्रिया तुम्हारी ओर मुख करके बड़े चाव से, बड़े प्रफुल्लित मन से और बड़े आदर से कान लगाकर तुम्हारा दिया वह सब सन्देश उसी प्रकार सुनेगी जिस प्रकार अशोक वाटिका में निवास करती हुई सीताजी ने पवनपुत्र हनुमान की बातें सुनी थीं।

हे सौम्य ! अपने प्रिय पति के मित्र के मुख से पति का सन्देश पाकर स्त्रियों को अपने प्रिय के मिलन से कुछ कम सुख नहीं मिलता? उस समय वे साक्षात् अपने पति को ही सामने खड़ा-सा समझने लगती हैं।

हे आयुष्मान ! तुम मेरे कहने पर मुझ पर उपकार करते हुए और दूसरों की भलाई करने का पुण्य अर्जित करने के लिए उसके पास जाओगे। उसके पास जाकर तुम उससे कहना–'हे अबले ! तुम्हारा बिछुड़ा हुआ पति रामगिरि आश्रम में रहता हुआ कुशल से है और

वह तुम्हारी कुशल कामना करता हुआ तुम्हारा समाचार जानने के लिए लालायित है। क्योंकि देखो, जिन लोगों पर अचानक विपत्ति आ गई हो उनसे पहले-पहल इसी प्रकार पूछना उचित होता है।

तुम उसके पास जाकर उसको सान्त्वना देते हुए कहना—दूर पर बैठे हुए तुम्हारे प्रिय का मार्ग तो बैरी विधाता ने रोका हुआ है। इससे तुम उससे मिल भले ही न सको फिर भी वह अपने दुबेलपन, तपन, लगातार बहते हुए आंसू, मिलने की उत्सुकता और गरम उच्छवासों को देखकर अपने मन में समझ लेता है कि तुम भी उसके बिछोह में वैसी ही दुबली हो गई होगी, उसके विरह से तुम भी तप रही होगी, अपनी आंखों से झर-झर आंसू बहा रही होगी, उससे मिलने को उतावली होगी और दिन-रात लम्बी-लम्बी उसांसें ले रही होगी।

तुम्हारे प्रिय को जब तुमसे कोई भी बात कहनी होती थी, जो कि तुम्हारी सखियों की उपस्थिति में उच्च स्वर से कही जा सकती थी, तब भी वह तुम्हारे अधरों के चुम्बन के लोभ से तुम्हारे कान में ही कहने को तुला रहता था। किन्तु अब तुम अपने प्रिय की न तो बात ही सुन सकती हो और न ही उसे जी भरकर देख ही सकती हो। इसलिए उसने अपने मुख से विरचित पदों को मेरे मुख से बड़े चाव से इस प्रकार कहलाया है।

प्रिये ! मैं यहां बैठा हुआ, प्रियंगु की लता में तुम्हारा शरीर, डरी हुई हिरणी की आंखों में तुम्हारी चितवन, चन्द्रमा में तुम्हारा मुख, मोरों के पंखों में तुम्हारे बाल और नदी की छोटी-छोटी लहरों में तुम्हारी कटीली भौंहें देखा करता हूं। तदपि, हे चंडी! मुझे इसी बात का दुःख है कि इनमें कोई तो एक भी पूरी तरह से तुम्हारी समानता नहीं कर पाता।

जब मैं पत्थर की पटिया पर गेरू से तुम्हारी रूठी हुई मूर्ति का चित्र खींचकर यह बताना चाहता हूं कि तुम्हें मनाने के लिए मैं तुम्हारे पैरों पड़ा हूं, तो उस समय मेरी आंखों में आंसू उमड़ पड़ते हैं कि मुझे ठीक प्रकार से देखने भी नहीं देते। इस प्रकार निर्दयी काल को हमारा चित्र में मिलना भी तो नहीं सुहाता।

हे बाले ! एक तो तुम्हारे उस मुख से बहुत ही दूर रहने के कारण यों ही सूखा जा रहा हूं, जिसमें से ऐसी सोंधी गन्ध आती थी कि जैसे पानी पड़ने पर धरती से आती है। उस पर यह पांच बाणों वाला कामदेव तो मुझको और भी सता रहा है। ऐसी अवस्था में तुम स्वयं ही अनुमान लगा सकती हो कि गर्मी के बीत जाने पर जब चारों ओर आकाश पर उमड़ी हुई घने बादलों की घटा सूर्य को ढक लेगी, उस समय किसका सहारा लेकर अपने दिन काट पाऊंगा।

जब कभी, स्वप्न में तुम्हें देखकर मैं तुम्हें कसकर छाती से लगाने के लिए अपने हाथ ऊपर को फैलाता हूं, तो उस समय वन के देवता भी मेरी दशा पर द्रवित होकर वृक्षों के पत्तों पर अपने मोती के समान बड़े-बड़े आंसू ढुलका दिया करते हैं।

अयि गुणवती ! देवदार के कोमल पत्तों को अपने झोंकों से तत्काल तोड़कर और उसके रस की गन्ध लेकर हिमालय की जो पवन दक्षिण की ओर चली आ रही है उसे मैं यही समझकर अपने हृदय से लगा लेता हूं कि ये उधर से तुम्हारे शरीर का स्पर्श करके आ रहे होंगे।

हे चंचल नयनों वाली! मैं मन से यही कामना किया करता हूं कि किसी प्रकार रात के लम्बे-लम्बे तीन प्रहर क्षण भर के समान छोटे हो जाएं और किसी प्रकार दिन की भी तपन जाती रहे। किन्तु मेरी यह दुर्लभ प्रार्थना यों ही बेकार जाती है। न रात के क्षण कम होते हैं और न तपन की ज्वाला ही। उस पर इस तिल-तिलकर जलानेवाली बिछोह की ज्वाला से तो मेरा दिल ही बैठा जाता है।

किन्तु हे कल्याणी! मैं बहुत कुछ सोच-विचारकर अपने मन को स्वयं ही ढाढ़स बंधाने का यत्न करता हूं। ऐसे ही तुमसे भी मेरा यही कहना है कि तुम भी दुःखी मत होना। क्योंकि दुःख और सुख तो किसी पर भी सदा नहीं रहते। ये तो चक्र की गति के समान कभी नीचे तो कभी ऊपर को यों ही आया और जाया करते हैं।

कुछ मास बाद जब देवोत्थान एकादशी आयेगी, उस दिन भगवान विष्णु शेषनाग की अपनी शैय्या से उठेंगे, उसी दिन मेरे शाप की भी अवधि पूर्ण होगी। इस प्रकार यह अब केवल चार मास की अवधि रहती है। इसलिए इन बचे हुए चार मासों को भी तुम किसी-न-किसी प्रकार आंखें मूंदकर बिता डालो। उसके बाद तो हम दोनों अपने बिछोह के दिनों में सोची हुई अपने मन की सब इच्छाएं शरद् की सुहावनी चांदनी रातों में पूर्ण कर ही लेंगे।

हे मेघ ! तुम उससे कहना—तुम्हारे प्यारे ने यह भी कहलवाया है कि एक बार जब तुम मेरे गले से लगी हुई मेरे पलंग पर सो गई थी, उस समय जब मैंने बार-बार तुमसे तुम्हारे रोने का कारण पूछा था, तो तुमने अपनी मीठी मुस्कान बिखेरकर मुझको उत्तर दिया था—हे छलिया ! मैंने स्वप्न में देखा कि तुम किसी अन्य स्त्री के साथ रमण कर रहे हो, इसलिए मैं स्वप्न में रो पड़ी थी।

हे चकित नयनोंवाली ! इस पहचान से ही तुम समझ लेना कि मैं कुशल से हूं। लोग यदि किसी प्रकार तुमसे कुछ कहें तो उनके कहने मात्र से मेरे प्रेम पर संदेह मत कर लेना। न जाने लोग यह क्यों कहा करते हैं कि विरह में प्रेम कम हो जाता है। सच्ची बात तो यह है कि जब चाही हुई वस्तु किसी को नहीं मिलती है तो उसको पाने के लिए मनुष्य की लालसा और भी अधिक बढ़ जाती है। उस समय उसका सारा प्रेम एकत्रित हो जाता है।

हे सखे मेघ ! पहली बार के बिछोह से दुःखी अपनी भाभी को इस प्रकार ढाढ़स बंधाकर, उसके कुशल समाचार पाकर और उससे किसी प्रकार की कोई निशानी लेकर तुम मेरे पास जल्दी ही उस कैलाश पर्वत से लौट आना जिसकी चोटियां महादेवजी के नन्दी ने उखाड़ दी हैं और फिर यहां आकर प्रातःकाल खिले हुए कुन्द के फूल के समान चू पड़नेवाले मेरे प्राणों की तुम रक्षा करना।

हे मेरे प्रिय ! बताओ, तुमने मेरा यह प्रिय कार्य करने का निश्चय कर लिया है अथवा नहीं। मेरे इस प्रकार पूछने से तुम कहीं यह मत समझ बैठना कि तुमसे हुंकृति सुनकर मैं तुमको यह काम सौंपूंगा। ऐसी बात बिलकुल मत समझना। क्योंकि मैं तुम्हें भली प्रकार जानता हूं। मुझे विदित है कि जब पपीहे तुमसे जल मांगते हैं, तब तुम बिना उत्तर दिये ही उनको जल दे देते हो। सज्जनों की रीति ही यही है कि जब कोई उनसे कुछ मांगे तो वे मुंह से कुछ न कहकर काम पूर्ण करके ही उत्तर देते हैं।

हे मित्र ! मैंने तुमको जो कार्य बतलाया है, वह तुमसे कराना मेरी ढिठाई मानी जाएगी। किन्तु तदपि चाहे मित्रता के नाते हो, चाहे मुझ विरही पर करुणार्द्र हो, तुम पहले मेरा काम कर देना और फिर अपना बरसाती रूप लेकर जहां चाहो वहां चले जाना। मैं तो यही कामना करता हूं कि तुम्हारी प्रिय बिजली से एक क्षण के लिए भी तुम्हारा वैसा वियोग न हो, जैसा कि इन दिनों मैं तथा मेरी प्रिया भोग रहे हैं।

यक्ष का संदेश सुनकर बादल जब वहां से चला तो कभी पहाड़ियों पर तो कभी नदियों के पास और कभी नगर में ठहरता हुआ थोड़े ही दिनों में कुबेर की राजधानी अलकापुरी में पहुंच गया था। वहां अपने मित्र यक्ष के बताये हुए चिह्नों के आधार पर उसने वियोगी यक्ष का सोने से चमकता हुआ भवन पहचान लिया और उसने वहां देखा कि यक्ष की पत्नी उस भवन में धरती पर पड़ी हुई है।

वहां पहुंचकर सबका हित करनेवाले उस भले मेघ ने दैवी शब्दों में यक्ष की पत्नी के प्राण बचाने के लिए यक्ष का संदेश सुना डाला जो उसने दिया था।

यक्ष-पत्नी भी अपने प्रिय का कुशल समाचार जानकर बहुत प्रसन्न हुई, वह हर्ष से फूली नहीं समा रही थी। ठीक ही कहा है कि यदि भले लोगों से कोई काम करने के लिए कहा जाए, तो वह अवश्य ही पूरा होता है।

जब कुबेर को इसकी सूचना मिली कि उसके द्वारा शापित यक्ष ने बादल के माध्यम से अपनी पत्नी का सन्ताप हरने के लिए संदेश भेजा है तो उनको इससे यक्ष पर दया उमड़ पड़ी। इससे उनका क्रोध उतर गया। उन्होंने अपने शाप की अवधि को उसी समय पूर्ण मानकर उसे लौटा लिया।

शाप पूर्ण हुआ सुनकर यक्ष वापस अपनी पत्नी के पास आ गया, इस प्रकार उन दोनों पति-पत्नी का पुनर्मिलन हुआ। इस मिलन से उनका सारा दुख जाता रहा और वे प्रसन्नता से अपना जीवन बिताने लगे।

कुबेर ने उन दोनों के लिए ऐसा सुख लूटने की व्यवस्था कर दी कि उन्हें फिर कभी किसी प्रकार दुःख मिला ही नहीं।

कवि कालिदास ने आर्यादेवी काली के चरणकमलों में प्रणाम करके सुन्दरता से सजाए हुए शब्दों में यह ऊपर कही हुई मेघदूत नाम की कविता रची। यह कविता वियोग के समय उनलोगों का भी मन बहलायेगी जिन्हें विलास मिला ही नहीं, साथ ही इसमें मेघ की अत्यन्त चतुराई का और कवियों की कल्पना का परिचय भी मिल जाएगा।

❑❑

कुमार सम्भवम्

प्रथम सर्ग

उमा का जन्म

भारत के उत्तर में देवता के समान पूजनीय हिमालय नाम का बड़ा भारी पहाड़ है हिमालय पूर्व दिशा से पश्चिम दिशा तक इस प्रकार विस्तीर्ण है मानो यह धरती को मापने क मापदंड हो।

पृथ्वी-रूपी गौ से सुन्दर चमकीले रत्न निकालने के उद्देश्य से एक बार राजा पृथु ने सब पर्वतों से कहा और उन सबने मिलकर हिमालय को बछड़ा बनाया और दुहने में चतुर मेरु पर्वत को ग्वाला बनाकर इस पृथ्वी-रूपी गौ से वे सब रत्न और जड़ी-बूटियां आदि दुहकर निकाल लीं।

हिमालय अनगिनत रत्नों की खान है किन्तु उस पर हिम विद्यमान रहता है फिर भी उस हिम से उसकी शोभा किसी प्रकार भी कम नहीं होती। क्योंकि जिस किसी में जहां बहुत से गुण हों, उनमें यदि एक-दो कोई अवगुण हो भी गया तो उसका उसी प्रकार पता नहीं चलता जिस प्रकार कि चन्द्रमा की सुन्दर किरणों में उसका कलंक छिप जाता है।

हिमालय की कुछ चोटियों पर गेरू आदि धातुओं की अनेक रंग-बिरंगी चट्टानें हैं। इसलिए जब कभी उन चट्टानों के पास बादल के टुकड़े पहुंच जाते हैं तो उनके रंग की छाया पड़ने से वे चट्टानें सन्ध्या के बादलों जैसे रंग-बिरंगी दिखाई देने लगती हैं। इस कारण उनको देखकर यहां की अप्सराओं को सन्ध्या का भ्रम हो जाता है और इस प्रकार हड़बड़ी में वे सायंकालीन मनोरंजन के लिए जल्दी-जल्दी में साज-शृंगार करना आरम्भ कर देती हैं।

हिमालय की कुछ चोटियां तो इतनी ऊंची उठी हुई हैं कि कभी-कभी तो मेघ भी उन तक नहीं पहुंच पाते, वे बीच में ही रह जाते हैं। इस प्रकार उन शिखरों का ऊपर का भाग मेघों के ऊपर स्पष्ट दिखाई पड़ता है। इसलिए निचले भाग में छाया का आनन्द लेनेवाले सिद्ध लोग जब अधिक वर्षा होने से घबराने लगते हैं तो वे बादलों के ऊपर को उठी हुई चोटियों पर जाकर रहने लगते हैं। क्योंकि उस समय भी उन चोटियों पर धूप बनी रहती है।

इस पर्वत के सिंह जब वनैले हाथियों को मारकर अपनी गुफाओं को चले जाते हैं तब उनके पंजों की छाप, जो कि रक्त से लाल दिखाई देती है, हिम की धारा से धुल जाती है। फिर भी उन सिंहों के नखों से गिरी हुई गज-मुक्ताओं को देखकर ही वहां के निवासी किरात यह जान लेते हैं कि वे सिंह किस ओर को गये हैं।

हिमालय पर्वत पर उत्पन्न होनेवाले जिन भोजपत्रों पर लिखे हुए अक्षर हाथियों की सूंड़ पर बने लाल बिन्दु दिखाई पड़ते हैं, विद्याधरियां उन्हें अपने प्रेम-पत्र लिखने के काम में लाती हैं।

इस पर्वत पर ऐसे छेदवाल बांस अत्यधिक संख्या में उत्पन्न होते हैं जो वायु भर जाने पर स्वयंमेव बजने लगते हैं। उस समय ऐसा लगता है कि किन्नर लोग उच्च स्वर से जो गान कर रहे हैं उनके गीतों के साथ वे बांस संगति-से करने लगते हैं।

जब इस पर्वत के हाथी अपनी कनपटी खुजलाने के लिए देवदारु के पेड़ों से अपना माथा रगड़ते हैं, उस समय उनसे ऐसा सुगन्धित दूध निकलने लगता है कि उसकी गंध से इस पर्वत की सभी चोटियां एक साथ महक उठती हैं।

इस पर्वत की गुफाओं में रात को चमकनेवाली जड़ी-बूटियां भी बहुत अधिक मात्रा में उत्पन्न होती हैं। इसलिए यहां के निवासी किरात गण जब अपनी-अपनी प्रियतमाओं के साथ उन गुफाओं में विहार करने के लिए आते हैं उस समय ये चमकनेवाली जड़ी-बूटियां ही उनके काम के समय बिना तेल के दीपक बन जाती हैं।

हिमालय पर्वत की किन्नर कन्याएं जब जमे हुए हिम के मार्गों पर चलती हैं तब उनकी अंगुलियां और एड़ियां ऐंठ जाती हैं, किन्तु वे करें क्या ! अपने भारी नितम्बों और स्तनों के बोझ के मारे वे बेचारी शीघ्रता से चल नहीं पातीं और चाहते हुए भी अपनी स्वाभाविक मन्द गति को छोड़ नहीं पातीं।

हिमालय की लम्बी गुफाओं में तो दिन में अंधेरा छाया रहता है। तब ऐसा लगता है कि मानो अंधेरा भी दिन के प्रकाश से डरनेवाले उलूक के समान इसकी गहरी गुफाओं में जाकर दिन में छिप जाता है। उस समय हिमालय उसको अपनी गोद में शरण दे देता है। क्योंकि कहा गया है कि जो महान् होते हैं वे अपनी शरण में आये हुए निम्नस्तर के लोगों को भी उसी प्रकार लेते हैं, जिस प्रकार कि सज्जनों को।

हिमालय में वे चमरी हरिणियां बहुत होती हैं जिनकी पूंछों के चंवर बनते हैं। वे चमरी हरिणियां जब यहां चन्द्रमा की किरणों के समान अपनी धौली पूंछ को इधर-उधर घुमाती हुई चलती हैं, तो उस समय ऐसा लगता है कि मानो वे पर्वतराज हिमालय पर अपनी पूंछ के चंवर डुलाकर उसका 'गिरिराज' नाम सार्थक कर रही हों।

जिस समय हिमालय की गुफाओं में किन्नर-कन्याएं अपने-अपने प्रियतमों के साथ काम-क्रीड़ा करती रहती हैं, उस समय जब वे शरीर पर से वस्त्र हट जाने के कारण लज्जा का अनुभव करने लगती हैं, ऐसे में बादल उन गुफाओं के द्वारों पर आकर अपनी ओट करके वहां पर अंधकार फैला देते हैं।

गंगाजी के झरनों की फुहारों से लदा हुआ, देवदारु के वृक्षों को बार-बार कंपानेवाला और किरातों की कमर पर बंधे हुए मोर पंखों को फरफरानेवाला हिमालय का शीतल-मन्द-सुगन्ध पवन उन किरातों की थकान को मिटाता चलता है जो मृगों की खोज में इस पर्वत पर इधर-उधर घूमते रहते हैं।

हिमालय पर्वत की ऊंची-ऊंची चोटियों पर जो ताल हैं उन पर खिलनेवाले कमलों

को स्वयं सप्तर्षिगण अपने सप्तर्षि मंडल से आकर पूजा के लिए तोड़कर ले जाते हैं। उन ऋषिगणों के चुनने से जो कमल बन जाते हैं, उन्हें बाद में नीचे उदय होनेवाला सूर्य खिला दिया करता है।

यज्ञ में काम आनेवाली सामग्रियों को उत्पन्न करने के कारण और पृथ्वी को सम्हाले रखने की शक्ति होने के कारण, इस हिमालय पर्वत को स्वयं ब्रह्माजी ने उन पर्वतों को स्वामी बना दिया है जिन्हें यज्ञ में भाग प्राप्त करने का अधिकार मिला हुआ है।

हिमालय पर्वत सुमेरु पर्वत का मित्र है और अपनी मर्यादा को भली-भांति जानता है। उसने अपना वंश चलाने के लिए, मैना नाम की उस कन्या से, जो पितरों के तन से उत्पन्न हुई थी, जिसका मुनि लोग भी आदर करते हैं और जो स्वयं हिमालय के समान ही ऊंचे कुल और शील की थी, शास्त्र विधि के अनुसार विवाह किया।

हिमालय-पत्नी मैना के प्रथम गर्भ से मैनाक नामक पुत्र-रत्न उत्पन्न हुआ। उनके पुत्र मैनाक ने युवा होने पर अनेक कृत्य किये। उसने नाग-कन्या के साथ विवाह किया। समुद्र के साथ मित्रता की। यहां तक कि पर्वतों के पंख काटनेवाले इन्द्र के रुष्ट हो जाने पर भी उसके वज्र की चोट अपने शरीर पर नहीं लगने दी।

मैनाक के उत्पन्न होने के कुछ समय बाद ही देवलोक में एक विचित्र घटना घटित हुई। हुआ यह कि महादेवजी की प्रथम पत्नी दक्ष की कन्या परम साध्वी संती के अपने पिता द्वारा अपने पति का तथा बाद में उसका स्वयं का अपमान करने के कारण हृदय को आघात-सा लगा और उसने योगबल से वहीं पर अपना शरीर त्याग दिया और वह दूसरा जन्म लेने के लिए पर्वत-पत्नी मैना की कोख में आ बसी।

और फिर जिस प्रकार नीति यदि ठीक प्रकार से काम में लाई जाए तो वह बिगड़ती नहीं है और उत्साह का मेल पाकर बड़ी सम्पत्ति भी उत्पन्न करती है, उसी प्रकार यथा-समय मैना हिमालय के द्वारा गर्भवती हुई और उस पतिव्रता मैना ने यथा समय एक कल्याणी कन्या को जन्म दिया।

जिस दिन उस कन्या का जन्म हुआ, उस दिन आकाश खुला हुआ था। पर्वत पर मन्द-मन्द बहनेवाली बयार में कहीं कोई धूल का कण भी नहीं दिखाई देता था। कन्या के जन्म के समय आकाश में शंखध्वनि होने के साथ-साथ वहां से पुष्पों की वर्षा भी हो रही थी। इस प्रकार चर और अचर सभी उस कन्या के जन्म से सुख और प्रसन्नता का अनभव कर रहे थे।

जिस प्रकार नये मेघ की गर्जना से विदूर पर्वत पर उत्पन्न होनेवाले रत्नों में अंकुर फूट जाते हैं और उनके प्रकाश से विदूर पर्वत की भूमि चमक उठती है, उसी प्रकार तेजोमंडल से भरे मुखवाली उस कन्या को अपनी गोद में पाकर उसकी माता मैना भी खिल उठी।

उस कन्या का नाम पार्वती रखा गया। वह पार्वती धीरे-धीरे, जिस प्रकार चन्द्रमा की कला बढ़ती जाती है उसी प्रकार बढ़ने लगी। चन्द्रमा की कला बढ़ने से उसकी चन्द्रिका भी बढ़ती जाती है, उसी प्रकार पार्वती के बढ़ने के साथ उसके अंगों की शोभा बढ़ने लगी और वे दिन-प्रतिदिन सुन्दर और सुडौल होते गये।

वह कन्या पर्वत की कन्या थी, इसलिए लोगों ने उसे पार्वती कहना आरम्भ कर दिया था। वह कन्या सबकी प्यारी और दुलारी बन गई थी। कालान्तर में जब पार्वती तप करने बैठी और उस तप की कठोरता का आभास पाकर उनकी माता मैना ने उनको तप करने से रोकते हुए उ ! मा ! अर्थात् हं ! नहीं ! कहकर पुकारा, तो तबसे उनका नाम उमा विख्यात हो गया।

वसन्त ऋतु में अनेक प्रकार के फूल खिलते हैं किन्तु भ्रमर हैं कि वे उन फूलों की परवाह न कर केवल आम्र मंजरियों पर ही जाकर मंडराने लगते हैं, उसी प्रकार अनेक सन्तानों के होते हुए भी हिमवान् की आंखें सदा पार्वती पर ही अटकी रहती थीं।

जिस प्रकार अत्यन्त प्रकाशमान लौ-को पाकर दीपक, मन्दाकिनी को पाकर स्वर्ग का मार्ग और व्याकरण से शुद्ध वाणी पाकर विद्वान् लोग पवित्र लगते हैं उसी प्रकार अपनी कन्या पार्वती को पाकर हिमवान् भी पवित्र और सुन्दर हो गये।

पार्वती की जब खेलने की आयु हुई तो अपनी सखियों के साथ कभी-कभी तो वे गंगा के बालू तट पर वेदियां बनाती थीं, कभी उनके साथ वहीं पर कन्दुक-क्रीड़ा करती थीं और कभी कन्या-सुलभ स्वभाव के अनुसार गुड़िया बना-बनाकर उनको सजाती थीं। इस प्रकार खेल-खेल में उनका बाल्यकाल बीतने लगा।

उन अत्यन्त बुद्धिवाली पार्वतीजी ने जब पढ़ना आरम्भ किया तो उस समय उनको पूर्व जन्म की अपनी पढ़ी हुई सभी विद्याएं उसी प्रकार स्वयमेव स्मरण होती चली गईं जिस प्रकार कि शरद ऋतु के आ जाने पर गंगा नदी में हंस स्वयमेव आकर निवास करने लगते हैं अथवा जिस प्रकार स्वयमेव चमकनेवाली जड़ी-बूटियां रात को चमकने लगती हैं।

इस प्रकार खेलते हुए, गुड़ियों को नचाते हुए और फिर विद्या पढ़ते हुए उनका बाल्यकाल व्यतीत होने लगा। तब उनके शरीर में यौवन के लक्षण दिखाई देने लगे। वह यौवन-लता जो शरीर-रूपी लता का स्वाभाविक शृंगार है, जो मदिरा के बिना ही मन को मतवाला बना देता है और जो बिना फूलों का कामदेव का बाण है।

जिस प्रकार यदि चित्र में कूंची से ठीक-ठीक रंग भर दिया जाए तो वह चित्र सुन्दर रूप में खिल उठता है और सूर्य की किरणों का स्पर्श पाकर जिस प्रकार कमल खिल उठते हैं, उसी प्रकार पार्वती का शरीर भी नवयौवन पाकर बहुत ही सुन्दर रूप में खिल उठा था।

जिस समय पार्वतीजी चलती थीं उस समय उनके स्वाभाविक लाल और कोमल पैरों के उठे हुए अंगूठों के नखों से निकलनेवाली चमक को देखकर ऐसा जान पड़ता था मानो वे पैर ललाई उगल रहे हों। इसी प्रकार जब वे अपने इन चरणों को उठा-उठाकर रखती चलती थीं तब तो ऐसा जान पड़ता था मानो पग-पग पर स्थल-कमल उगाती हुई चली जा रही हों।

अपने नवयौवन के भार से झुकी हुई सी जब वे अपनी स्वाभाविक हाव-भाव से चलती थीं तो उस समय ऐसा जान पड़ता था कि मानो उनके बिछुओं से निकलनेवाली मधुर ध्वनि को सीखने के लिए ललचाये हुए राजहंसों ने अपनी हाव-भरी चाल पहले ही उनको विनिमय के रूप में प्रदान कर दी हो।

पार्वती के समस्त शरीर को सुन्दर बनाने के लिए ब्रह्माजी ने जितनी भी सुन्दरता की सामग्रियां एकत्रित की थीं, वे सब तो उनकी चढ़ाव-उतारवाली, गोल और ठीक मोटाई वाली जंघाओं के निर्माण में ही समाप्त हो गईं। इसलिए ब्रह्मा को उनके शेष अंगों को सुन्दर बनाने के लिए और अधिक सामग्री जुटाने के लिंए पुनः कष्ट करना पड़ गया।

पार्वतीजी की दोनों सुडौल जांघों की उपमा देने के लिए केवल दो वस्तुओं का उल्लेख किया जा सकता था—एक तो हाथी की सूंड़ और दूसरे कदलीफल के खम्भे। किन्तु यह भी पूर्ण उपमा नहीं बनती थी। क्योंकि हाथी की सूंड़ तो कड़ी होती है, कदलीफल का खम्भा बहुत ठंडा होता है। इसलिए पार्वतीजी को उन सुडौल जंघाओं की उपमा के लिए अन्य किसी वस्तु को उपयुक्त पाया ही नहीं गया।

उस अत्यन्त सुन्दर अंगोंवाली युवती पार्वती के नितम्ब कितने सुन्दर होंगे? यह तो इसी बात से आंका जा सकता है कि विवाह कर लेने के उपरान्त स्वयं शिवजी ने उन नितम्बों को अपनी उस गोद में रखा जहां तक पहुंचने की कोई स्त्री साध भी नहीं कर सकती थी।

नाड़े के ऊपर गहरी नाभि तक पहुंची हुई और नये यौवन के आने के कारण बालों की जो नयी उगी हुई पतली रेखा बन गई थी उसे देखकर ऐसा जान पड़ता था मानो नाड़े के ऊपर बंधी हुई उनकी मेखला के बीचोंबीच जड़ा हुआ नीलम चमक उठा हो।

उन पतली कमरवाली और नये यौवनवाली के पेट पर जो तीन सिकुड़न की रेखाएं पड़ी हुई थीं, उन्हें देखकर ऐसा जान पड़ता था मानो कामदेव को ऊपर स्तन आदि तक चढ़ा ले जाने के लिए नये यौवन ने सीढ़ी बना दी हो।

उन कमल के समान आंखोंवाली पार्वती के, सांवली घुंडियों वाले गोरे-गोरे दोनों स्तन बढ़कर परस्पर इतने सट गये थे कि उनके मध्य में इतना भी स्थान नहीं रह गया था कि कमल की नाल का एक सूत भी उसमें समा सके।

ऐसा लगता था कि पार्वतीजी की दोनों भुजाएं सिरस के फूल से भी अधिक कोमल थीं, इसलिए तो फूलों के अस्त्र वाले कामदेव ने शिवजी से हार जाने पर उनके गले में इन्हीं भुजाओं का फंदा बनाकर डाल दिया था।

पार्वतीजी का गोल-गोल गला और फिर उनके स्तनों पर लटका हुआ गोल मोतियों का हार, दोनों परस्पर एक-दूसरे की खूब शोभा बढ़ा रहे थे। पार्वतीजी के कंठ की शोभा हार बढ़ा रहा था तो उस हार की शोभा उनका कंठ बढ़ा रहा था।

लक्ष्मी को चंचल शोभावाली माना जाता था और जब तक पार्वतीजी उत्पन्न नहीं हुई थीं तब तक वे चंचल शोभावाली लक्ष्मी बड़ी द्विविधा में पड़ी हुई रहती थीं। क्योंकि रात को जब वे चन्द्रमा में पहुंचती थीं तो उन्हें कमल का आनन्द नहीं मिल पाता था और जब दिन के समय वे कमल में आ बसती थीं तब रात के चन्द्रमा का आनन्द उन्हें नहीं मिल पाता था। किन्तु पार्वतीजी के उत्पन्न होने से उनकी वह द्विविधा मिट गई। क्योंकि पार्वतीजी के मुख पर चन्द्रमा और कमल, दोनों के ही गुण विद्यमान थे। इसलिए तब से ही उनको चन्द्रमा और कमल, दोनों का ही आनन्द प्राप्त होने लग गया था।

पार्वतीजी के लाल-लाल होंठों पर फैली हुई उनकी मुस्कुराहट का उजलापन ऐसा सुन्दर लगता था कि जैसे लाल कोंपल में कोई उजला फूल रखा हुआ हो अथवा स्वच्छ मूंगे के बीच में कोई मोती जड़ा हुआ हो।

वे मधुर वाणीवाली पार्वतीजी जब बोलने लगती थीं, तो मानो अमृत की धारा ही फूट निकली हो। उनकी मीठी बोली के सम्मुख तो कोयल की कूक भी ऐसी कड़वी लगती थी जैसे किसी अनाड़ी वादक ने अनमिली वीणा के बेसुरे तार छेड़ दिए हों।

पार्वतीजी की आंखें बहुत बड़ी-बड़ी थीं। उनकी चितवन ऐसी थी कि मानो आंधी से हिलते हुए चंचल नील कमल हों। उन्हें देखकर यह पता ही नहीं लग पाता था कि यह कला उन्होंने हरिणियों से सीखी थी या कि हरिणियों ने उनसे सीखी थी।

उनकी लम्बी और मनोहर भौंहों की बनावट तो इतनी सुन्दर लगती थी कि मानो किसी ने उन्हें अपनी तूलिका से बनाया हो। इतना ही नहीं, उन भौंहों की सुन्दरता के सम्मुख जिस कामदेव को अपने धनुष की सुन्दरता का गर्व था वह भी फीका पड़ जाता था।

उनके बालों की सुन्दरता का कोई उदाहरण ही नहीं। यदि पशु-पक्षियों में भी मानव-सुलभ लज्जा होती तो अपने बालों पर इतरानेवाली चौंरी हरिणियां भी उनके बाल देखकर अपने चंवरों पर इठलाना भूल जातीं।

पार्वतीजी को देखकर तो ऐसा लगता था कि संसार को बनानेवाले ब्रह्माजी पृथ्वी पर की सारी सुन्दरता एक साथ एक ही स्थान पर देखना चाहते हों। यही कारण रहा होगा कि उन्होंने सुंदर अंगों की उपमा में आनेवाली सब वस्तुओं को बड़े यत्न से बटोरकर उन्हें सब अंगों पर यथास्थान सजाकर सुन्दरता की मूर्ति पार्वतीजी को बनाया था।

नारदजी तो मनमौजी हैं; जब, जहां मन आया चल दिए। वे मनमौजी नारदजी इसी प्रकार घूमते-घूमते एक बार पर्वतराज हिमालय के यहां भी जा विराजे। यह संयोग की ही बात थी कि उस समय हिमालय की कन्या पार्वतीजी उनके समीप ही विराजमान थीं। उनको देखते ही भविष्यवक्ता नारदजी ने भविष्यवाणी कर दी कि यथा समय यह कन्या अपने अनन्य प्रेम से शिवजी के आधे शरीर की स्वामिनी और उनकी एकमात्र पत्नी बनकर रहेगी। उसी समय नारदजी ने शिवजी के गुणों की कुछ इस प्रकार प्रशंसा भी की कि जिससे पार्वती के मन में शिवजी के प्रति प्रेम उत्पन्न होने लगा।

अपनी कन्या पार्वती को बढ़ते देखकर कभी-कभी हिमालय को उसके विवाह की चिन्ता होने लगती थी। किन्तु जब महामुनि नारद ने स्वयं आकर यह भविष्यवाणी कर दी तो पर्वतराज हिमालय इतने आश्वस्त हुए कि उन्होंने उस दिन से पार्वती के विवाह की चिन्ता करना ही छोड़ दिया। क्योंकि हिमालय यह जानते थे कि जैसे मन्त्र से दी हुई हवन की सामग्री को अग्नि के अतिरिक्त अन्य किसी को लेने का अधिकार नहीं है और न कोई उसे ले सकता है वैसे ही महादेवजी को छोड़कर अन्य कोई पार्वती को भी ग्रहण नहीं कर सकता था।

इतना निश्चय जान लेने पर भी हिमालय ने उचित यही समझा कि जब तक महादेवजी स्वयं उनकी कन्या की याचना करने के लिए नहीं आते तब तक उनके पास

अपनी ओर से जाना उचित नहीं है। क्योंकि इस प्रकार के काम में जहां सज्जन लोगों को किसी प्रकार के निरादर की आशंका होती है, वहां वे इस प्रकार के कामों में किसी मध्यस्थ को ले लेना उचित समझते हैं।

उधर जब से शिवजी की पत्नी दक्ष-कन्या सती ने अपने पिता महाराज दक्ष के हाथों महादेवजी का अपमान होने पर क्रोधाभिभूत होकर वहीं दक्ष द्वारा आयोजित यज्ञ की अग्नि में अपने शरीर को त्याग दिया था, तबसे ही महादेवजी एक प्रकार से संसार से विरक्त-से हो गये थे। उन्होंने सभी सांसारिक सुखोपभोगों को त्याग दिया था और सब साधन सुलभ होने पर भी दूसरा विवाह भी नहीं किया था।

न केवल इतना, अपितु उन्होंने तपस्या करने का निश्चय कर लिया और इस प्रकार अपनी इन्द्रियों को जीतनेवाले तथा बाघम्बर ओढ़नेवाले वे शिवजी कस्तूरी की गंध में बसी हुई हिमालय की एक सुन्दर चोटी पर जाकर तप करने लगे थे। उस चोटी पर स्थित देवदार के वृक्षों को गंगाजी की धारा बराबर सींचा करती थी और गन्धर्व गण वहां दिन-रात मधुर गान गाया करते थे।

शिवजी जिस स्थान पर तपस्या करने के लिए बैठे थे उसके समीप ही उनके विशेष गण भी सिर पर नमेरु के कोमल फूलों की माला बांधे, शरीर पर भोजपत्र लपेटे हुए और मैनसिल के रंग से अपने शरीर रंगे हुए उनके प्रमय आदि गण शिलाजीत से पुती हुई चट्टानों पर बैठे हुए उनकी सुरक्षा का प्रबन्ध करत्ते थे।

शिवजी महाराज का वाहन गर्वीला नन्दी भी उनके पास ही विराजमान रहता था। वह नन्दी गरजते हुए सिंहों की दहाड़ को सहन न कर सकने के कारण जब अपने तेज खुरों से हिम की चट्टानों को खूंदता हुआ स्वयं भी उसी प्रकार गर्जन करने लगता था, तो उसके आस-पास विचरण करनेवाली नील गायें घबरा जाती थीं और एकटक उसको देखती रहती थीं। वे आश्चर्य करती थीं कि सिंह के समान ही गरजने वाला यह अन्य प्राणी कौन आ गया है।

इस प्रकार के वातावरण मे उस चोटी पर शिवजी ने अपना तप करना आरम्भ कर दिया था। जो भगवान् शंकर स्वयं अन्य जनों को उनकी तपस्याओं का फल देनेवाले माने जाते हैं, उन्होंने न जाने किस फल की इच्छा से तप करना आरम्भ कर दिया था और इस निमित्त अपनी ही दूसरी मूर्ति अग्नि की समिधा से प्रज्ज्वलित कर लिया था।

हिमालय को जब इस बात का ज्ञान हुआ तो उनको बड़ी प्रसन्नता हुई और जिन महादेवजी को स्वर्ग के देवता तक पूजते हैं उनकी पूजा के लिए हिमालय पुत्री के साथ महादेवजी को अर्पण करने के लिए बहुमूल्य सामग्री लेकर उनकी सेवा में उपस्थित हो गए। वहां पहुंचने पर प्रथम हिमालय ने स्वयं महादेवजी की पूजा की और फिर अपनी कन्या से कहा कि अपनी सखियों को साथ लेकर वह भी उनकी सेवा में वहीं रहे।

पार्वतीजी के वहां रहने से यह स्वाभाविक था कि शिवजी महाराज के तप में बाधा पड़ जाये। फिर भी उन्होंने पार्वती की सेवा को ग्रहण कर ही लिया। क्योंकि कहा गया है कि सच्चा और धीर महात्मा तो उसे ही समझा जाना चाहिए जिनका मन विकार उत्पन्न करनेवाली वस्तुओं के मध्य में रहकर भी तिल भर न डिगे।

वह सुकेशी पार्वती अपने पिता की आज्ञा पाकर महादेवजी की सेवा के लिए वहीं रह गईं और वहां रहती हुई नियम से प्रतिदिन वह पूजा के ताजे-ताजे फूलों को चुनकर लातीं, वेदी को भली प्रकार धो-पोंछ देतीं, नित्य-कर्म के लिए जल और कुशा लाकर यथास्थान रख देतीं, इस प्रकार किसी प्रकार की थकावट का अनुभव किए बिना ही पार्वतीजी यह सब काम करती थीं। क्योंकि महादेवजी के सिर पर विराजमान चन्द्रमा की शीतल किरणें पार्वतीजी का सारा श्रम हर लेती थीं।

द्वितीय सर्ग

ब्रह्मा का परामर्श

यह संयोग ही की ही बात थी कि जिन दिनों भगवान् शंकर हिमालय पर तपस्या कर रहे थे, उन्हीं दिनों तारक नामक राक्षस देवताओं को बहुत सताया करता था। तारक के भय से भयभीत होकर सारे देवतागण देवराज इन्द्र को साथ लेकर ब्रह्माजी की शरण में जा पहुंचे।

ब्रह्माजी ने जब सुना कि देवता-गण देवराज इन्द्र के नेतृत्व में उनसे मिलने के लिए आये हैं, तो वे तुरन्त उनसे मिलने के लिए अपने बाहर के कक्ष में आ गए। ब्रह्माजी ने देखा कि सभी देवताओं के मुख ऐसे लग रहे थे जैसे मुरझाये हुए कमल हों। किन्तु ब्रह्माजी को देखकर उनके मुख ऐसे खिल गये जिस प्रकार प्रातःकाल के सूर्य देखकर कमल के मुख खिल जाते हैं।

चतुर्भुज ब्रह्माजी को सम्मुख देखकर वे देवता-गण सारे जगत के रचयिता के सम्मुख अपनी श्रद्धा निवेदन करने के विचार से उठकर खडे हो गये और फिर उनको प्रणाम कर इस प्रकार स्तुति करने लगे–

हे भगवन् ! संसार की रचना करने से पूर्व जो केवल एक ही रूप में विद्यमान थे। किन्तु संसार को रचते समय सत्त्व, रज और तम–इन तीन गुणों को उत्पन्न करके ब्रह्मा, विष्णु और महेश नाम से तीन रूप के बन जानेवाले आपको हम प्रणाम करते हैं।

हे ब्रह्मन् ! आपने सबसे पहले जल को उत्पन्न किया और उसमें ऐसा बीज बो दिया जो कभी वृथा नहीं जाता और जिसमें एक ओर तो पशु, पक्षी, मनुष्य आदि चलनेवाले जीव और दूसरी ओर वृक्ष, पहाड़ आदि अचल संसार उत्पन्न हुआ है। इसी कारण आपको ही संसार का उत्पन्न करनेवाला माना गया है।

आप ही शिव हैं, आप ही विष्णु हैं और आप ही हिरण्यगर्भ हैं। आप अपने इन तीन रूपों से अपनी शक्ति को प्रकट करके संसार का नाश, पालन और, उत्पादन करते हैं।

जिस समय आप स्त्री और पुरुष की दो विभिन्न रचनाएं करते हैं, तो उस समय भी आपके ही स्त्री और पुरुष दो रूप बन जाते हैं। वे ही दोनों रूप इस समस्त संसार के माता-पिता रूप से जाने जाते हैं।

आपने समय का जो परिमाण बनाया है उसके अनुसार दिन और रात होते हैं। उसमें

जब रात्रि के समय आप सोते हैं तो सब संसार में प्रलय हो जाती है और दिन मानकर जब आप जागते होते हैं, तब संसार की सृष्टि होती है।

यह तो ठीक है कि संसार को आपने ही उत्पन्न किया है, किन्तु आपको उत्पन्न करनेवाला कोई नहीं है। आप संसार का अन्त कर देते हैं, किन्तु आपका अन्त कोई नहीं कर सकता। आपने संसार का प्रारम्भ किया है, किन्तु आपका कभी प्रारम्भ नहीं हुआ। आप समस्त संसार के स्वामी हैं, किन्तु आपका कोई स्वामी नहीं है।

आप ही स्वयं अपने को जानते हैं और आप ही स्वयं अपने को उत्पन्न भी करते हैं और जब आप अपना कार्य पूर्ण कर लेते हैं, तब उस समय आप स्वयं को स्वयं में ही लीन भी कर लेते हैं।

आपका रूप बड़ा ही विचित्र है। आप तरल भी हैं, और कठोर भी हैं। आप मोटे भी हैं, और पतले भी हैं। आप छोटे भी हैं, और बड़े भी हैं। आप दिखाई भी देते हैं, और नहीं भी दिखाई देते। इस प्रकार जितनी भी सिद्धियां हैं, वे भी सब आपके ही हाथ में हैं। आप जैसा चाहें वैसे बन सकते हैं और जो रूप धारण करना चाहें, वह रूप भी धारण कर सकते हैं।

आपने ही वेद की वह वाणी भी उत्पन्न की है, जिसका आरम्भ प्रणव से होता है। उस प्रणव का उच्चारण उदात्त, अनुदात्त और स्वरित–इन तीनों स्वरों से होता है और जिसके मंत्रों से यज्ञ करके प्राणी स्वयं को प्राप्त कर लेता है।

आपको ही धर्म, अर्थ और काम तथा मोक्ष के लिए मनुष्य को उकसानेवाली मूल प्रकृति कहते हैं। आप ही उस प्रकृति का दर्शन करनेवाले उदासीन पुरुष भी माने जाते हैं।

आप ही पितरों के पितर, देवताओं के देवता, अच्छों से भी अच्छे और सृष्टि करनेवाले प्रजापतियों की भी आप ही सृष्टि करनेवाले हैं। आप स्वयं ही हव्य अर्थात् हवन की सामग्री हैं, आप ही हवन करनेवाले भी हैं। आप ही भोग की सामग्री भी हैं और स्वयं आप ही उस सामग्री के भोक्ता भी हैं। आप ही जानने के योग्य हैं तो आप ही स्वयं को जाननेवाले भी हैं। आप ही ध्यान करनेवाले हैं और आप ही सर्वश्रेष्ठ हैं जिनका ध्यान किया जाना चाहिए।

इस प्रकार देवताओं से ब्रह्माजी ने वह स्तुति सुनी जो यथार्थ होने के साथ-साथ हृदयंगम होनेवाली भी थी। उनकी इस प्रकार की स्तुति सुनकर दयालु ब्रह्माजी उन पर प्रसन्न हो गए और उनको कहने लगे–

आदि कवि ब्रह्माजी ने जब देवताओं से बोलने के लिए अपना मुख खोला तो उनके चारों मुख से निकली हुई वाणी ने स्वयं को चार रूपोंवाली होना सिद्ध कर दिया। वाणी के चार रूप हैं–परा, पश्यन्ती, मध्यमा और वैखरी।

हे देवगण ! अपनी-अपनी शक्ति से अपने-अपने अधिकार की रक्षा करनेवाले, बड़ी-बड़ी भुजाओंवाले, बड़ी-बड़ी शक्तिवाले तथा एक साथ मिलकर मेरे पास आए हुए मैं आप सब लोगों का हृदय से स्वागत करता हूं।

किन्तु यह तो बताइए कि आप के मुख पर जो स्वाभाविक कान्ति थी वह इस समय कहां विलुप्त हो गई है? आपलोग इस समय ऐसे दिखाई दे रहे हैं जैसे कि कोहरे से ढंक जाने के कारण तारे धुंधले पड़ जाते हैं। बताइए कि आप लोग इस प्रकार उदास क्यों हैं?

वृत्रासुर का प्राण हरण करनेवाला तथा इन्द्रधनुष के समान कान्तिमान आपका आयुध वज्र भी आज अपनी चमक खोकर कुंठित-सा क्यों दिखाई दे रहा है?

वरुण देव के हाथ में सदा विराजमान तथा शत्रुओं का नाश करनेवाला उनका यह पाश तो इस समय ऐसा दिखाई दे रहा है जैसे कोई बंधा हुआ सांप हो। भला ऐसा क्यों?

कुबेर महाराज के हाथ में सदा विराजमान गदा भी दिखाई नहीं दे रही है। उसके अभाव में इनकी भुजा ऐसी लग रही है, जैसे कटी हुई शाखावाला वृक्ष हो। इससे यही अनुमान लगाया जा सकता है कि किसी भयंकर बलवान शत्रु से पराजित होने का कांटा इनके हृदय की कसक बनकर इनको व्यथित कर रहा है।

महात्मा यमराज, जो कि इस समय अपने निस्तेज दंड से पृथ्वी को कुरेद रहे हैं, वे इस समय ऐसे लग रहे हैं कि मानो उनका यह तेजवान दंड भी बुझी हुई मशाल जैसा निस्तेज और व्यर्थ हो गया हो, ऐसा क्यों?

संसार को प्रकाशित तथा प्रभासित करनेवाले ये बारहों आदित्यगण भी अपना सारा तेज खोकर बिलकुल निस्तेज-से पड़े हुए हैं। ये आदित्यगण ऐसे चित्रलिखित-से दिखाई दे रहे हैं कि जो चाहे, इनको इस समय, जब तक चाहे आंखें गड़ाकर देखता-ही-देखता रहे, उसकी आंखों में तनिक भी चौंध न लगे। इनकी यह दशा क्यों हो गई है?

यही स्थिति पवन की भी दिखाई दे रही है। जिस प्रकार, जब जल कुछ ऊंचाई की ओर जाने लगता है, तो उसकी गति एवं वेग में धीमापन आ जाता है उसी प्रकार ये उनचास पवन ऐसे मन्द पड़े दिखाई दे रहे हैं, जैसे इनके हृदय में किसी प्रकार की घबराहट ने घर कर लिया हो।

ये ग्यारह रुद्र, जो कि अपनी हुंकार के लिए जगविख्यात हैं, इनकी खुली जटाओं में लटकती और हार के दुःख से झुकी हुई चन्द्र-कलाओंवाले इन रुद्रों के मस्तक भी यही बता रहे हैं कि इनकी वह हुंकार करने की शक्ति सहसा क्षीण हो गई है।

व्याकरण आदि अनेक शास्त्रों में सब प्रकार के नियम होते हैं जिनका पालन आवश्यक होता है। किन्तु उनमें अपवाद एक ऐसा नियम होता है, जो उन व्यापक नियमों को निरस्त कर देता है। उसी प्रकार क्या आपलोग भी किसी पराक्रमी शत्रु के हाथों अपना अधिकार खो बैठे हैं?

हे वत्स ! आप शीघ्र ही मुझे बताइए कि आपलोग इस प्रकार एकत्रित होकर निस्तेज, निष्प्राण-से मेरे पास किस निमित्त पधारे हैं? क्योंकि मेरा कार्य तो केवल संसार की सृष्टि करने तक ही सीमित है, उसकी सुरक्षा आदि का सब भार तो आपलोगों पर ही है?

ब्रह्माजी के मुख से इस प्रकार अपनी प्रशंसा और उनकी ओर से सान्त्वना के शब्द सुनकर देवराज इन्द्र अपने सहस्त्र नेत्रों को इस प्रकार चलाकर बृहस्पति को बोलने के लिए संकेत किया, जिस प्रकार मन्द पवन के चलने पर तालाब में खिले कमल हिल उठते हैं।

इन्द्र की ओर से संकेत पाकर, जिनके दो नेत्रों में ही इन्द्र के सहस्त्र नेत्रों से भी बढ़कर देखने की शक्ति थी, ऐसे वे बृहस्पति दोनों हाथ जोड़कर कमलासन में विराजमान ब्रह्माजी से निवेदन करने लगे—

भगवन्! आपने जो कुछ कहा है, वह सब अक्षरशः सत्य है, उसके अतिरिक्त अन्य कुछ नहीं है। हम सबके स्थान हमारे शत्रुओं ने अपने अधिकार में कर लिये हैं। प्रभो! आप तो सर्वव्यापी हैं, भला कहीं आपसे भी कोई बात छिपी रह सकती है?

तारक राक्षस, जिसने आप से वर प्राप्त कर लिया है, उस महासुर ने अब हम पर इस प्रकार अपना सिर उठा लिया है, जिस प्रकार मानो संसार का नाश करने के लिए आकाश-मंडल में नक्षत्रों के मध्य धूमकेतु उत्पन्न हो जाता है।

सूर्यदेव के प्रचंड ताप को तो आप जानते हैं। किन्तु वे भी उससे भयभीत हो गए हैं। वे भी उसके नगर पर उतनी ही किरणें बिखेरते हैं कि जितने से वहां के कमल खिल सकें।

यही स्थिति चन्द्रमा की भी है। वह भी उससे अत्यन्त भयभीत हैं और अपनी सम्पूर्ण कलाओं के साथ वह उसके नगर में सारे मास भर सारी रातों को चमका करते हैं। वह केवल एक उस कला को छोड़ देता है जिसे भगवान् शंकर ने अपने मस्तक का मणि बनाया हुआ है।

वायु भी उससे बहुत डरता है और उसके क्षेत्र मे वह उतना ही प्रवाहित होता है जितना कि साधारण पंखे झलने से होता है। क्योंकि डर बना रहता है कि वह तेज बहा तो इससे कहीं तारकासुर के उद्यान के पुष्प झड़ न जायें। ऐसी अवस्था में तारकासुर उस पर चोरी का अपराध लगाकर उसको दंडित कर देगा।

यही स्थिति छहों ऋतुओं की भी है। ये सभी ऋतुयें अपने-अपने समय का विचार छोड़कर फुलवारी के मालिनों के समान एक साथ, एक दूसरे की ऋतु के पुष्पों को बिना छेड़े, अपने-अपने ऋतु के फूल उसके उद्यान में उपजाकर तारकासुर को प्रफुल्लित कर रही हैं।

समुद्र भी उससे बहुत डरता है और जब तक उसको भेंट करने योग्य रत्न भली प्रकार समुद्र में बढ़कर अपनी अवस्था को न पा लें, वह तब तक जल के भीतर ही उन रत्नों के बड़े होने की बाट जोहता रहता है, उससे बाहर अपना मुख नहीं निकालता।

वासुकि आदि नाग-गण, जिनके मस्तक पर सदा मणियां चमकती रहती हैं, वे भी अपने मस्तक पर रात्रि के समय उसके देश मे उन मणियों को धारण करके विचरण करते हैं, जो कि बुझनेवाली न हो। इस प्रकार वह भी तारकासुर की सेवा में रहता है।

इन्द्र देव का भी हाल बुरा है। तारकासुर की कृपा पाने के लिए इन्द्र भी अपने दूतों के माध्यम से बार-बार उसके पास अपने कल्पवृक्ष के सुन्दर रत्नों को भेंट-स्वरूप भेजकर उसको प्रसन्न करने का यत्न करते रहते हैं।

इस प्रकार देवगण उस असुर की इतनी सेवा कर रहे हैं तदपि वह असुर समय-समय पर तीनों भुवनों को पीड़ा देता रहता है। किसी ने ठीक ही कहा है—भगवन्! दुर्जन को तो अपकार से ही शमन किया जाता है, उपकार से नहीं। लातों के भूत बातों से कहां मानते हैं?

उस राक्षस ने नन्दन वन को उजाड़ दिया है। उस नन्दन वन के जिन वृक्षों के पत्तों को देवताओं की ललनाएं बड़ी कोमलता के साथ तोड़कर अपने कर्णफूल बनाया करती थीं, उनकी यह दुर्दशा देखकर मन रोने लगता है। वह राक्षस उन वृक्षों को काट-काटकर गिरा रहा है।

न केवल देवतां-गण अपितु देवांगनाओं को भी उसने अपनी सेवा में नियुक्त कर लिया है। जब वह सोया हुआ होता है, उस समय वे देवांगनाएं गरम-गरम उसांसें लेती हुई उसको चंवर डुलाया करती हैं और विजन से हवा किया करती हैं। उस समय उनके आंखों से आंसुओं की झड़ी देखकर दिल दहल उठता है।

वे मेरु की चोटियां, जो सूर्य के घोड़ों से ढीली पड़ी हुई हैं, उनको उसने उखाड़ दिया है और उन्हें अपने घर पर ले जाकर उनसे अपने खेल के पहाड़ बना लिये हैं।

मन्दाकिनी में जो स्वर्ण-कमल खिला करते थे, उनको उसने उखाड़ लिया है और अपने घर में बनी बावड़ियों में उनको डाल दिया है। इस प्रकार मन्दाकिनी में आजकल दिग्गजों के मद से गंदला जल ही केवल दिखाई देता है।

देवता लोग विमानों में चढ़कर इस लोक से उस लोक की यात्रा करते रहते थे और एक-दूसरे लोक में जाकर आनन्द मनाया करते थे। किन्तु अब उस राक्षस के भय के कारण वे घर से बाहर भी नहीं निकलते। यों भी, उनका निकलना उस राक्षस ने दूभर कर दिया है।

राक्षस स्वभाव से ही मायावी तो होता ही है। किन्तु उस राक्षस ने तो देवताओं को परेशान करने के लिए सब प्रकार छल-छद्म का प्रयोग आरम्भ कर दिया है। यजमान लोग जब हमारे नाम पर अग्नि में आहुति डालते हैं, तो वह हम लोगों के देखते-देखते अग्नि के मुख से हमारा भाग छीन लेता है।

उच्चैश्रवा नाम का वह सुन्दर घोड़ा, जो बहुत दिनों से संगृहीत इन्द्र के यश के समान ही महान् और सुन्दर था, उसको भी उस राक्षस ने छीन लिया है।

उस दुष्ट को मारने के लिए हमने क्या-क्या उपाय नहीं कर डाले, किन्तु किसी भी प्रयोग का उस पर कोई प्रभाव नहीं हो रहा है। जिस प्रकार सन्निपात ज्वर में सभी बड़ी-बड़ी औषधियां निष्प्रभावी हों जाती हैं उसी प्रकार उस राक्षस पर हमारे सभी प्रभाव निष्फल सिद्ध हो रहे हैं।

विष्णु के सुदर्शन चक्र पर हम लोगों को बहुत भरोसा था। किन्तु जब हम उससे उस पर प्रहार करते हैं, तो वह उसके गले से जाकर टकराता है। उस समय उसमें से जो चिनगारियां निकलती हैं, वे ऐसी लगती हैं मानो उस राक्षस ने अपने गले में कोई सुन्दर चमकीला हार डाल रखा हो।

उसके हाथी भी इतने बलवान हैं कि वे ऐरावत को भी पराजित कर दें। वे हाथी पुष्करावर्तक आदि बादलों से टक्करें ले-लेकर अपना टीले ढाने का खिलवाड़ किया करते हैं।

प्रभो ! यही हमारी दु:ख की कहानी है। इसलिए हम चाहते हैं कि जिस प्रकार मोक्ष प्राप्त करने की इच्छा करनेवाले लोग जन्म-मरण के बन्धन से मुक्त होने के लिए कर्म के बन्धनों को काटने का उपाय खोजा करते हैं, उसी प्रकार हम लोग उस राक्षस को नष्ट करने के लिए किसी ऐसे सेनापति को उत्पन्न करना चाहते हैं जो हमें इस संकट से मुक्ति दिला सके।

उस सेनापति को हम देवताओं की सेना का रक्षक बनाकर और उसको सेना के आगे-आगे करके देवराज इन्द्र, शत्रुरूपी उस राक्षस के हाथ में बन्दी के रूप में पड़ी हुई अपनी विजय-श्री को लौटा लावें।

भगवान् ब्रह्मा ने बड़े मनोयोग से देवताओं की बात उनके गुरु बृहस्पति के मुख से सुनी। उनकी बात पूर्ण होने पर ब्रह्माजी ने ऐसी मधुरवाणी बोली जो मेघ के गर्जन के पीछे होनेवाली वर्षा के समान भली लगती थी।

ब्रह्माजी ने कहा, देवगण ! आपलोगों की इच्छा तो अवश्य पूर्ण होगी, किन्तु इसके लिए आपको प्रतीक्षा करनी पड़ जाएगी।

प्रतीक्षा की बात सुनकर तो देवताओं में एक प्रकार से खलबली-सी मच गई। उनकी उद्विग्नता को समझकर ब्रह्माजी कहने लगे, प्रतीक्षा करने से मेरा अभिप्राय यही है कि मैं स्वयं तो अवतार धारण कर नहीं सकता।

उनके ऐसा कहने पर देवताओं ने प्रश्नभरी मुद्रा में देखा, तो ब्रह्माजी बोले कि उस राक्षस को वरदान तो मैंने ही दिया है, इसलिए अब मैं अवतार लेकर स्वयं ही उसको अपने हाथ से मारूं, यह उचित नहीं है। क्योंकि जो व्यक्ति अपने हाथ से किसी वृक्ष को लगाता है, कालान्तर में जब उसको पता चलता है कि यह तो विष वृक्ष है, उस वृक्ष को भी वह व्यक्ति अपने हाथ से काटे, तो यह उचित नहीं माना जाता।

उसको वरदान देने का भी एक विशेष कारण ही था। उसने घोर तपस्या की थी। यदि उसके प्रतिदान में उसको वर नहीं दिया जाता, तो उसके परिणामस्वरूप सारा संसार ही जल उठता।

अब उसके नाश का एक ही मार्ग है। वह यह कि भगवान् शंकर के वीर्य से उत्पन्न पुत्र ही उसका संहार कर सकता है। इस समय उसके अतिरिक्त तारकासुर से युद्ध करने में अन्य कोई समर्थ नहीं हो सकता। वही उसका वध कर सकेगा।

शंकर भगवान् ही एक ऐसे हैं, जो अन्धकार के पार रहनेवाले परम तेजोमय हैं। उनको अविद्या छू तक नहीं सकती। उनकी इस विशेषता का ही यह परिणाम है कि मैं और विष्णु भी उनकी महिमा का पार अभी तक नहीं पा सके हैं।

अब आप लोग कोई ऐसा यत्न करिए कि जिस प्रकार चुम्बक दिखाने पर लोहा उसकी ओर खिंचा आता है उसी प्रकार समाधि में बैठे हुए शंकर भगवान् का मन भी पार्वती के रूप-लावण्य तथा यौवन की ओर खिंच जाये।

क्योंकि यह तो आपलोग भलीभांति समझ सकते हैं कि भगवान् शंकर के वीर्य को धारण करना कोई साधारण बात नहीं है। शिवजी के वीर्य को तो केवल पार्वती ही धारण कर सकती हैं।

शंकर-पार्वती का विवाह होने पर उन पार्वती के गर्भ से भगवान् शंकर का जो पुत्र उत्पन्न होगा, वही आपलोगों का सेनापति बनकर अपने पराक्रम से देवताओं की बन्दी स्त्रियों को छुड़ाकर उनके उलझे हुए बालों को सुलझा सकेगा।

इस प्रकार समस्त संसार के स्त्रष्टा ब्रह्माजी इतना कहकर आंखों से ओझल हो गये। देवता लोग भी वहीं आगे के कार्य का निश्चय करने के उपरान्त अपने-अपने लोक को प्रस्थान कर गये।

इन्द्र जब स्वर्गलोक में पहुंचे, तो वहां जाकर उन्होंने एक बार फिर देवताओं के साथ उस समय मंत्रणा की। उस समय उनको अपने परम सखा कामदेव का स्मरण हो आया। उन्होंने बड़े मनोयोग से कामदेव का स्मरण किया।

देवराज इंद्र कामदेव को बड़े मनोयोग से स्मरण करें और कामदेव उसकी उपेक्षा कर दें, यह किसी प्रकार भी संभव नहीं था। ज्यों ही कामदेव को विदित हुआ कि देवराज इन्द्र उन्हें स्मरण कर रहे हैं, तो वे समस्त रूप-सज्जा के साथ अपने पुष्प धनुष को कंधे में डालकर और अपने साथी बसन्त के हाथ में आम के बौर का वाण देकर वे इन्द्र लोक में पहुंच इन्द्र के सम्मुख हाथ जोड़कर खड़े हो गये।

तृतीय सर्ग

कामदेव-दहन

इन्द्र के आह्वान पर जब कामदेव अपनी पूर्ण सज्जा के साथ इन्द्र के समीप उपस्थित हुआ, तो इन्द्र को बड़ी प्रसन्नता हुई और देवताओं की ओर से उनकी दृष्टि हटकर पूर्ण आदर और सम्मान के साथ कामदेव की ओर मुड़ गयी। यह तो स्वाभाविक ही है कि स्वामी को अपने सेवकों से जब जैसा काम निकालना होता है उसी के अनुसार वे उनका आदर-सत्कार भी किया करते हैं।

कामदेव के आने पर इन्द्र ने भी उसी प्रकार उसका स्वागत किया और बड़े आदर से उससे कहा, 'आओ, इस आसन पर विराजो।' वह आसन इन्द्र के समीप ही था। उन्होंने उसको अपने पास बैठा लिया। कामदेव ने इन्द्र के समीप पहुंचने पर उनको प्रणाम किया और फिर उनके संकेत किये आसन पर बैठकर उनसे मन्त्रणा करने लगा। इन्द्र ने उसके साथ कान से मुख लगाकर फुसफुसाहट करते हुए बात की।

कामदेव जब इन्द्र के समीप बैठ गया तो उनसे पूछने लगा, "हे त्रिलोक के स्वामी और सबके गुणों को पहचाननेवाले गुणज्ञ ! कृपा करके आप आज्ञा दीजिए और बताइए कि तीनों लोकों में ऐसा कौन-सा कार्य है जिसके लिए आपने मुझको स्मरण किया है। आपने अपने कार्य के लिए मुझको स्मरण किया, इसे मैं अपना अहोभाग्य मानता हूं और जो कार्य भी आप मुझे सौंपेंगे मुझे उसे सम्पन्न करने में प्रसन्नता होगी।

देवाधिदेव ! मैं जानना चाहता हूं, इन तीन लोकों में ऐसा कौन-सा पुरुष हो गया है जिसकी गहन तपस्या ने आपके मन में ईर्ष्या को जगा दिया है। आप तो केवल मुझे उसका नाममात्र बता दीजिए। उसके बाद का काम तो मैं स्वयं ही अपने इस धनुष-वाण से तुरन्त कर लूंगा। आपके कहने भर की देर है कि मैं उसको जीतकर आपके पास लाता हूं।

कृपया, यह बताइए कि वह कौन-सा पुरुष है जो आपका शत्रु बनकर संसार के कष्टों से घबराकर मोक्ष की कामना करने लगा है। मैं उसको अभी सुन्दरियों के नेत्रों में फंसा देता हूं, जो बांकी चितवन चलाने को बड़ी आतुर हैं।

आपके उस शत्रु ने यदि शुक्राचार्य महोदय से ही क्यों न नीतिशास्त्र पढ़ लिया हो, उसके लिए भी मैं अत्यन्त भोग की इच्छा को ऐसा दूत बनाकर उसके पास भेजता हूं, जो उसका धर्म और अर्थ--दोनों उसी प्रकार नाश कर देगा जिस प्रकार वर्षा ऋतु में बढ़ी हुई नदी का बहाव दोनों तटों को बहा ले जाता है।

या फिर वह कोई चंचल नयनोंवाली सुन्दर स्त्री है जो कि आपके मन में समा गई है, जो अपना हठ, अपना पतिव्रत धर्म ही सब कुछ मानती है। मैं अभी उसी सुन्दरी पर ऐसा वाण चलाता हूं कि वह सब लाज-शील छोड़कर आपके गले से आ लगे।

भो कामिन् ! वह ऐसी कौन-सी स्त्री है जो कि आपका सम्भोग न पाने पर क्रोध करके आपसे इतनी रूठी बैठी है कि पैरों पर गिरकर मनाने पर भी अभी तक नहीं मानी है। मैं उसके मन में इस प्रकार का पश्चात्ताप उत्पन्न कर दूंगा कि वह स्वयं चलकर आपकी सेवा में उपस्थित होकर आपके लाल कोपलों के ठंडे बिछौने पर आकर लेट जाएगी।

हे वीर ! आप चिन्ता से मुक्त हो जाइए और अपने वज्र को भी विश्राम करने दीजिए। मुझे बताइए कि वह कौन-सा दैत्य है, जो मेरे वाणों की मार से ऐसा शक्तिहीन हो जाना चाहता है कि क्रोध से कांपते हुए होंठोंवाली नारी भी उसको भयभीत कर दे।

यदि आपकी कृपा हो और आप आज्ञा करें तो मैं केवल अपने वसंत को ही साथ लेकर और केवल अपने फूलों के वाणों से ही पिनाक धारण करनेवाले स्वयं देवों के देव महादेवजी के ही छक्के छुड़ा दूं, फिर अन्य किसी धनुषधारी की तो बात ही क्या है?

देवराज इन्द्र ने जब स्वयं कामदेव को देवाधिदेव महादेव का नाम लेते सुना तो उनको कुछ सान्त्वना-सी मिली। अन्यथा उनको डर था कि उन्होंने अपने लक्ष्य महादेव का नाम लिया तो कहीं कामदेव घबराकर सिर न हिला दे। अब महादेवजी का नाम सुनकर वे आराम से बैठ गये और कामदेव को कहने लगे–

मेरे प्रिय मित्र ! तुम पर मेरा बड़ा भरोसा है, तुम सब कुछ कर सकते हो। तुम और यह मेरा वज्र, ये ही तो मेरे अस्त्र हैं। इन दो अस्त्रों में मेरे वज्र की धार तो शत्रुओं की तपस्या से उतार दी गई है। अब केवल एक तुम ही ऐसे मेरे मित्र और अस्त्र बचे हो, जो बिना किसी रुकावट के सब जगह प्रविष्ट हो सकते हो और हमारा इच्छित सिद्ध करके ला सकते हो।

तुम्हारी शक्ति को मैं भली-भांति जानता हूं, इसीलिए इतने बड़े कार्य के लिए मैंने तुम्हारा चयन किया है। क्या तुम जानते हो कि जब प्रलय हुई थी तो उस समय भगवान् ने शेष को ही अपनी शय्या क्यों बनाया था? वह इसलिए कि उन्होंने जान लिया था कि शेषनाग जब पृथ्वी को धारण कर सकते हैं, वे भगवान् का भार भी उसी प्रकार सह लेंगे।

यही भरोसा मुझे भी तुम पर है। अभी-अभी तुमने स्वयं ही कहा है कि तुम अपने वाणों से देवाधिदेव महादेव को भी वश में कर सकते हो। इस प्रकार तुमने स्वयं ही मेरे मन की बात करके अपने काम का बीड़ा उठा लिया है। इसलिए अब तुम यह समझ लो कि बलवान शत्रु द्वारा सताये हुए और डरे हुए ये सभी देवगण तुमसे यही काम कराने के लिए यहां पर एकत्रित हुए हैं।

इन्द्र के मुख से ऐसी बात सुनकर कामदेव को बड़ा आश्चर्य हो रहा था। वह चकित-सा इन्द्र को देखने लगा। इन्द्र उसकी जिज्ञासा शान्त करते हुए कहने लगे–हे पुष्पधन्वा ! यहां उपस्थित ये सब देवगण चाहते हैं कि शत्रु को पराजित करने के लिए शिवजी के वीर्य से हमारा सेनापति उत्पन्न हो। किन्तु महादेवजी इस समय तपस्यारत हैं। वे मन्त्र-बल से ब्रह्म में ध्यान लगाये हुए समाधिस्थ हैं। उनकी इस समाधि को अपने वाण से केवल तुम ही भंग कर सकते हो।

कामदेव इसके लिए तुरन्त तैयार हो गया—

उस समय फिर इन्द्र भगवान ने उससे कहा, 'इसके लिए तुम्हें विधि-विधान से प्रयत्न करना होगा। किसी अप्सरा आदि को भेजकर उनकी समाधि भंग करने से हमारा प्रयोजन सिद्ध नहीं हो सकता।'

'तो फिर स्वामिन्?'

कामदेव ने जब यह प्रश्न किया तो इन्द्र ने समझाया कि इस समय शिवजी समाधि में लीन हैं। वे तपस्या कर रहे हैं। हिमालयराज ने अपनी पुत्री पार्वती को उनकी सेवा के लिए नियुक्त किया है। नारदजी ने पार्वती को वर दिया है कि देवों के देव–महादेव ही पार्वती के पति होंगे। उधर ब्रह्माजी ने हमलोगों को बताया है कि केवल पार्वती ही ऐसी हैं जो कि शिवजी का वीर्य धारण कर सकती हैं, अन्य कोई ऐसी स्त्री इस देवलोक में तो क्या किसी भी लोक में नहीं है।

इसलिए तुमको यत्न यह करना होगा कि किसी प्रकार तपस्यारत शिवजी के मन में पार्वती के लिए प्रेम उत्पन्न हो जाये।

हमने अपने गुप्तचर उस स्थान पर नियुक्त किये हुए हैं जहां शिवजी तपस्या कर रहे हैं। अप्सराओं ने तो वहां जाकर प्रयत्न किया भी था, किन्तु असफल रही हैं। उन्हीं अप्सराओं ने हमें सूचना दी है कि हिमालय ने पार्वती को उनकी सेवा में नियुक्त किया हुआ है।

इस कार्य को केवल तुम्हीं कर सकते हो इसलिए तुम्हारे कारण ही यह कार्य अटका हुआ है। जिस प्रकार बीज को अंकुर बनने के लिए जल की आवश्यकता होती है उसी प्रकार यह कार्य भी तुम्हारी सहायता के भरोसे अटका हुआ था। इसलिए अब तुम यहां से जाओ और देवताओं का यह कार्य सम्पन्न करो।

अब यह तो निश्चित है कि देवताओं की यह जीत तुम्हारे ही वाणों द्वारा हो सकती है। इस प्रकार तुम जैसा बड़भागी इस संसार में अन्य कोई नहीं है। जिस काम को संसार में कोई अन्य व्यक्ति न कर सके उस असाधारण कार्य को सम्पन्न करने से ही यश की प्राप्ति होती है।

यह काम कम असाधारण नहीं है। एक ओर जहां सब देवतागण तुमसे सहायता की याचना कर रहे हैं, वहां यह कार्य केवल देवताओं का ही नहीं अपितु तीनों लोकों के वासियों का है, और तीसरी, जो बात मुख्य है वह यह कि–यद्यपि इस कार्य की सिद्धि के लिए तुम्हें धनुष-वाण का उपयोग तो करना पड़ेगा, किन्तु उससे किसी की हत्या नहीं होगी।

आज इस स्थिति में पड़कर ये सकल देवता भी यह कामना करने लगे हैं कि काश ! हमें भी तुम्हारी जैसी यह शक्ति किसी प्रकार मिल जाती !

हे मन्मथ ! हमारे इस कार्य में तुम्हारी सहायता के लिए वसन्त का नाम इसलिए नहीं लिया, क्योंकि वह तो तुम्हारा साथी है ही। अब कोई पवन को भला यह थोड़े ही कहेगा कि वह जाकर आग की सहायता करे। यह तो उसका स्वभाव ही है कि वह आग को भड़काये, उसको चाहे कोई कहे अथवा न कहे।

कामदेव को बड़ी प्रसन्नता हुई और जिस प्रकार कोई व्यक्ति उपहार में दी हुई माला को सिर पर चढ़ा लेता है उसी प्रकार कामदेव ने इन्द्र की आज्ञा को शिरोधार्य किया। चलने से पूर्व उसने कहा, 'जैसी आपकी आज्ञा।'

कामदेव जब चलने लगा तो इन्द्र ने उसकी पीठ पर अपना वह हाथ फेरा जो ऐरावत को अंकुश लगाते-लगाते कड़ा पड़ गया था। इस प्रकार कामदेव को विदा करते समय इन्द्र ने उसको उत्साहित किया।

कामदेव ने निश्चय कर लिया था कि वह अपने प्राण देकर भी देवताओं के कार्य को अवश्य सिद्ध करेगा। कामदेव ने वसन्त को साथ लिया और उस ओर प्रस्थान किया जहां उसको बताया गया था कि शिवजी अपनी तपस्या कर रहे हैं। रति को जब पता चला कि इंद्र महाराज ने कामदेव को बुलाया है, तो उसको चिन्ता होने लगी थी। वह तब से ही कामदेव के पीछे थी कि न जाने आज क्या होनेवाला है। इसलिए जब कामदेव वसन्त को साथ लेकर हिमालय की ओर जा रहा था तो रति भी उनके पीछे-पीछे चल दी।

कामदेव अपने सखा वसन्त को लेकर उस वन में पहुंच गया जहां शिवजी तपस्या कर रहे थे। वसन्त को बड़ा घमंड था कि वह कामदेव का सहायक है और मुनियों के तप को भंग करने में बड़ा निपुण है। उसने वहां जाकर अपना पूरा रूप विस्तीर्ण कर दिया और वह उस वन में चारों ओर फैल गया।

वन में वसन्त का छाना था कि उसी समय सूर्यदेव भी दक्षिणायन से उत्तरायण की ओर चले गये। दक्षिण की ओर से मलय पवन प्रवाहित हो रहा था मानो अपने पतिदेव सूर्य के उत्तरायण को प्रस्थान करने से दक्षिण दिशा दुःखी होकर लम्बी-लम्बी सांसें भर रही हो।

वसन्त के छाते ही और सूर्यदेव के उत्तरायण में प्रविष्ठ होते ही अशोक वृक्ष भी तत्काल ऊपर से नीचे तक फूल-पत्तों से लद गया और झनझनाते बिछुओं वाली सुन्दरियों के चरणों के प्रहार की बाट भी उसने नहीं देखी।

उस सुन्दर वसन्त ने नगी कोंपलों के पंख लगाकर आम की मंजरियों के वाण भी तैयार कर लिये। उन मंजरियों पर उसने जो भौंरे बैठाये वे उस समय ऐसे लग रहे थे, जैसे उन वाणों पर कामदेव के नाम के अक्षर अंकित कर दिये गए हों।

खिले कर्णिकार यद्यपि बहुत ही शोभायमान होते हैं, किन्तु उनमें गन्ध न होने से वे मन को भाया नहीं करते हैं। वे किसी भी वस्तु में सम्पूर्ण गुण नहीं भरते हैं। यही स्थिति कर्णिकार की थी। सुन्दर फूल तो खिलते थे किन्तु सुगन्ध न होने के कारण वे किसी को अत्यन्त प्रिय हो ही नहीं सकते थे।

वसन्त के सहसा उपवन में आगमन से द्वितीया के चन्द्रमा के समान टेढ़े और बहुत ही सुन्दर रूप में लाल-लाल अधखिले टेसू के फूल वनभूमि में फैले हुए ऐसे लग रहे थे, मानो वसन्त ने वनस्थलियों के साथ विहार करके उन पर अपने नाखून के नये-नये चिह्न अंकित कर दिये हों।

वसन्त के आगमन के साथ ही भौरे इधर-उधर फूलों पर मंडराने लगे, वे भौंरे खिले हुए तिलक के फूल और प्रात:काल के सूर्य की लाली से चमकनेवाली कोंपलें ऐसी लगने

लगीं मानो वसन्त की शोभा-रूपी स्त्री ने भौंरे-रूपी आंजन से अपना मुख चित्रित कर अपने माथे पर फूल का तिलक लगाकर और प्रातःकाल की सूर्य की कोमल लाली से चमकनेवाली कोंपलों से अपने होंठ रंग लिये हों।

आंखों में प्रियाल के फूलों के पराग के उड़-उड़कर पड़ने से जो मतवाले हरिण भलीभांति देख नहीं पा रहे थे वे पवन से झड़े हुए सूखे पत्तों से मरमर करती हुई वन की भूमि पर इधर-उधर दौड़ते फिर रहे थे।

आम की मंजरियों के खाने पर कोकिल का कंठ बड़ा मधुर हो गया था और जब वह उस मीठे कंठ से मधुर स्वर में कूकती थी तो उसमें अनुराग-सा भरा होता था कि जो स्त्रियां किसी कारण से अपने प्रियों अथवा पतियों से रूठ गई थीं, वे अपना रूठना तक भूल बैठी थीं।

वसन्त के आगमन के साथ ही शीत ऋतु समाप्त हो गयी थी और ग्रीष्म का तेज आतप अभी आरम्भ नहीं हुआ था फिर भी गर्मी का आगमन दिखाई देने लगा था, क्योंकि उसके कारण कोमल होंठोंवाली और सुन्दर गोरे मुखोंवाली किन्नरियों के मुख पर चीती हुई चित्रकारी पर पसीने की बूंदे झलकने लगी थीं।

महादेवजी के साथ अन्य अनेक तपस्वी जन उस वन में तपस्या में रत थे। इस प्रकार अनायास वसन्त के आ जाने के कारण उनको बड़ी कठिनाई का अनुभव होने लगा था। वे अपने मन को बड़ी कठिनाई से वसन्त के आगमन के कारण उत्पन्न होनेवाले विकारों से हटाकर तपस्या में लगा पाते थे।

न केवल वसन्त का आगमन अपितु रति को साथ लेकर साक्षात् कामदेव उस वन में अपने फूल के धनुष-वाण को खींचते हुए उपस्थित हो गये तो उससे चर और अचर सभी में अत्यन्त सम्भोग की इच्छा जागृत होती दिखाई देने लगी।

भ्रमर और भ्रमरी साधारण ऋतु में अलग-अलग जाकर फूलों के मकरन्द का रसपान करते हैं और उन दोनों को एक साथ एक ही फूल रूपी कटोरी में मकरन्द का पान करते हुए देखा जा सकता था। यही दशा हरिण आदि जन्तुओं की भी थी। काला हरिण अपनी हरिणी को सींग से खुजलाने लगा और उसकी हरिणी उस स्पर्श-सुख का आनन्द लेती हुई आंखें मूंदकर बैठी हुई दिखाई देने लगी थी।

इसी प्रकार हथिनी भी कमल के पराग से सुगन्धित जल को अपनी सूंड़ से निकाल-निकालकर अपने प्रिय हाथी को पिलाने लगी। ऐसी स्थिति में चकवा-चकवी क्यों पीछे रहते। चकवा भी आधी कुतरी हुई कमल की नाल को लेकर अपनी चकवी को भेंट करने लगा।

किन्नर और किन्नरियां गान कर रही थीं, किन्नरियों के कोमल मुखों पर उस गान की थकान से पसीने के कण चमकने लगे थे। किन्नरगण उनको देख-देखकर रोमांचित हो रहे थे और गीतों के मध्य में ही अपनी किन्नरियों के मुखों को चूमने लगे। उस पसीने के कारण किन्नरियों के मुख पर लगा लेप और चित्रकारी एक प्रकार से लिप-सी गई और उनके नेत्र फूलों की मदिरा से मतवाले होने के कारण बड़े लुभावने लग रहे थे।

यही दशा वृक्षों की भी हो गई थी। जिन लताओं के स्तन बड़े-बड़े फूलों के रूप में लटक रहे थे और पत्तों के रूप में जिनके सुन्दर होंठ हिल रहे थे, उन पर मोहित होकर वृक्ष

अपनी झुकी हुई डालियों को फैलाकर उन लताओं से लिपटने के लिए लालायित दिखाई देते थे।

देवलोक हो, अप्सराएं न हों, यह सम्भव नहीं और वसन्त का आगमन हो तथा अप्सराएं चुप रहें—यह भी सम्भव नहीं था। अत: वसन्त के आगमन के साथ ही अप्सराओं ने अपना संगीत और नृत्य भी आरम्भ कर दिया था। किन्तु महादेव को इस सबसे कोई लेना-देना नहीं था। वे अपनी तपस्या में तनिक भी टस-से- मस नहीं हुए। वे अपने ध्यान में निमग्न तपस्या करते रहे। जो अपनी आत्मा के स्वयं स्वामी हैं, किसी प्रकार के विघ्न उन्हें विचलित कर उनकी समाधि भंग नहीं कर सकते।

वसन्त के आगमन को देखकर नन्दी भी सावधान हो गया। उस समय वह अपने बाएं हाथ में सोने का डंडा लिये हुए मण्डप के द्वार पर बैठा अपने मुख पर दाएं हाथ की अंगुली रखकर सब गणों को सचेत कर रहा था कि वे अपना नटखटपन छोड़कर चुपचाप बैठ जाएं।

नन्दी का यह रूप देखकर और शिवजी के गणों को कठोर अनुशासन में रखने के कारण उस समय वृक्षों ने भी हिलना बन्द कर दिया, भौरों ने गूंजना बन्द कर दिया, इस प्रकार जब जीव-जन्तु शांत हो गये, वनचरी पशु भी जहां थे वहीं खड़े रह गये, यहां तक कि सारा वन नन्दी के उस एक संकेत में ऐसा लगने लगा मानो चित्र में खिंचा हुआ हो।

जिस समय लोग यात्रा पर निकलते हैं उस समय वे लोग सामने के शुक्र की दृष्टि को बचाकर चलते हैं। उसी प्रकार कामदेव भी नन्दी की आंखें बचाकर उस समय नमेरु की शाखाओं से घिरे हुए उस स्थान में जा घुसा जहां महादेवजी बैठकर समाधिस्थ हो तपस्या कर रहे थे।

जिस कामदेव के माथे पर मृत्यु की रेखा अपने लिए स्थान बना रही थी, वह कामदेव वहां पहुंचकर क्या देखता है कि देवदार के पेड़ की जड़ में पत्थर की पाटियों से बनी हुई चौकी पर बाघम्बर बिछा हुआ है। उसी पर देवों के देव महादेव समाधि लगाये विराजमान हैं।

भगवान् महादेव वीरासन पर विराजमान हैं, उनका धड़ सीधा और स्थिर है। उनके दोनों कंधे थोड़ा-सा झुके हुए हैं और उन्होंने अपने दोनों हाथ की हथेलियों को कमल के समान बनाकर अपनी गोद में रखकर उनको ऊपर की ओर उठा लिया है, इस प्रकार वे महादेवजी उस आसन पर निश्चल बैठे हुए हैं।

उनकी जटाएं सांपों से बंधी हुई हैं। उनके दक्षिण कर्ण पर दोहरी रुद्राक्ष की माला टंगी हुई है। समुद्र-मन्थन के समय उन्होंने जो विषपान किया था उससे उनका कंठ नीला हो गया था। उस नीलिमा की चमक से उन्होंने अपने शरीर पर गांठ मारकर बांधी हुई है, वह और भी अधिक सांवली दिखाई पड़ रही है।

महादेवजी की भौंहें तनी हुई हैं। उनकी आंखें कुछ-कुछ खुली हुई-सी दिखाई दे रही हैं। इस प्रकार अपनी निश्चल उग्रतारों तथा अपनी किरणें नीचे डालनेवाली ऐसी आंखों से वे नाक के अगले भाग पर अपनी दृष्टि जमाये हुए बैठे हैं।

उन्होंने अपने शरीर के भीतर चलनेवाले सब पवनों को रोक लिया है। इस प्रकार वे

ऐसे अचल बैठे हैं जैसे कोई न बरसनेवाला बादल हो, बिना लहरोंवाला निश्चल सरोवर हो, या फिर किसी पवन रहित स्थान पर रखा हुआ ऊपर की तरफ लौ वाला दीपक हो।

उस समाधिस्थ अवस्था में बैठे हुए महादेवजी के सिर और नेत्रों से जो तेज उस समय निकल रहा था उसके सम्मुख कमल के तन्तु से भी अधिक कोमल बाल-चन्द्रमा की शोभा का कोई महत्त्व था ही नहीं।

इस प्रकार वहां पर समाधिस्थ महादेवजी अपने उस अविनाशी आत्मा की ज्योति को अपने भीतर देख रहे थे, जिसे ज्ञानी जन अपनी नवों इन्द्रियों के द्वारा रोककर मन को समाधि से वश में करके हृदय में रखकर जानने में समर्थ होते हैं।

तीन नेत्रोंवाले भगवान् शंकर का जो रूप किसी के लिए भी मन और बुद्धि से परे का विषय था, उसी अगम्य रूप को इतने निकट से देखकर कामदेव की दशा बड़ी विचित्र हो गई थी। वह इतना डर गया कि उसका शरीर शिथिल पड़ गया। ऐसी अवस्था में उसको यह भी ज्ञान नहीं रहा कि उसके हाथ से उसका पुष्पों का धनुष-बाण कब गिरकर नीचे पड़ा हुआ है।

मालिनी और विजया नाम की दो वन देवियों के साथ उसी स्थान पर भगवती पार्वती शिवजी की सेवा के लिए तत्पर बैठी हुई थीं। डर के कारण जिस कामदेव की शक्ति क्षीण हो गई थी, उसकी दृष्टि जब उन तीन देवियों पर गयी और उसने अत्यन्त सुन्दरी पार्वती का मनोहर रूप देखा तो मानो उसको चेत-सा हुआ हो, इस प्रकार उसकी खोई हुई शक्ति फिर से जागृत होने लगी।

वन में उत्पन्न पुष्प-पत्रों से पार्वतीजी ने अपना जो श्रृंगार किया हुआ था, वह बड़ा ही मनोहर था। उस समय पार्वतीजी के शरीर पर लालमणि को लज्जित करनेवाले अशोक के पत्तों के, सोने की चमक को क्षीण करनेवाली कर्णिकार के फूलों के और मोतियों की माला के समान उजले सिन्धुवार के वासन्ती फूलों के आभूषण सजे हुए थे।

इन आभूषणों को धारण करके तथा स्तनों के बोझ से झुके हुए शरीर पर प्रातःकाल के सूर्य के समान लाल वस्त्र धारण किये हुए पार्वती उस समय ऐसी लग रही थीं, जिस प्रकार कि फूलों के गुच्छे के भार से झुकी हुई नयी लाल-लाल कोंपलोंवाली कोई चलती-फिरती लता हो।

उनकी कमर में पड़ी हुई केसर के फूलों की करधनी जब-जब उनके गोल और सुदृढ़ नितम्बों से नीचे खिसक आती थी, तब-तब वे उसको अपने कोमल हाथ से पकड़कर ऊपर सरका लेती थीं।

उस समय उस करधनी को देखकर ऐसा लगता था कि मानो कहां क्या पहनना है, इस बात को जाननेवाले कामदेव ने अपने हाथ से उनकी कमर में अपनी धनुष की दूसरी डोर पहना दी हो।

पार्वतीजी के मुख से सुगन्धित श्वास निकल रहा था और उस पर ललचाये हुए भौंरे जब-जब उनके लाल-लाल दाड़िम-से होंठों पर आकर बैठने का उपक्रम करते, तब-तब पार्वतीजी घबरा जातीं और घबराहट में आंखें नचाती हुई वे छोटे-छोटे कमलों से उनको मार-मारकर भगाने का यत्न करतीं।

कामदेव अनुभव कर रहा था कि पार्वतीजी का सौन्दर्य तो रति को भी लजानेवाला है, उनके अंग रति से भी अधिक सुघड़ और सुंदर हैं। ऐसी उन सुंदर अंगोंवाली रूपवती पार्वतीजी को देखकर तो जितेन्द्रिय महादेवजी को वश में करने की अपनी लालसा कामदेव को पूर्ण होती दिखाई देने लगी।

कामदेव इस प्रकार विचार कर रहा था कि तभी पार्वतीजी अपने भावी पति शंकरजी की कुटी के द्वार पर आ पहुंचीं। यह संयोग की ही बात थी की ठीक उसी समय महादेवजी ने परमात्मा की परम ज्योति का दर्शन करके अपनी समाधि तोड़ी।

भगवान् शंकर ने आंखें खोलीं और फिर धीरे-धीरे श्वास लेना आरम्भ किया। इसके साथ ही उन्होंने अपने पैरों की कठोर आलथी-पालथी खोल दी। समाधि की अवस्था में भगवान् शंकर का जो शरीर बहुत ही हलका हो गया था, अब समाधि खुलने पर वह इतना भारी हो गया था कि उनके बैठने की भूमि को शेष भगवान् बड़ी कठिनाई से अपने फणों पर सम्हाल पाये थे।

नन्दी को जब विदित हुआ कि उसके स्वामी भगवान् शंकर की समाधि खुल गई है तो उनके पास जाकर उन्हें प्रणाम किया और फिर बताया कि पार्वतीजी उनकी सेवा के लिए उपस्थित हो गई हैं। पार्वतीजी के आगमन की बात सुनकर उन्होंने अपनी भौंहों से ही उन्हें बुलाने का संकेत किया। महादेव का संकेत पाकर नन्दी पार्वतीजी को भीतर ले आये।

पार्वतीजी के साथ उनकी सखियां भी भीतर गईं और पहले उन्होंने ही भगवान् को प्रणाम किया। तदनन्तर उन्होंने अपने हाथ से जो फूल और पत्तियां चुनी हुई थीं उनको शिवजी के चरणों में अर्पित कर दिया। इस प्रकार शिवजी के चरणों में वासन्ती फूलों का ढेर-सा लग गया।

सखियों के प्रणाम करने और पुष्प अर्पित करने के उपरान्त पार्वतीजी ने भी भगवान् को प्रणाम करने के लिए ज्यों ही अपना सिर नीचे को झुकाया त्यों ही उनके काले-काले बालों में गुंथे हुए कर्णिकार के पुष्प और उनके कान पर रखे हुए पत्र पृथ्वी पर गिर पड़े।

पार्वतीजी ने जब भगवान् को प्रणाम किया तो भगवान् ने उन्हें ऐसा आशीर्वाद दिया कि जो बड़ा ही विचित्र था। आशीर्वाद देते हुए उन्होंने कहा, *'तुम्हें ऐसा पति मिले जो आज तक किसी भी कन्या को प्राप्त न हो सका हो।'* किसी ने ठीक ही कहा है कि ऐसे ऐश्वर्यशालियों की वाणी कभी भी वृथा सिद्ध नहीं होती।

कामदेव की उतावली देखने योग्य हो रही थी। जिस प्रकार कोई पतंगा दीपक की लौ पर मिटने के लिए उतावला हो रहा हो, उसी प्रकार वह भी सोचने लगा कि भगवान् शंकर पर अपने वाण का प्रहार करने का यही सबसे उत्तम अवसर है। बस फिर क्या था ! वह भगवान् शंकर पर ताक-ताककर अपने धनुष की प्रत्यंचा चढ़ाने लगा।

भगवान् शंकर अपने पूर्व स्थान पर बैठे हुए थे और पार्वती ने उनको प्रणाम किया और उसके बाद उसने धूप में सुखाये हुए मन्दाकिनी में खिलनेवाले कमलों के बीजों की माला, जो स्वयं पार्वतीजी ने अपने हाथ से गूंथी थी, भगवान् शंकर के गले में डाल दी।

भगवान् शंकर तो अपने भक्त के प्रति सदा ही प्रेम करते रहे हैं।

में डाली गई वह माला भगवान् शंकर ने पहनी ही थी कि उसी समय कामदेव ने अपना सम्मोहन नामक बाण, जो बड़ा ही अचूक माना जाता है, अपने धनुष पर चढ़ा दिया।

जिस प्रकार शुक्ल पक्ष में चन्द्रमा के उदित होने पर समुद्र में ज्वार आ जाता है, वैसे ही पार्वतीजी को देखकर महादेव के हृदय में एक विचित्र प्रकार की कुछ हलचल-सी होने लगी। उस समय उनकी दृष्टि पार्वतीजी के बिम्बा के समान लाल-लाल होंठों पर जाकर टिक गई। उस समय भगवान् की आंखें ललचाई-सी लगती थीं।

फला हुआ नया कदम्ब जिस प्रकार पुलक उत्पन्न करता है, उसी प्रकार पार्वती भी अपने पुलकित अंगों से भगवान् के प्रति अपना प्रेम प्रदर्शित करती हुई तथा अपनी लजीली आंखोंवाले सुन्दर मुख को तिरछा करती हुई-सी वहीं पर खड़ी रह गईं।

किन्तु महादेवजी तो तपस्या कर रहे थे न, इसलिए वे तत्काल सम्हल गए। महादेवजी का संयम प्रसिद्ध है। ऐसे संयमी महादेव ने अपनी इन्द्रियों की चंचलता पर अंकुश लगा लिया। फिर उनको संदेह-सा होने लगा कि उनके मन में यह विकार आया, तो क्यों? यह जानने के लिए उन्होंने अपने चारों ओर दृष्टि दौड़ाई।

शंकरजी को देखने और जानने में समय नहीं लगा। उन्होंने देखा कि दूर खड़ा कामदेव अपना धनुष खींचकर गोल किये हुए, दाहिनी आंख की कोर तक चुटकी से डोरी खींचे हुए दाहिना कंधा झुकाकर बाएं पैर का घुटना मारे हुए उन पर अपना वाण चलाने ही वाला है।

इस प्रकार अपने तप में बाधा डालनेवाले कामदेव को उस स्थिति में देख उन्हें उस पर बड़ा क्रोध आ गया। उनकी भौंहें इतनी तन गयीं कि उसमें उनका तीसरा नेत्र ही चिपक-सा गया था। उसी समय उनका वह तीसरा नेत्र खुला और उससे सहसा जलती हुई आग की ज्वाला निकलने लगी।

आकाश में विराजमान देवता यह सब लीला देख रहे थे। भगवान् शंकर को जब उन्होंने इस प्रकार क्रोधित जानकर तीसरे नेत्र से ज्वाला बरसाते देखा, तो सबके मुख से सहसा निकल पड़ा, 'प्रभो ! यह क्या? कृपा करके अपने इस क्रोध को रोकिए। किन्तु तब तक बहुत देर हो गई थी। तब तक उनके नेत्र से निकली हुई ज्वाला ने कामदेव को भस्म कर दिया था।

कामदेव की पत्नी रति ने जब इस प्रकार अपने सिर पर आई विपत्ति को देखा तो वह उसी क्षण वहीं पर मूर्च्छित होकर गिर पड़ी। उसकी सारी इन्द्रियां जड़वत हो गयीं और उस समय ऐसा लगने लगा कि भगवान् ने कृपा करके मानो उतनी देर के लिए उसके मस्तिष्क से उसके पति की मृत्यु का ज्ञान हर करके उसके दुःख को कुछ कम किया।

जिस प्रकार किसी पेड़ पर जब बिजली गिरती है तो वह उसको आमूलचूल भस्मसात् कर देती है, उसी प्रकार भगवान् शिव ने भी अपनी तपस्या में बाधा डालनेवाले कामदेव को अपने क्रोध से जलाकर भस्म तो कर दिया किन्तु इतने से उनका समाधान नहीं हुआ। उन्होंने निश्चय किया कि यदि तपस्या करनी है तो उनको स्त्रियों का साथ छोड़ना होगा। मन में यह निश्चय करते ही तपस्वी भगवान् महादेव ने अपने सभी गणों को साथ लिया और तत्काल वहां से अन्तर्धान हो गए।

भगवती पार्वतीजी ने जब यह देखा तो उनको बड़ी ग्लानि होने लगी। वे सोचने लगीं कि यह तो मेरी सखियों के सम्मुख ही उन्नत शिखर मेरे पिता का मनोरथ और मेरी सुन्दरता दोनों व्यर्थ सिद्ध हो गये। यह तो बड़ी लज्जा की बात हो गई। इससे उनका मन बड़ा उदास हो गया। वे अपनी सहेलियों को साथ लेकर जिस किसी प्रकार घर लौटने का विचार करने लगीं।

हिमालय को जब पता चला कि भगवान् शंकर ने कामदेव का दहन कर दिया है तो वे भी तुरन्त शिवजी की साधना-स्थली पर पहुंच गये। किंतु तब तक शिवजी अन्तर्धान हो चुके थे और पार्वतीजी भी निराश होकर वहां से लौट रही थीं। जिस प्रकार ऐरावत अपने दांतों पर कमलिनी को उठा ले, वैसे ही महादेवजी के क्रोध से डरकर आंखें बन्द कर जाती हुई अपनी दुःखी कन्या को हिमालय ने गोद में उठा लिया। इस प्रकार उसको लेकर वे जिधर से आये थे, उसी दिशा को लौट गये।

चतुर्थ सर्ग

रति-विलाप

कामदेव को भस्म कर जब महादेवजी वहां से अन्तर्धान हो गये और पार्वतीजी भी अब वहां पर अपना कोई काम न समझकर अपने घर को वापस चली गयीं तो केवल मूर्च्छित अवस्था में पड़ी रति ही वहां पर अकेली रह गई। उस सती स्त्री को भी नये वैधव्य का असह्य दुःख सहने के लिए ब्रह्माजी ने जगा दिया।

ज्यों ही रति की मूर्च्छा टूटी, वह आंखें फाड़-फाड़कर चारों ओर देखने लगी। अब भी वह समझ नहीं पा रही थी कि जिसे सदा अपने आगे देखते रहने पर भी जिस कामदेव की आंखें कभी आघाती ही नहीं थीं, वही कामदेव अब सदा के लिए उसकी आंखों से कब ओझल हो गया।

वह विलाप करती हुई कहने लगी, 'अये नाथ ! क्या तुम जीवित हो।' यह कहकर वह ज्यों ही खड़ी हुई कि तभी उसने देखा कि उसके सामने महादेवजी के क्रोध से भस्मीभूत एक नर-देह पड़ी है।

ज्यों ही उस राख की ढेर पर रति की दृष्टि गई, वह फिर उसी प्रकार बेहोश हो गई। वह मिट्टी में लोट-पोट होने लगी, उसने अपने बाल बिखेर लिये। वह इस प्रकार बिलख-बिलखकर रो रही थी मानो सारी वनभूमि ही उसके साथ रो रही हो।

रति विलाप करती हुई कहती जा रही थी—'विलासियों के शरीर की उपमा–तुम्हारे जिस सुन्दर शरीर से आज तक दी जाती रही हो, उसी तुम्हारे शरीर की ऐसी दशा देखकर भी मेरी छाती फटी क्यों नहीं? सचमुच ही स्त्रियों का हृदय बड़ा कठोर होता है।'

जिस प्रकार पानी का प्रभाव बांध को तोड़ देता है और जल में बहनेवाली कमलिनी को वहीं छोड़कर स्वयं आगे निकल जाता है, वैसे ही तुम्हारे हाथ में अपने प्राणों को

सौंपनेवाली मुझ अभागिनी से सब प्रकार नाता तोड़कर और मुझसे रूठकर तुम इतनी शीघ्रता से कहां चले गये?

आज तक तो तुमने ऐसा कोई काम किया ही नहीं था जिसे मैंने न चाहा हो और उसी प्रकार मैंने भी कभी तुम्हारी किसी बात को टाला नहीं था। फिर बिना बात के ही मुझ बिलखती हुई को तुम दर्शन क्यों नहीं दे रहे?

क्या तुम्हें स्मरण है कि जब तुमने अपनी किसी प्यारी का नाम मेरे सम्मुख भूल से ले दिया था तो मैंने तुम्हें अपनी करधनी से बांध लिया था, क्या उसके स्मरण आ जाने से ही तुम मुझसे रूठ गये हो? या फिर जब मैंने अपने कान में पहने हुए कमल से तुम्हें मारा था, उस समय उसका पराग तुम्हारी आंखों में गिर जाने के कारण वे दुखने लगी थीं, क्या उस घटना को स्मरण कर कहीं तुम मुझसे नहीं रूठ गये?

तुम तो सदा मुझे मीठे-मीठे वचनों से रिझाया करते थे कि मैं तो सदा ही तुम्हारे हृदय में विराजमान रहती हूं, क्या वह सब यों ही था। क्योंकि यदि तुम्हारी वह बात केवल मेरा मन रखने के लिए न होती तो तुम्हारे भस्म हो जाने पर तुम्हारी यह रति, भला बताओ तो, किस प्रकार जीवित रह जाती?

तुमने अभी-अभी परलोक गमन किया है, मैं भी अब तुम्हारे पीछे-पीछे वहीं चली आ रही हूं। ब्रह्मा ने मुझको मूर्च्छित करके मेरे साथ छल किया है, अन्यथा मैं उसी क्षण तुम्हारे साथ चलती। क्योंकि केवल एक मेरा ही नहीं अपितु सारे संसार का ही सुख तुम अपने साथ लेकर चले गए हो।

हे प्रिय ! आज के बाद जब-जब भी वर्षा ऋतु आयेगी, तब उन दिनों रात की घने अंधियारे से भरे नगर के भयावह भागों में, बिजली की कड़कड़ाहट से डर उठनेवाली कामिनियों को उनके प्यारों के घर तुम्हारे बिना अब कौन पहुंचायेगा?

अपने मद से उन्मत्त लाल नेत्रों को घुमाती हुई और एक-एक शब्द पर रुक-रुककर बोलती हुई उन प्रमदाओं का मद्यपान करना तुम्हारे बिना अब किस काम का रह जाएगा?

हे अनंग ! तुम तो चन्द्रमा के सर्वप्रिय मित्र माने जाते थे। जब चन्द्रमा को यह विदित होगा कि तुम्हारा शरीर अब केवल कहानी की बात भर रह गया है तो उस समय वह अकारण उगा हुआ चन्द्रमा शुक्ल पक्ष में भी बड़ी कठिनाई से अपना दुबलापन त्याग पायेगा।

हरे और लाल रंग में बड़ी सुन्दरता से बंधा हुआ और कोयल की मीठी कूक से गूंजता हुआ आम का नया बौर, बताओ तो अब किसका वाण बना करेगा?

जिन भ्रमरों की पंक्तियों की तुमने अनेक बार अब तक अपने धनुष की डोरी बनाई है, उनकी दुःखभरी गुंजार अब तो ऐसी जान पड़ती है कि मुझ दुःख में बिलख़ती हुई के साथ-साथ मानो वे भी बिलख रही हों।

हे प्रिय ! तुम अपने इस राख के शरीर को त्यागकर अपना पहले जैसा शरीर धारण करके स्वभाव से ही मधुर बोलने में चतुर इस कोकिला को कहो कि यह अपनी मधुर कूक से, प्रेमियों के मिलने का स्थान बनाना आरम्भ कर दे।

मैं जब रूठ जाया करती थी और तुम मुझको मनाने के लिए जब मेरे पैरों पर पड़कर कांपते हुए मुझे मना लेते थे और फिर मुझको अपने गले से लगा लिया करते थे, उसके बाद

मेरे साथ भांति-भांति के संभोग किया करते थे, अब जब मुझे ये सब बातें स्मरण होने लगती हैं, तो मेरा हृदय इनसे फटा जाता है।

हे रति-क्रियाओं में चतुर ! तुमने अपने हाथों से मेरा जो वासन्ती श्रृंगार किया था, वह तो मेरे शरीर पर अभी भी ज्यों-का-त्यों बना हुआ है। किन्तु तुम्हारा वह शरीर जिसने यह सब श्रृंगार किया था, वह तो कहीं भी अब दिखाई नहीं दे रहा है, बताओ तुम कहां हो?

अभी थोड़ी देर पहले की ही तो बात है, जब तुम मेरे पैरों में महावर लगाने के लिए बैठे थे और मेरे केवल दाहिने पैर में ही महावर लगा पाये थे कि तभी कठोर हृदयवाले देवताओं ने तुम्हें अपने काम के लिए बुलवा लिया था। अब तुम उनके काम से निवृत्त होकर, यहां आकर मेरे इस बाएं पैर पर महावर क्यों नहीं लगा जाते?

हे प्रिय ! जब तक स्वर्ग की चतुर अप्सराएं तुमको अपने मोह-पाश में नहीं बांध लेतीं, उससे पहले ही मैं इस आग में भस्म होकर उस मार्ग से तुम्हारे पास आकर तुम्हारी गोद में आ बैठती हूं।

हे रमण ! तुम मेरे इस वचन को गांठ बांध लो कि मैं भी तुम्हारे पीछे-पीछे आ रही हूं। तदपि यह कलंक का टीका तो मुझ पर सदा के लिए लग ही गया कि 'कामदेव के न रहने पर रति थोड़ी देर तक तो जीवित रही ही थी।'

मुझे शोक है, तो इस बात का कि तुम जब गये तो अपने शरीर और प्राण, दोनों को ही एक साथ लेकर स्वर्ग को चले गये। अब मेरी समझ में यह नहीं आ रहा है कि तुम्हारे परलोक चले जाने पर मैं तुम्हारे शरीर का अन्तिम श्रृंगार किस प्रकार करूं?

जब तुम अपनी गोद में धनुष को रखकर वाण को सीधा किया करते थे, हंस-हंसकर तुम वसन्त के साथ बातें करते थे, उस समय बीच में मेरी ओर तिरछी दृष्टि डालते थे, वह सब मुझसे किसी प्रकार भुलाया नहीं जा रहा है।

तुम्हारा वह प्यारा मित्र वसन्त, जो तुम्हारे लिए सुन्दर-सुन्दर फूलों का धनुष बनाया करता था, वह अब कहां चला गया है? कहीं वह भी तो तुम्हारे साथ ही महादेवजी के तीखे क्रोध की ज्वाला में तो नहीं जल गया है?

वसन्त ने जब विलाप करती हुई रति के मुख से अपना नाम सुना, तो वह उसको सान्त्वना देने के लिए उसके पास उपस्थित हुआ। उस समय वसन्त बहुत दुःखी दिखाई दे रहा था। ऐसा लगता था मानो उसके हृदय को रति के विलाप के वचनों के वाणों ने बींध डाला हो।

रति ने जब अपने सामने वसन्त को खड़ा पाया तो उसको देखकर तो वह और भी फूट-फूटकर रुदन करने लगी। क्योंकि दुःख में अपने स्वजनों को देखते ही दुःख उसी प्रकार और अधिक बढ़ जाता है, जैसे किसी रुकी हुई वस्तु को बाहर निकालने के लिए कोई बहुत बड़ा द्वार मिल गया हो।

वसन्त को देखकर रति विलाप करती हुई उससे कहने लगी, 'हे वसन्त ! जरा बताओ तो सही कि तुम्हारे मित्र की यह दशा किस प्रकार हो गई है? वह देखो, तुम्हारा मित्र राख का ढेर बना हुआ है। इतना ही नहीं, अपितु कबूतर के समान उसकी इस भूरी राख को यहां का पवन उड़ाकर उसको इधर-उधर बिखेर रहा है।

अजी ! सुनते हो ! यह तुम्हारा मित्र वसन्त तुम्हें देखने के लिए यहां पर बड़ा उतावला-सा खड़ा है। तुम आकर इसको दर्शन क्यों नहीं देते। कहा भी है कि पुरुष अपनी पत्नी से प्रेम करने में भले ही ढिलाई कर दे किन्तु अपने प्रेमी मित्रों से उसका प्रेम अटल रहता है।

तुम्हारे इस परम मित्र वसन्त के कारण ही तो ये सब न केवल देवता अपितु राक्षस भी तुम्हारी कमल के तन्तु से बनी हुई डोरीवाले फूलों के वाणवाले धनुष का प्रभुत्व स्वीकार करते थे।

रति विलाप करती हुई वसन्त से कहने लगी, 'हे वसन्त ! देखो तुम्हारा मित्र पवन के झोंके से बुझे हुए दीपक के समान जा करके अब लौटने का नाम ही नहीं लेता। इस कारण अब अत्यन्त दुःख से परिपूर्ण मैं उस बुझे हुए दीपक का धुआं छोड़ती हुई बत्ती के समान ही रह गई हूं।

क्या तुम यह समझते हो कि मेरे आधे अंग कामदेव का वध करके और मुझे जीवित छोड़कर, विधाता ने केवल आधा ही वध किया है? नहीं, यह बात नहीं है। उसने मुझे मार डाला है। अन्यथा तुम्हीं बताओ कि हाथी की टक्कर से वृक्ष के टूट जाने पर उसके आश्रय पर चढ़ी हुई लता क्या कभी बची रह सकती है।

तुम हमारे बन्धु हो, इस नाते इतना तो तुम कर ही दो कि वैधव्य की इस ज्वाला में जलती हुई मेरा किसी प्रकार दाह-कर्म करके मुझको अपने प्रिय पति के पास तो पहुंचा दो।

संसार का तो यही नियम है कि चांदनी चन्द्रमा के साथ चली जाती है, बिजली बादल के साथ ही छिप जाती है। न केवल इतना अपितु जड़ पदार्थ भी अपने जाति के साथ जाते पाये जाते हैं, फिर मैं चेतन हूं, मैं क्यों न अपने पति के पास जाऊं।

यह मेरे प्रिय का शरीर मेरे सामने पड़ा है। मैं इसकी सुन्दर भस्म से अपने स्तनों का श्रृंगार करके चिता की आग में चढ़कर उसी प्रकार लौट जाऊंगी, जिस प्रकार कोई नयी-नयी लाल कोंपलों से सजी हुई सेज पर जाकर सो जाती है।

हे सौम्य ! तुमने तो अनेक बार हम लोगों को पुष्पों के बिछौने बनाने में सहायता दी। आज मैं तुम्हारे सामने हाथ जोड़ती हूं और तुम्हारे पैरों में पड़कर प्रार्थना करती हूं कि तुम मेरे लिए शीघ्र ही एक सुन्दर-सी चिता रच डालो।

चिता की रचना हो जाने के उपरान्त शीघ्रता से दक्षिण पवन का पंखा झल कर, उसमें बड़ी-बड़ी लपटें भी उठा दो, जिससे कि मैं शीघ्र ही जलकर राख का ढेर बन जाऊं। क्योंकि यह तो तुम जानते ही हो कि मेरा प्रिय कामदेव मेरे बिना तो क्षण भर भी नहीं रह सकता है।

इस प्रकार तुम्हारे द्वारा बनाई चिता और उसमें प्रज्वलित की गई अग्नि में जलकर मैं राख हो जाऊं तब तुम हम दोनों को एक साथ ही जलांजलि देना जिससे कि परलोक में गया तुम्हारा मित्र मेरे साथ ही जल पी सके।

हे माधव ! जब तुम अपने मित्र कामदेव का श्राद्ध करो तो उनके लिए पत्तों वाली मंजरी अवश्य देना। क्योंकि तुम्हारे मित्र को आम की मजरी बहुत ही प्रिय थी, यह बात तो तुम भी भलीभांति जानते होगे।

रति इस प्रकार विलाप कर ही रही थी कि तभी आकाशवाणी सुनाई दी। उससे जिस प्रकार अचानक बरसनेवाली वर्षा की पहली बूंदें सूखते हुए सरोवरों की व्याकुल मछलियों को जीवनदान प्रदान करती हैं, उसी प्रकार अचानक सुनाई पड़नेवाली आकाशवाणी ने भी प्राण त्यागने को उद्यत रति पर अपनी कृपा की वाणी बरसा दी।.

आकाशवाणी द्वारा सुनाई दिया, 'हे कामदेव पत्नी ! शीघ्र ही तुम्हें तुम्हारा पति मिल जाएगा, इसलिए तुम उसके साथ जलने की तैयारी छोड़ दो। वह महादेव भगवान् की आंख की ज्वाला में पतंग के समान किस प्रकार जल गया है, उसकी बात तुमको सुनाता हूं, सुनो।'

ब्रह्माजी ने जब सृष्टि करते समय सरस्वती को उत्पन्न किया था, उस समय कामदेव ने उनके मन में ऐसा पाप भर दिया कि वे अपने द्वारा उत्पन्न सरस्वती पर ही मोहित हो गये और उसके साथ सम्भोग की इच्छा करने लगे। किन्तु उसी क्षण उनको कामदेव की काली करतूत का ज्ञान हो गया, तब उन्होंने अपने मन को तो वश में कर लिया, किन्तु कामदेव को शाप दिया कि वह शिवजी के तीसरे नेत्र की ज्वाला से भस्म होने पर ही उनके शाप से मुक्त हो सकेगा। यह उनके शाप का ही फल है।

'उस समय धर्म ने ब्रह्माजी के सम्मुख सृष्टि की रक्षा के लिए कामदेव को जिलाने की प्रार्थना की तब उस समय ब्रह्माजी ने कहा कि पार्वतीजी की तपस्या से प्रसन्न होकर महादेवजी उनके साथ विवाह कर लेंगे तब कामदेव को अपना सहायक समझकर उसे उसका पहला जैसा शरीर प्रदान कर देंगे। उस समय उनका शाप भी हट जाएगा।

सत्य है, जैसे बादलों में बिजली और जल, दोनों ही साथ-साथ रहते हैं उसी प्रकार संयमी लोगों के मनों में क्रोध और क्षमा, दोनों ही एक साथ रहते हैं।

इसलिए हे सुन्दरी ! अपने प्रिय की मिलन की उत्कंठा में तुम अपने इस शरीर की रक्षा करो। देखो, जो नदियां गर्मी के दिनों में सूर्य की किरणों को अपना जल पिलाकर क्षीणकाय हो जाती हैं, वर्षा आने पर उन्हीं नदियों में बाढ़ भी आ जाती है।'

रति ने जब इस प्रकार की आकाशवाणी सुनी तो उसको कुछ सान्त्वना मिली और उसने प्राण-त्याग करने का निश्चय छोड़ दिया। उसने आकाशवाणी के वचनों पर विश्वास किया और उसके साथ ही कामदेव के मित्र वसन्त ने भी उसको अनेक प्रकार से समझाया कि इस अवस्था में उसका प्राण त्याग करना उचित नहीं है। इस प्रकार उसको ढाढ़स दिया।

आकाशवाणी और अपने पति के मित्र वसन्त द्वारा धीरज बंधाने पर शोक से विह्वल रति कामदेव के शाप की अवधि बीतने की उसी प्रकार प्रतीक्षा करने लगी जिस प्रकार दिन में दिखाई देनेवाले तेजहीन चन्द्रमा की किरणें संध्या की प्रतीक्षा किया करती हैं।

पंचम सर्ग

तपस्या का सुफल

जब महादेवजी ने कामदेव को भस्म कर डाला तो भगवती पार्वती को बड़ी निराशा हुई। उनके सामने उनके देखते-देखते यह सब हो गया। पार्वती को अपनी ही सुन्दरता पर रोष होने लगा। उनकी सब आशाएं धूल में मिल गई थीं। वे सोचतीं कि जो सुन्दरता अपने प्रिय को भी न रिझा सके, उसका होना और न होना, दोनों ही एक समान हैं। सुन्दरता वही है, जो प्रिय को प्रिय हो।

उस दिन के बाद उन्होंने यह निश्चय कर लिया कि जिसको वे अपने रूप-सौन्दर्य के माध्यम से नहीं रिझा पायीं उसको अब अपनी कठिन तपस्या से रिझाएंगीं। उन्होंने मन से तप करके अपने प्रिय कौ प्राप्त करने का संकल्प किया। क्योंकि ऐसा निराला प्रेम और ऐसा निराला पति बिना तपस्या के मिलना सम्भव नहीं है।

पार्वती के इस निश्चय की सूचना जब उनकी माता हिमालय-पत्नी मैना को मिली तो वे असमंजस में पड़ गयीं। उस समय सहसा उनके मुख से निकल गया–'उमा'। उनकी पुत्री शंकर के प्रेम में पगी है, यह तो कोई विपरीत बात नहीं थी, किन्तु कठोर तप द्वारा उन्हें प्राप्त करने की बात मैना की समझ में नहीं आई। वे पार्वती के पास पहुंचकर प्यार से उन्हें समझाने लगीं।

मैना ने कहा, 'वत्से ! तुम्हारे घर में देवताओं की कमी नहीं है, उनसे जो तुम चाहो, मिल सकता है। फिर यह तपस्या करने की आवश्यकता क्या है? और फिर कहां तो कठोर तपस्या और कहां यह तुम्हारा कोमल शरीर ! देखो, शिरीष के पुष्प पर भौंरे भले ही आकर बैठकर अठखेलियां करें, किन्तु यदि कोई पक्षी उस पर आकर बैठेगा तो वह तो झड़ ही जाएगा, टिका नहीं रह सकता।'

इस प्रकार अनेक उदाहरणों से मैना ने पार्वती को समझाने का यत्न किया, किन्तु अपने प्रयत्न में उनको किंचित् भी सफलता नहीं मिली। ठीक ही कहा है कि–जो लोग अपने निश्चय पर दृढ़ रहनेवाले हैं, उनके निश्चय को और नीचे गिरते हुए पानी के प्रपात को कोई नहीं रोक सकता।

हिमालय तो अपनी कन्या के मनोरथ को भलीभांति जानते थे। फिर एक दिन पार्वती ने उनके पास अपनी सखी को भेजकर कहलवाया कि जब तक भगवान् शंकर मुझ पर अनुरक्त नहीं हो जाते, तब तक के लिए मैं वन में जाकर तपस्या करना चाहती हूं।

हिमालय यह भी जानते थे कि यदि एक बार पार्वती ने निश्चय कर लिया है तो वह अपने निश्चयं से डिगेगी भी नहीं। तब उन्होंने उसमें बाधक बनना उचित नहीं समझा और पार्वती को तप करने की आज्ञा दे दी।

अपने पिता से आज्ञा पाकर पार्वतीजी हिमालय की उस चोटी पर जाकर तपस्या करने लगीं जहां बहुत सारे मोर रहते थे। कालान्तर में उस शिखर का नाम ही उनके नाम पर 'गौरी-शंकर' पड़ गया।

पार्वतीजी जब तप करने के लिए बैठने लगीं तो उन्होंने अपने आभूषण उतार दिये। सबसे पहले उन्होंने अपने गले का हार उतारा। अपने शरीर पर उन्होंने वस्त्र धारण न करके लाल-लाल वल्कल लपेट लिये।

पार्वती ने अपनी वेणी खोल दी और अपने सुन्दर केशों को जटा का रूप दे दिया। किन्तु इससे उनके मुख की शोभा में कोई अन्तर नहीं आया। जटाओं से भी वह उतना ही सुन्दर लग रहा था। क्योंकि कमल केवल भौरों से ही अच्छा नहीं लगता अपितु सेवार लिपटा होने पर भी वह उतना ही सजीला लगता है।

तपस्या करने के लिए उनको अपनी कमर में मूंज की तिहरी करधनी पहननी पड़ रही थी। वह उनके कोमल शरीर पर कभी-कभी ऐसी चुभन उत्पन्न कर देती थी कि पार्वतीजी उससे घड़ी- घड़ी कांप उठती थीं। पहले-पहल उसको पहनने के कारण उनकी सारी कमर भी लाल हो गई थी।

पार्वतीजी कहां तो अपने हाथों से स्वयं अपने होंठ रंगा करती थीं और अपने स्तनों के अंगराग से लाल हुई गेंद से खेला करती थीं और कहां अब उन कोमल हाथों में उन्होंने रुद्राक्ष की माला ले ली थी। न केवल इतना अपितु कुशा के अंकुर उखाड़ते हुए उनके कोमल हाथों की अंगुलियों में घाव हो गये थे।

अपने पिता के घर पर रहती हुई पार्वतीजी सुन्दर-सजीले पलंग पर लेटी हुई जब करवटें बदलतीं तो वेणी से झड़े फूलों के दब जाने के कारण सीत्कार करती थीं, वे ही अब इस वन में अपने हाथों का तकिया बनाकर बिना बिछी भूमि पर बैठी-बैठी ही सो जाया करती थीं।

तप करते हुए पार्वतीजी बहुत ही शान्त रहने लगी थीं। इससे ऐसा ज्ञात होता था– मानो तप करने तक की अवधि के लिए उन्होंने अपने सब प्रकार के हाव-भाव तो कोमल लताओं को और अपनी चंचल-चितवन हरिणियों को धरोहर बनाकर दे दी हों।

वन में रहते हुए पार्वतीजी ने सारा आलस छोड़ दिया था। इस प्रकार उन्होंने वहां के छोटे-छोटे पौधों को अपने स्तनों के जैसे घड़ों के जल से सींच-सींचकर पाला था, उन्हें वे अपनी सन्तान के समान ही इतना प्यार करने लगी थीं कि कालान्तर में जब स्वामी कार्तिकेय का जन्म हो गया तब भी इन पौधों के प्रति उनकी वत्सलता किंचित भी कम नहीं हुई थी।

वहां के जिन हरिणों को उन्होंने अपने हाथों से अरण्य बीजों को खिला-खिलाकर पाला-पोसा था, वे हरिण उनके साथ इतने हिल-मिल गये थे कि कभी-कभी अपने मन-बहलाव के लिए अपनी सखियों के आगे उन्हें लाकर पार्वतीजी उन हरिणों के नेत्रों से अपने नेत्रों की तुलना किया करती थीं।

पार्वतीजी आयु और शरीर से तो अभी बहुत छोटी थीं, तदपि वे स्नान करते समय, हवन करते समय, और पूजा करते समय वल्कल की ओढ़नी ओढ़ा करती थीं, उस समय उनको देखने के लिए बड़ी दूर-दूर से बड़े-बड़े ऋषि-मुनि वहां पर आया करते थे। क्योंकि धर्म का जीवन व्यतीत करने में जो बढ़े हुए होते हैं, उनकी आयु का विचार नहीं किया जाता।

जिस तपोवन में पार्वती तपस्या कर रही थीं, वहां रहनेवाले सभी पशु-पक्षी परस्पर मित्र भाव से रहने लगे थे, उन्होंने परस्पर का वैर-भाव त्याग दिया था। वहां के वृक्ष और

लताएं फल-फूलों से लद गई थीं, इसलिए वहां आनेवाले अतिथि जो भी फल अथवा पुष्प चाहते थे वही उनको वहां मिल जाता था। वहां बनी नयी पर्णकुटी से हर समय यज्ञ-धूम्र निकलता रहता था। इन सब बातों के कारण वह तपोवन बड़ा ही पवित्र हो गया था।

पार्वतीजी निरन्तर तपस्या-रत थीं, किन्तु उनको यह आभास-सा होने लगा था कि इस प्रकार नित्य नैमित्तिक तपस्या का वैसा परिणाम नहीं मिल रहा है जैसा कि वे चाहती थीं, तो उन्होंने और अधिक तपस्या करने का विचार करते ही कठोर तपस्या करनी आरम्भ कर दी।

जो पार्वती पहले गेंद खेलते ही थक जाया करती थीं, उन्होंने जब मुनियों का कठोर वेश धारण कर लिया तो उनको देखकर ऐसा लगने लगा, मानो उनका शरीर सोने के कमलों का बना हुआ है। ऐसा शरीर, जो कमल से बने होने के कारण स्वभाव से तो कोमल था किन्तु उसके साथ ही वह सोने का होने के कारण ऐसा पक्का था कि तपस्या से कुम्हला न सके।

वह हंसमुख पार्वतीजी, जिनकी कमर बड़ी पतली थी, गरमी के दिनों में अपने चारों ओर आग जलाकर उसके मध्य में खड़ी रहकर तपस्या करने लगीं। इतना ही नहीं, चकाचौंध करनेवाली सूर्य की किरणों को उन्होंने अपने वश में कर लिया था और वे एकटक निरन्तर सूर्य की ओर देखती रहती थीं।

इस प्रकार कठोर तप करते हुए भी उनका वह कोमल मुख सूर्य की तपती हुई किरणों से कुम्हलाया नहीं अपितु वह तो उससे कमल के समान खिलने लगा। इस प्रकार तप करते रहने से उनकी बड़ी-बड़ी आंखों की कोरों में धीरे-धीरे कुछ कालापन अवश्य आने लगा था।

ग्रीष्म ऋतु बीतने पर भी जब वर्षा ऋतु आरम्भ हुई तो वे बिना मांगे ही वर्षा का जल जो स्वयं बरसता था उसको पीने लगीं और उसके साथ ही वे अमृत से भरपूर चन्द्रमा की किरणों का रसपान करके चातुर्मास व्यतीत करने लगीं। इस प्रकार चातुर्मास में पार्वतीजी का खाना-पीना ठीक वही था, जो कि पेड़-पौधों का होता है।

वर्षा आरम्भ होने पर एक ओर तो ऊष्मा से तप्त धरती से भाप निकलने लगी तो उधर यज्ञ करते हुए ईंधन की आग से तपन बढ़ने लगी और ऊपर से सूर्य की तपन। इस प्रकार तपस्या-रत पार्वतीजी के शरीर से भी भाप निकलने लगी।

वर्षा होने पर पार्वती के शरीर पर जो वर्षा की बूंदें पड़ती थीं, वह पहले उनके सिर पर पड़ती थीं और कुछ क्षण वहां रुककर फिर उनकी पलकों में जा टिकती थीं और फिर वहां से लुढ़ककर वे उनके होंठों से जा टकराती थीं। उसके बाद वे बूंदें उनके कठोर स्तनों से टकराकर बूंद-बूंद करके छितरा जाती थीं। उसके बाद उनके पेट पर बनी सिकुड़नों से होता हुआ वर्षा का वह जल बड़ी देर में नाभि तक पहुंच पाता था।

जिन दिनों घनघोर वर्षा के साथ-साथ रात-रात भर आंधियां चला करती थीं, उन दिनों में भी पार्वतीजी खुले प्रांगण में पत्थर की पटिया पर ही पड़ी रहा करती थीं और वे अंधेरी रातें अपनी बिजली की आंखें खोल-खोलकर उनको इस प्रकार देखा करती थीं मानो वे उनके कठोर तप की साक्षी हों।

पौष मास की ठंडी रातों में उस तपोवन का सरसराता हुआ पवन चारों ओर हिम-ही-हिम बिखेरता चलता था, ऐसी ठंडी रातों में पार्वतीजी रात-रात भर ठंडे जल में बैठकर रात बिता दिया करती थीं और उनके सामने ही चकवा-चकवी युगल, जो बिछुड़ा हुआ रहता था, वह चिल्लाया करता था तो उन्हें ढाढ़स बंधाया करती थीं।

जाड़े की उन रातों में पार्वतीजी जल में निमग्न रहती थीं और केवल उनका मुख ही जल से बाहर दिखाई पड़ता था। जाड़े से उनके होंठ कांपते थे और उनकी सांसों से कमल के गन्ध के समान जो सुगन्ध निकलती थी उसकी महक चारों और फैल जाती थी। उस समय जल में खड़ी हुई वे ऐसी लगती थीं मानो पाले के कारण कमलों के जल जाने से उनके मुख-रूपी कमल ने ही सरोवर को कमलवाला बना दिया हो।

स्वयमेव झड़कर गिर गये पत्तों को खाकर जीवन धारण करना तप की पराकाष्ठा माना जाती है, किन्तु पार्वतीजी ने उन पत्तों को भी खाना छोड़ दिया था। इसलिए उन मधुरभाषिणी पार्वतीजी को कालान्तर में `अपर्णा' नाम से सम्बोधित करने लगे थे।

कमलिनी के समान अपने कोमल अंग को इस प्रकार तप करते हुए रात-दिन सुखाकर पार्वतीजी ने कठोर शरीरवाले तपस्वियों को भी लज्जित कर दिया था। क्योंकि तप करते हुए पार्वतीजी का शरीर इतना क्षीण हो गया था कि उनको पहचानना भी कठिन था। उन्हीं दिनों की बात है कि एक दिन हिरण की छाल ओढ़े और पलास का दंड हाथ में लिये, गठीले शरीरवाला और ब्रह्मचर्य के तेज से चमकता हुआ, बड़ी चतुराई से बोलनेवाला एक जटाधारी उस तपोवन में आया। उसको देखकर ऐसा लगता था कि साक्षात् ब्रह्मचर्याश्रम ही उठकर तपोवन में चला आया हो।

ब्रह्मचारी को आया देखकर अतिथि-सत्कार में निपुण पार्वती ने आगे बढ़कर बड़े भक्ति-भाव से उनका स्वागत किया, उनकी पूजा-अर्चना की। क्योंकि जो लोग अपने मन को पूर्णतया साध लेते हैं वे जब अपने बराबर की स्थिति वाले तेजस्वी व्यक्ति से मिलते हैं तो बड़े भाव से ही मिलते हैं।

पार्वतीजी द्वारा विधिपूर्वक अर्पित किये स्वागत-सत्कार को उन तेजस्वी ब्रह्मचारी ने सादर स्वीकार किया। उसके बाद उन्होंने कुछ क्षण अपने मार्ग की थकान को मिटाया और फिर वे एकटक पार्वतीजी को देखते रहे और बिना रुके ही निरन्तर बोलना आरम्भ किया—

जटाधारी ब्रह्मचारी ने उनसे पूछा, 'आपको इस तपोवन में हवन के लिए समिधा, कुश आदि मिल जाते हैं? स्नान के लिए जल मिलता है कि नहीं? आप अपनी शक्ति के अनुसार ही तप कर रही हैं न? क्योंकि कहा गया है कि धर्म के जितने भी काम हैं उनमें शरीर की रक्षा करना सबसे प्रथम कर्तव्य है।'

'आपने जिन लताओं को अपने हाथ से सींचा है उनमें कोमल लाल-लाल पत्तियोंवाली वे कोपलें तो फूट आई होंगी न? जो आपके उन होंठों से प्रतिस्पर्धा करती होंगी, जो बहुत दिनों से महावर से न रंगे जाने पर भी स्वयमेव लाल-लाल हैं।'

'जो हरिण आपके हाथ से कुशा को छीनकर बड़े प्रेम से खा लेते हैं, ऐसे इन हरिणों के बीच आपका मन तो बहला रहता है न? इन हरिणों की आंखें भी तो आपकी आंखों के समान ही बड़ी चंचल हैं।'

'हे पार्वती ! किसी ने यह ठीक ही कहा है कि सुन्दरता कभी भी पाप की ओर नहीं झुक सकती और जब हम आपके जीवन की ओर देखते हैं तो आश्चर्यान्वित हो जाते हैं। आपका रहन-सहन तो ऐसा है कि बड़े-बड़े तपस्वी भी इस प्रकार का जीवन व्यतीत नहीं कर पाते हैं।'

'यों तो कहा गया है कि सप्तर्षियों के हाथ से चढ़ाये गये पूजा के फूल और आकाश से उतरी हुई गंगा की धाराएं हिमालय पर गिरती हैं। किन्तु इन सबसे भी हिमालय ऩतना पवित्र और महान् नहीं हुआ जितना आपके इस तपोवन में इस प्रकार के पवित्र रहन-सहन से हुआ है।

'हे भाविनी ! आ्पके इस प्रकार के पवित्र आचरण से ही मैं समझ पा रहा हूं कि धर्म, अर्थ और काम—इन तीनों में धर्म ही सबसे बढ़कर है। क्योंकि आप तो अर्थ और काम से अपने मन को हटाकर अकेले धर्म का पल्ला थामकर उसकी निरन्तर सेवा कर रही हैं।

'यह सामान्य-सी बात है कि सज्जन-जन जब प्रथम बार मिलते हैं, तो भी उनकी मित्रता प्रगाढ़ हो जाती है। आज आपने मेरा स्वागत-सत्कार किया है उससे तो मैं यही समझ पाया हूं कि आप मुझे किसी भी प्रकार पराया नहीं मानतीं।

'मैं अपने उसी आत्मीयता के नाते और –स्वयं के ब्राह्मण होने के नाते मैं धृष्टता करते हुए यदि आप से कुछ आत्मीयता की बातें कर बैठूं, आपसे कुछ पुछूं, तो आशा है, आप उसका बुरा नहीं मानेंगी और यदि कोई छिपाने की बात न हो तो आपसे मुझे यह अपेक्षा है कि आप उनका समुचित उत्तर देने की भी कृपा अवश्य करेंगी।

'आपका जन्म तो प्रथम कुल अर्थात् ब्रह्मा के वंश में हुआ है और आपका शरीर तो इतना सुन्दर है कि तीनों लोकों में इतनी सुन्दरता अन्य कहीं दृष्टिगोचर नहीं हो सकती, तीनों लोकों की सुन्दरता केवल आपके इस एक शरीर में भरी हुई है। रही धन-वैभव-सुख की बात, उसकी आपके यहां किसी प्रकार की कमी नहीं और रही बात आपके यौवन की, वह तो आपका अभी विकसित ही हो रहा है। यह सब होने पर भी कृपया बताइए, आप इतनी कठोर तपस्या किस लिए करने बैठ गईं?

'हां, यह सुनने में आया है कि कभी-कभी मानिनी महिलाएं अपने शत्रु से बदला लेने के लिए भी इस प्रकार की कठोर तपस्या करने लग जाती हैं। किन्तु मैं जहां तक समझ सका हूं, आपके साथ पुरानी शत्रुता की ऐसी कोई बात हो ही नहीं सकती।

'हे शुभ्रे ! आपका तो रूप-लावण्य ही ऐसा है कि आप पर कोई किसी प्रकार का क्रोध न कर सके। आपका निरादार करने का भी साहस किसी में नहीं हो सकता। क्योंकि पिता के घर में तो आपका निरादर करनेवाला कोई है नहीं। यह भी सम्भव नहीं कि कोई बाहरी शत्रु आकर आपका अपमान कर जाये। ऐसा कौन-सा व्यक्ति जन्मा होगा जो नागमणि प्राप्त करने के लिए उस पर सीधा हाथ डाल दे।

'यह तो आपके सुन्दर-सुन्दर वस्त्र और आभूषण धारण करने की वय है, इस वय में आपने यह वल्कल क्यों धारण कर लिये हैं? यह तो वृद्धाओं के धारण करने के लिए होते हैं, कृपया, यह तो बताइए। अब आप ही बताये कि बढ़ती हुई निशा की सुन्दरता, चन्द्रमा की किरणों और तारों की झिलमिलाहट से बढ़ती है कि प्रातःकालीन सूर्य की अरुणिमा से?

'यदि आप स्वर्ग पाने की इच्छा से ऐसा कठोर तप कर रही हैं, तब तो मैं कहूंगा कि यह सब व्यर्थ है। आपका यह सारा परिश्रम अकारथ जानेवाला है। यह तो आप भली-भांति जानती हैं कि आपके पिता हिमालय का जितना राज्य है उतने से क्षेत्र में ही तो सारे देवताओं का निवास है और यदि आप योग्य पति पाने के लिए तपस्या कर रही हैं तब भी मेरी दृष्टि में यह व्यर्थ ही है। क्योंकि मणि स्वयं किसी को खोजने के लिए थोड़े ही जाता है, लोग मणि की खोज करते-फिरते हैं।

'मेरी बात सुनकर आपने जो यह गहरा श्वास खींचा है उससे मैंने यह अनुमान लगाया है कि आप अपने योग्य पति पाने के लिए यह कठोर तपस्या कर रही हैं। किन्तु फिर भी मेरे मन में यह बड़ा भारी सन्देह उत्पन्न हो गया है कि जिसे आप चाहती हों वह आपको न मिले, यह तो सम्भव हो ही नहीं सकता। इस संसार में मेरी दृष्टि में तो ऐसा कोई पुरुष है नहीं कि जिसके लिए आपको इतनी कठोर तपस्या करनी पड़ रही हो।

'यह तो महान् आश्चर्य की बात है कि जिस युवक को आप चाहती हों, वह ऐसा हठी हो कि जो बहुत दिनों से कर्णफूल से सूने आपके गालों पर लटकी हुई इन धान के बालों के समान पीली जटाओं को देखकर भी न पिघलता हो।

'मैं समझ नहीं पाता कि वह ऐसा कौन-सा जीवित प्राणी होगा, जो आपके इस तपस्या से सूखे हुए शरीर को देखकर भी अब तक न पसीजा हो। आपके ये सारे अंग, आभूषण विहीन होने के कारण सूर्य की तपन से झुलस गये हैं, आपका मुखचन्द्र भी दिन के चन्द्रमा की भांति बड़ा उदास-सा दिखाई दे रहा है। इसको देखकर किसका मन नहीं रो पड़ेगा।

'यह सब देखकर तो मुझे ऐसा लग रहा है कि जिसे आप प्रेम करती हैं और जिसके लिए आप तपस्या कर रही हैं उसको अपनी सुन्दरता का मिथ्याभिमान ही होगा। अन्यथा उसे तो अब तक यहां आ करके अपने मुख को आपकी कटीली भौंहों वाले सुन्दर नयनों का लक्ष्य बनाना चाहिए था।

'हे गौरी ! कृपया, यह तो बताइए कि अभी और कितने समय तक आपका ऐसा तप करने का विचार है? बात यह है कि अपने ब्रह्मचर्य काल में मैंने बहुत सारा तप कर लिया था। मैं उसका आधा भाग आपको देता हूं और उसको भी साथ में मिलाकर आप जिसको चाहें प्राप्त कर लीजिए। किन्तु मेरी यह जानने की प्रबल आकांक्षा है कि वह सौभाग्यशाली है कौन?'

इस प्रकार उस जटाधारी ब्राह्मण ने ऐसी-ऐसी बातें पार्वती के सम्मुख कीं कि मानो उसने पार्वतीजी के हृदय में पैठकर उनकी सारी बातें जान ली हों। उन बातों को सुनकर तो पार्वतीजी लज्जा से गड़-सी गयीं और चाहने पर भी कोई बात उनके मुख पर आ ही नहीं पाई। स्वयं को तपस्वी जटाधारी के प्रश्नों का उत्तर देने में असमर्थ पाकर पार्वती ने अपने अंजन-रिक्त नयनों को समीप बैठी सखी की ओर घुमाया और इस प्रकार उसे उत्तर देने का संकेत किया।

पार्वती का संकेत पाकर उनकी सखी ब्रह्मचारी से कहने लगी, 'हे साधु महाराज ! यदि आप सुनना ही चाहते हैं तो सुनिए, मैं आपको बताती हूं। जिस प्रकार कोई धूप से बचने

के लिए कमल का छाता लगा लेता है, उसी प्रकार मेरी सखी ने अपना कोमल शरीर तपस्या में क्यों तप्त किया है, वह मैं आपको बताती हूं।

'यद्यपि इनसे विवाह करने के लिए महेन्द्र आदि बड़े-बड़े दिक्पाल तैयार थे किन्तु ये उन सबको छोड़कर उन महादेवजी के साथ विवाह करने पर तुली हुई हैं जिनको कामदेव के भस्म हो जाने पर अब केवल अपने यौवन से नहीं रिझाया जा सकता।

'शिवजी जब तपस्या कर रहे थे उस समय कामदेव ने उन पर जो वाण चलाया था, वह वाण तो उनकी हुंकार सुनकर ही लौट गया था और उस भस्मसात् कामदेव का वह वाण मेरी इन सखी के हृदय में घुसकर वहां पर बड़ा भारी घाव कर गया है।

'उस दिन से ही यह इतनी बेचैन रहने लगीं कि कुछ मत पूछिए। अपने पिता के घर रहती हुई प्रेम-पीड़ा से इतनी व्याकुल रहती थीं कि माथे पर चन्दन का कितना ही लेप क्यों न कर दिया जाए और स्वयं इनको हिम की शिला पर क्यों न लिटाया जाये, किन्तु इनको किसी प्रकार चैन नहीं पड़ता था।

शिवजी के प्रेम में पगी होने के कारण जब ये उनके गीत गाने लगती थीं तो गला रुंधा होने के कारण भली प्रकार गा नहीं सकती थीं। उस समय इनके साथ गायन करनेवाली जो किन्नरियां होती थीं, वे इनके स्वर में भले ही स्वर मिलाने की चेष्टा करती हों, किन्तु इनकी वह दशा देखकर उनको भी बरबस रोना आ जाता था।

रात को कभी इनको नींद नहीं आई। किसी प्रकार रात के पहले प्रहर में क्षण भर के लिए इनकी आंखें लगी नहीं कि तुरन्त ही बिना बात के ये चौंक उठतीं और बड़बड़ाती हुई जाग जातीं। अपने उस बड़बड़ाने में इनके मुख से यही सुनने में आता—'हे नीलकण्ठ ! तुम कहां जा रहे हो?' उसी स्वप्न के धोखे में ये अपने हाथ इस प्रकार फैलातीं कि मानो शिवजी के गले में हाथ डालकर उनको रोकना चाह रही हों।

इस प्रकार जब ये नींद में उठतीं तो अपने हाथ से बनाये हुए शंकरजी के चित्र को ही वास्तव में शंकर भगवान् समझकर के उन्हें यह कहकर उलाहना देने लगती थीं कि आपके लिए तो पंडित लोग यह कहते हैं कि आप घट-घट की बात को जानते हैं, फिर मैं जो आपको अपने प्राणपण से प्रेम करती हूं, आप मेरे मन की बात को क्यों नहीं जानते?

इन्होंने शंकरजी को पाने के अनेक उपाय सोचे किन्तु जब कोई भी उपाय ठीक मालूम नहीं पड़ा तो इन्होंने अपने पिता हिमालय से आज्ञा ली और उस संसार के स्वामी को प्राप्त करने की लालसा से हम लोगों के साथ तप करने के लिए ये इस तपोवन में आ गयीं।

हमारी इस सखी को यहां तपस्या करते हुए बहुत समय बीत गया है। यहां आने पर इन्होंने जिन वृक्षों को रोपा था और जिन्होंने इनको यहां खड़े-खड़े तपस्या करते देखा है, वे भी अब फल देने लगे हैं, किन्तु महादेवजी को पाने की इनकी जो साध थी, उसके तो कहीं अंकुर भी दिखाई नहीं दे रहे हैं।

कठोर तपस्या ने इनको इतना सुखा दिया है कि इन्हें देखकर हम सबकी आंखें डबडबा आती हैं। तदापि जिस दुर्लभ वर को प्राप्त करने के लिए ये इतना कठोर तप कर रही हैं, देखिए वे हमारी सखी पर उसी प्रकार कब बरसते हैं जिस प्रकार जुती हुई होने पर भी पानी न बरसने से सूखी हुई धरती पर कृपा करके इन्द्र पानी बरसा देते हैं।'

इस प्रकार की बातें कहकर पार्वती की सखी ने उन जटाधारी ब्राह्मण को सारी बातें बता दीं।

.... किन्तु वे जटाधारी ब्राह्मण थे कि इतनी बात सुनकर भी उनके मुख पर किसी प्रकार की मुस्कुराहट नहीं, प्रसन्नता की कोई रेखा नहीं उभरी। केवल इतना ही नहीं, अपितु श्रीमानजी ने उलटे पार्वती से ही प्रश्न कर दिया, 'क्या ये जो कुछ कह रही हैं, वह वास्तव में वैसा ही है? कहीं ये हंसी तो नहीं कर रही हैं?'

ब्रह्मचारी का यह प्रश्न सुनकर बहुत देर तक पार्वतीजी कुछ बोलीं ही नहीं, उन्हें लज्जा आ रही थी। फिर उत्तर देना आवश्यक समझकर वे कुछ सम्हलीं और उनके हाथ में जो स्फटिक की माला थी उसको अपने हाथ में समेटा और बहुत ही सीमित शब्दों में क्षीण स्वर से उन्होंने उत्तर देना आरम्भ किया।—

वे कहने लगीं, हे वेदविदों में श्रेष्ठ'! आपने जो सुना है, मेरे मन में वैसा ही ऊंचा पद पाने की साध जगी है, और उन्हीं को प्राप्त करने के लिए मैं यह तप कर रही हूं। क्योंकि मनुष्य की साध कहां तक पहुंचती है, उसका तो कोई ठौर-ठिकाना हो ही नहीं सकता।

पार्वती की बात सुनकर जटाधारी ब्रह्मचारीजी कहने लगे, 'देवि ! जिस व्यक्ति ने पहले ही आपके इस प्रगाढ़ प्रेम को ठुकरा दिया हो उसको पाने के लिए क्या अभी तक आपके मन में साध बनी हुई है? बहुत विचित्र बात है यह तो ! जब मैं उन औघड़वासी अटपटे वेशवाले शिवजी के विषय में सोचने लगता हूं तब तो मेरा हृदय कांप उठता है। मेरा मन नहीं करता कि मैं आपको इसके लिए सम्मति दूं।

आप भी किस बेतुके व्यक्ति से प्रेम कर बैठी हैं। अब भला आप ही बताइए, जिस समय आप विवाह करने बैठेंगी, उस समय आपका यह हाथ विवाह के मंगल-सूत्र से सजा हुआ होगा और ऐसे सजे हुए कोमल हाथ से आप सांप लिपटे हुए शिवजी के हाथ को किस प्रकार स्पर्श कर पायेंगी?

अब आप ही बताइए कि विवाह के अवसर पर कहां तो हंस छपी हुई एक चुनरी ओढे हुए आप होंगी और कहां रक्त की बूंद टपकाती महादेवजी के कंधे पर पड़ी हुई हाथी की खाल। भला ये दोनों कहीं किसी प्रकार मेल खा सकती हैं?

आप तो आजीवन फूलों से सुसज्जित चौक पर चलती रही हैं, आपके पैरों पर सदा महावर रंगी रही है। अब आप ही बताइए, अपने उन सुकोमल पदों को उस श्मशान भूमि में किस प्रकार रख पायेंगी जहां इधर-उधर भूत-प्रेतों के बाल बिखरे पड़े होंगे। यदि कोई आपका शत्रु भी होगा तो भी वह आपके लिए ऐसी कामना कदापि नहीं करेगा।

और आप यह भी बताइए कि यदि किसी प्रकार आपको शिवजी मिल भी गये तो भी इससे बढ़कर भद्दी और क्या बात होगी कि आपके जिन स्तनों पर हरिचन्दन पुता हुआ है उन पर चिता की भस्म लाकर के पोत दी जाये।

इतना ही नहीं, इससे भी बढ़कर हंसी की बात तो तब होगी जब आप अपना सुन्दर हाथी छोड़कर उनके बूढ़े बैल पर चढ़कर अपनी ससुराल की ओर प्रस्थान करेंगी। उस समय तो नगर के लोग आपको देख-देखकर तालियां बजायेंगे। बताइए, यह कितनी हंसी की बात होगी।

मुझे इस सारे खेल में दो जनों पर बड़ी दया आती है। इन दोनों की दशा बड़ी दयनीय हो गई है। एक तो चन्द्रमा की कला, जो नित्य उनके माथे पर विद्यमान रहती है, और एक आप जो कि संसार के नेत्रों को खिलानेवाली हैं।

उनके रूप के बारे में तो कहना ही क्या ! यह आप जानती ही हैं कि तीन तो उनकी आंखें हैं, उनके जन्म का कोई ठिकाना नहीं। जिस प्रकार वे स्वयं नग्न हैं इससे आप सहज ही अनुमान लगा सकती हैं कि उनके घर में क्या-क्या हो सकता है। इसलिए, हे मृगनयनी ! जरा सोचिए कि वर में जो-जो गुण खोजे जाते हैं उनमें से एक भी तो शिवजी में नहीं है। उनका रूप है नहीं, उनके कुल का पता नहीं और धन-सम्पत्ति उनके पास कुछ भी नहीं है। वे तो किसी प्रकार भी आपके योग्य नहीं हैं।

मैं तो आपको यही सम्मति दूंगा, आप अपने मन से इस अभिलाषा को भगा दीजिए। कहां तो वे भूतनाथ महादेव और कहां सर्वलक्षण-सम्पन्ना आप। देखिए, शूली देने के लिए श्मशान में जो खम्भा गड़ा रहता है, उससे जिस प्रकार सज्जन लोग यज्ञ के खम्भे का काम नहीं लेते, उसी प्रकार इन महादेवजी को अपना पति बनाना आपके लिए शोभा नहीं देता।'

उस ब्राह्मण ने जब शिवजी के विषय में इस प्रकार ऊल-जलूल बातें कीं तो पार्वतीजी को यह सब कहां सहन होता? उनके अधर क्रोध से कांपने लगे। उसी क्रोध के कारण उनके नेत्रों से ज्वाला-सी निकलने लगी और उन्होंने अपनी भौंहें तानकर उस ब्रह्मचारी की ओर अपनी आंखें तरेरकर देखा।

इस प्रकार अपना क्रोध प्रकट कर ही उन्होंने विराम नहीं लिया अपितु कहने लगीं, 'यदि यही रूप और गुण आपको महादेवजी के विषय में ज्ञात है तो मैं कहूंगी कि आप महादेवजी के विषय में कुछ भी नहीं जानते। आपकी बुद्धि सीमित है और उसी के अनुरूप आप बखान कर रहे हैं। जो खोटे लोग होते हैं वे उन महात्माओं के कार्यों को बुरा ही बताते हैं जिन्हें पहचानने की उनमें योग्यता नहीं होती।

आपने देखा होगा कि लोग पूजा-अर्चना में गन्ध आदि मंगलकारक वस्तुएं प्रयोग में लाते हैं। उसका एक कारण तो यही हो सकता है कि वे अपना अमंगल दूर करने के लिए ऐसा करते हैं, या फिर अपनी तड़क-भड़क दिखलाने के लिए ऐसा करते हैं। किन्तु जो महादेव तीनों लोकों की रक्षा करनेवाले हैं और जो सारी इच्छाओं से अतीत हैं, वे भगवान् शंकर इन वस्तुओं को लेकर अथवा धारण कर क्या करेंगे?

आपकी यह बात तो ठीक हो सकती है कि उनके पास कुछ भी नहीं है। किन्तु क्या आपको यह पता नहीं है कि सारी सम्पत्तियां उन्हीं से उत्पन्न होती हैं। यह मैंने माना कि वे श्मशान में भी रहते हैं, किन्तु आप भी तो यह मानिए कि वे ही तीनों लोकों के स्वामी हैं। डरावने दिखाई देनेवाले होने पर भी वे सबका कल्याण करनेवाले कहे जाते हैं, यही कारण है कि इस संसार में उनका सच्चा रूप कोई ठीक प्रकार से जान ही नहीं सकता।

उनका शरीर आभूषणों से अलंकृत हो अथवा सांपों से लिपटा हुआ हो, किन्तु संसार में जितने भी रूप आदि दिखाई देते हैं, वे सब उन्हीं के तो होते हैं। भगवान् शंकर रक्त-रंजित हाथी की खाल लटकाये हुए हों अथवा वे वस्त्र ओढ़े हुए हों, गले में मुण्डों की माला

लटकाये हुए हों या फिर मस्तक पर चन्द्रमा को धारण किये हुए हों, उनके विषय में यह विचार करना ही व्यर्थ है कि वे कैसे हैं और कैसे नहीं हैं।

जिस चिता की राख की आप निन्दा कर रहे हैं, उनके शरीर से लगकर वह भी पवित्र हो जाती है। इसीलिए तो वे जब ताण्डव-नृत्य करने लगते हैं उस समय उनके शरीर से झड़ी हुई भस्म को देवता लोग बड़ी श्रद्धा और भक्ति से अपने माथे पर लगाते हैं।

जिन्हें आपने अभी दरिद्र बताया वे जब अपने नन्दी पर आरूढ़ होकर चलने लगते हैं तो उस समय मतवाले हाथी ऐरावत पर चढ़नेवाले इन्द्र भी आकर उनके चरणों में अपना मस्तक नवाया करते हैं और फूले हुए कल्पवृक्ष के पराग से उनके पैरों की अंगुलियों को रंगा करते हैं।

आपने यद्यपि अपने स्वभावानुसार उनकी निन्दा करने में किसी प्रकार की कोई कसर नहीं छोड़ी, फिर भी यह बात तो आपने भी स्वीकार की है कि जो ब्रह्म तक को उत्पन्न करनेवाला बताया जाता है उस ईश्वर के जन्म और कुल को कोई किस प्रकार जान सकता है।

खैर, कोई बात नहीं, आपको जो कहना था कह दिया, आप जितना जानते थे उतना आपने अपनी बुद्धि के अनुसार मुझको बता दिया, अब आप इस विवाद को यहीं समाप्त कर दीजिए। आपने उनके विषय में जो कुछ कहा है, मान भी लिया जाये कि वे बिलकुल वैसे ही हैं, तब भी मैं तो यही कह रही हूं कि मेरा मन तो उनमें ही रमा हुआ है। आपको यह विदित होना चाहिए कि जब किसी का मन किसी पर अनुरक्त हो जाता है तो फिर वह किसी अन्य की इस प्रकार की बातों पर किंचित् भी ध्यान नहीं देता।

पार्वतीजी की बात समाप्त भी नहीं हुई थी कि उन्होंने अनुभव किया कि जटाधारी ब्रह्मचारीजी अभी कुछ और कहने को लालायित हो रहे हैं। यह देखकर पार्वतीजी ने अपनी सखी से कहा, 'देख सखि ! इन ब्रह्मचारीजी के ओंठ अभी फड़क रहे हैं। ये और भी कुछ कहना चाहते हैं। इनसे कह दो कि अब ये एक शब्द भी इस विषय में न बोलें क्योंकि जो बड़ों की निन्दा करते हैं, केवल वही पाप के भागी नहीं होते किन्तु जो उन्हें सुनते हैं उसे भी उसका पाप लगता है।'

ये सम्भवतया इस प्रकार नहीं मानेंगे। इसलिए अच्छा यही है कि मैं ही यहां से उठकर चली जाती हूं। यह कहकर पार्वतीजी वहां से उठ पड़ीं। इस हड़बड़ी में उनके स्तन पर पड़ा हुआ वल्कल फट गया और ज्यों ही उन्होंने चलने के लिए पग आगे को बढ़ाया त्यों ही जटाधारी ब्रह्मचारी ने अपना सच्चा रूप धारण कर लिया। वे साक्षात् महादेवजी थे। उन्होंने जाती हुई पार्वती का हाथ थाम लिया और उनकी ओर देखकर मुस्कुराने लगे।

महादेवजी को इस प्रकार अपने सम्मुख देखकर और उनके द्वारा अपना हाथ पकड़ा हुआ जानकर पार्वतीजी के तो शरीर में कंपकंपी छूट गई। वे उस समय पसीने से तर हो गई थीं। जाने के लिए आगे बढ़ाया हुआ उनका पग जहां का तहां गड़ा-सा रह गया। यह ठीक उसी प्रकार था जिस प्रकार नदी की धारा के मध्य में कोई पहाड़ पड़ जाने से वह नदी न तो आगे बढ़ पाती है और न पीछे ही हट पाती है, ठीक उसी प्रकार वह हिमालय-कन्या भी न तो आगे ही बढ़ पायीं और न स्थिर ही रह पायीं।

उनकी यह दशा देखकर शिवजी ने उनसे कहा, 'हे अवनतांगी ! आज से तुम मुझे अपने तप से खरीदा हुआ अपना दास ही समझो।'

पार्वती का इतना सुनना भर था कि अपनी कठोर तपस्या से उनको जो-जो कष्ट अब तक हुआ था वह क्षण भर में जाता रहा। क्योंकि जब उद्देश्य पूर्ण हो जाता है तो उसके लिए किया हुआ परिश्रम फिर किसी भी प्रकार खटकता नहीं।

छठा सर्ग

पार्वती का वाग्दान

मनुष्य का कुलशील समय पड़ने पर प्रकट होता है। पार्वतीजी ने जिन भगवान् शंकर के लिए कठोर तपस्या की थी, उन्होंने स्वयं आकर पार्वती का हाथ थाम लिया था। स्वयं उनके पिता हिमालय ने शिव की प्राप्ति के लिए पार्वती को तप करने के लिए आज्ञा भी दी हुई थी, तो क्या इतने मात्र से पार्वतीजी शिवजी के साथ चल पड़तीं।

उस समय अपने उच्च कुल की मर्यादा रखते हुए पार्वती ने घट-घटवासी उन शिव को अपनी प्रिय सखी के मुंह से कहलवाया कि यह ठीक है कि मैंने आपकी प्राप्ति के लिए ही तप किया था और मुझे आप प्राप्त भी हो गये। किन्तु विवाह का विषय तो पिता के अधीन होता है। इसलिए यदि आपकी मेरे साथ विवाह करने की इच्छा हो, तो उसके लिए आपका मेरे पिताश्री की सेवा में जाना आवश्यक है।

शिवजी के प्रेम में पगी हुई पार्वतीजी जब अपनी सखी के माध्यम से यह सन्देश अपने वरेण्य को सुना रही थीं, उस समय वे ठीक वैसी ही सुशोभित हो रही थीं जैसे कोयल की बोली में वसन्त के पास अपना सन्देश भेजती हुई आम की डाली शोभित होती है।

यह सुनकर जहां महादेवजी को पार्वतीजी की मर्यादा-परायणा होने का सुख हुआ वहीं उनको छोड़ने को भी उनका मन नहीं करता था। फिर भी उन्होंने किसी प्रकार इस बात को स्वीकार किया और बड़े संक्षेप में कहा, 'अच्छी बात है।' और पार्वती को मुक्त कर अपने घर जाने की अनुमति दे दी। जब पार्वतीजी वहां से चली गईं तो महादेवजी को अपने कार्य के लिए सप्तर्षियों का स्मरण हो आया।

भगवान् शंकर के स्मरण करते ही अपने-अपने तेजमंडलों से भासमान सप्तर्षिगण तुरन्त ही शिवजी के सम्मुख प्रकट हो गये। उनके साथ माता अरुन्धती भी थीं।

सप्तर्षिगण उस आकाश-गंगा में स्नान करके आये थे जो अपने तीर पर गिरे हुए कल्पवृक्ष के फूलों को अपनी लहरों पर उछालती चलती-फिरती है। उस आकाश-गंगा के जल में दिग्गजों के मद की मधुर सुगन्ध जाती रहती है।

सप्तर्षियों के कंधों पर मोतियों के यज्ञोपवीत लटक रहे थे, उनकी पीठ पर सोने के वल्कल पड़े हुए थे, हाथ में रत्नों की मालाएं थीं। अपने इस वेश में वे सप्तर्षिगण ऐसे जान पड़ते थे मानो स्वयं कल्पवृक्षों ने ही संन्यास ले लिया हो।

सप्तर्षिमण्डल के तले से जाता हुआ सूर्य अपने रथवाहक घोड़ों को नीचे रोककर तथा अपने रथ पर लहरानेवाली भण्डियों को नीचे उतारकर फिर बड़ी नम्रता से ऊपर को आंखें उठाकर उनको प्रणाम किया करता है।

प्रलय के समय जब वराह भगवान् ने पृथ्वी का उद्धार किया था तो उस समय सप्तर्षियों ने अपने हाथ-रूपी लता को उस पर लगाये रखा था, उस अवस्था में वे भी पृथ्वी के साथ ही वराह भगवान् के जबड़ों में विश्राम किया करते थे। उनके लिए ही यह कहावत प्रसिद्ध है कि ब्रह्मा के सृष्टि-निर्माण कर लेने के उपरान्त इन्हीं ऋषियों ने सृष्टि की थी और इसलिए इतिहास जाननेवाले पुराने लोग इन्हें विधाता भी कहा करते हैं।

वे सप्तर्षि अपने पूर्व जन्म की तपस्या और पुण्यकर्मों का फल भोगते रहने पर भी अभी भी अपनी तपस्या से मुक्त नहीं हुए, अपितु अभी भी तपस्या में रत रहते हैं।

उन सप्तर्षियों के मध्य में माता अरुन्धती अपने पति महर्षि वसिष्ठ जी के चरणों को निहारती हुई, ऐसे लगती थीं मानो साक्षात् तप की सिद्धि ही आकर खड़ी हो गई हों।

शंकर ने उन सप्तर्षियों और सती अरुन्धती को बिना स्त्री-पुरुष का किसी प्रकार का भेदभाव किये समान आदर और सत्कार प्रदान किया। क्योंकि जब सज्जन लोगों से व्यवहार किया जाता है तो उस समय यह नहीं देखा जाता कि कोई स्त्री है अथवा पुरुष, अपितु यही विचार किया जाता है कि इनका चरित्र कैसा है।

शिवजी ने जब सप्तर्षिगण के साथ आई सती अरुन्धती को देखा तो उनके मन में एक विशेष बात यह भी उत्पन्न हुई कि बिना पतिव्रता पत्नी से विवाह किये तो विभिन्न प्रकार के धार्मिक कृत्य पूर्ण होना सम्भव नहीं है।

वह कामदेव, जो अब तक अपने एक बार के किये हुए अपराध के कारण शिवजी से डरा हुआ-सा बैठा हुआ था, अब शिवजी के मन में पार्वती के प्रति अनुरक्ति देखकर, उनके मन में पार्वती से विवाह करने की लालसा देखकर, कुछ-कुछ आश्वस्त-सा होने लगा था।

सप्तर्षियों ने भगवान् शंकर के स्मरण करने पर वहां पहुंचकर उनका विधिवत पूजन-अर्चन किया। सप्तर्षि तो वेद-वेदांग के ज्ञाता थे और शिवजी के आमंत्रण पर स्वयमेव प्रेम से पुलकित हो रहे थे। पूजनोपरांत उन्होंने कहा कि भली प्रकार से वेद पढ़ने का, विधिपूर्वक हवन आदि करने का और तप करने का जो कुछ भी फल हो सकता है, वह सब आज उनको प्राप्त हो गया है।

सप्तर्षियों का कहना था कि भगवान् शंकर के मन तक जहां किसी की इच्छाएं भी पहुंच पाना कठिन है, उसी मन से शिव सदृश संसार के स्वामी ने जब उनको स्मरण किया, तो वे धन्य हो गये।

वैसे तो जिसके चित्त में आप निवास करते हैं वह तो सुकृतियों में श्रेष्ठ माना जाता है। किन्तु जिसको आप अपने चित्त में बसा लें उसको तो समझो ब्रह्मयोनि ही प्राप्त हो गई हो।

यद्यपि हम सप्तर्षिगण सूर्य और चन्द्रमा इन दोनों से ही ऊपर निवास करते हैं। किन्तु आपने इस प्रकार मन से हमारा स्मरण करके हमें उससे भी अधिक ऊंचा चढ़ा दिया है।

आज आपसे आदर प्राप्त कर हम सप्तर्षिगण सम्मान से फूले नहीं समा रहे हैं।

क्योंकि अपने गुणों पर किसी को तभी भली प्रकार विश्वास होता है जब सज्जन पुरुष उन गुणों का आदर करते हैं।

आपने हमें मन से स्मरण किया, इस कारण हमारे मन में आपके प्रति जो प्रेम उत्पन्न हो गया है उसे हम अब आपके आगे अपने मुख से किस प्रकार बखान करें। क्योंकि आप तो स्वयं घट-घट की बात जाननेवाले हैं।

हम आपको यद्यपि साक्षात् अपने सम्मुख पा रहे हैं तदपि हम आपका भेद पाने में सर्वथा असमर्थ हैं। अतः आपसे हमारा विनम्र निवेदन है कि कृपया आप अपना स्वरूप बताएं। हमारी बुद्धि तो आप तक पहुंचने में समर्थ है नहीं।

कृपया यह बताइए कि जो आपका रूप हम इस समय देख रहे हैं, क्या वह वही मूर्ति है जिससे आप सृष्टि उत्पन्न करते हैं? या फिर यह मूर्ति वह है जिससे आप सृष्टि का पालन करते हैं? या फिर यह मूर्ति वह तो नहीं जिससे आप संसार का संहार करते हैं?

देव ! यह तो बड़ी विस्तृत कथा है अतः उचित यही होगा कि इसको इस समय यहीं पर रहने दिया जाये। कृपया यह बताइए कि आपने हमें इस समय किस निमित्त स्मरण किया है। आपकी हमारे लिए क्या आज्ञा है।'

भगवान् शंकर ने सप्तर्षियों की जिज्ञासा को ध्यान से सुना और अपनी मन्द हंसी के कारण चमकते हुए दांतों की दमक से सिर पर बैठे हुए बाल चन्द्रमा की मन्द चमक को बढ़ाते हुए उन्होंने सप्तर्षियों से कहा—

'श्रेष्ठ मुनिवृन्द ! यह तो आपको भलीभांति विदित है कि मैं अपने लिए तो कभी कुछ करता नहीं, न ही कभी किसी से कुछ मांगता हूं। मेरी आठों मूर्तियां—पृथ्वी, जल, अग्नि, वायु, आकाश, सूर्य, चन्द्र और होत्र—इस बात की साक्षी हैं।

जिस प्रकार प्यारे चातक बादलों से जल की बूंदें मांगते हैं उसी प्रकार शत्रु द्वारा त्रस्त देवतागण भी अपनी रक्षा के लिए मुझसे पुत्र की उत्पत्ति के इच्छुक हैं।

उनकी इच्छा की पूर्ति के लिए मैं हिमालय-कन्या भगवती पार्वती को उसी प्रकार लाना चाहता हूं जिस प्रकार अग्नि उत्पन्न करने के लिए यजमान अरुणि लाता है।

मेरा आपको स्मरण करने का एक मात्र कारण यही है कि आप लोग हिमालय के पास जाकर मेरे लिए पार्वती को मांगिए। कहा भी है कि सज्जन लोग मध्यस्थ बनकर जो सम्बन्ध बना देते हैं वह सर्वोत्तम होता है और उसमें कालान्तर में किसी प्रकार की झंझट के लिए स्थान नहीं रहता।

हिमालय स्वयं महान् हैं, ऊंची प्रतिष्ठावाले हैं, पृथ्वी को धारण करनेवाले हैं। उन जैसे महान् से सम्बंध स्थापित कर मैं भी स्वयं को धन्य मानूंगा।

कन्या को मांगने के लिए किस प्रकार के वाक्यों का प्रयोग किया जाता है, इस विषय में आपलोगों को समझाने की आवश्यकता है नहीं। क्योंकि इस प्रकार के शिष्टाचार की जो भी बातें अन्यान्य पंडितगण अपने प्रयोग में ला रहे हैं वे सब उन्होंने आपलोगों से सीखी हैं।

आर्या अरुन्धती इस कार्य में अत्यधिक सहायक सिद्ध हो सकती हैं, वे इस प्रकार की बातें करने में सर्वथा समर्थ हैं। क्योंकि इस प्रकार के कार्यों में प्रायः यही देखा गया है कि स्त्रियां अधिक निपुण होती हैं।

अतः अब आपलोग हिमालय के औषधिप्रस्थ नगर में जाकर कार्य को सिद्ध करिये और फिर वहां से लौटकर महाकोशी नदी के प्रख्यात झरने के समीप आकर मुझसे मिलिए।'

भगवान् शंकर अत्यंत संयमी माने जाते थे। जब सप्तर्षियों ने अनुभव किया कि स्वयं महादेवजी इस विवाह के लिए इतनी उत्सुकता प्रकट कर रहे हैं तो उनके मन में विवाह-सम्बंधी जो भी झिझक थी वह तुरन्त ही मिट गई।

महादेवजी की मनोकामना जानकर और 'ठीक है' ऐसा क़हकर सप्तर्षिगणों ने वहां से प्रस्थान किया। उनके जाने पर महादेवजी उस स्थान के लिए चल दिए जहां लौटकर सप्तर्षियों को मिलने के लिए कहा था।

सप्तर्षियों का वेग तो मन के समान ही तीव्रगतिवाला है। वे कृपण के समान नीलगगन में उड़ते हुए कुछ ही क्षणों में हिमालय की राजधानी औषधिप्रस्थ नगर में जा पहुंचे।

औषधिप्रस्थ नगर धन-सम्पत्ति से इस प्रकार भरपूर दिखाई देता था मानो उसके सम्मुख कुबेर का अलकापुरी भी नगण्य हो। उस समय ऐसा जान पड़ता था कि मानो स्वर्ग का बढ़ा हुआ धन निकालकर उसमें ही लाकर भर दिया गया हो।

सप्तर्षियों ने देखा कि औषधिप्रस्थ नगर के चारों ओर गंगाजी की धाराएं बहती थीं, चमकनेवाली औषधियां वहां प्रकाश किया करती थीं और वहां की मणियों के ऊंचे-ऊंचे परकोटों में छिपे रहने पर भी वह नगर बड़ा ही सुन्दर लग रहा था।

वहां हाथियों को देखकर यही लगता था कि वे सिंह को भी पछाड़ सकते हैं। वहां के सभी घोड़े उस 'दिल' जाति के थे जो श्रेष्ठ जाति मानी जाती है। वहां के नागरिकों में यक्ष और किन्नर ही थे। वहां की स्त्रियां तो साक्षात् वनदेवियां जैसी दिखाई दे रही थीं।

इस नगर में घरों पर रात-दिन बादल ही छाये रहते थे और जब कभी उनमें से किसी घर में मृदंग बजने लगता था तो पहले लोगों को यही भ्रम होता था कि यह तो बादलों का गर्जन है। किन्तु जब उनकी ताल पर उनका ध्यान जाता था तब उनकी समझ में आता था कि यह बादलों की गर्जन नहीं अपितु मृदंग-वादन हो रहा है।

कल्पवृक्ष की चंचल शाखाएं उस नगरी में झंडियों का कार्य करती थीं। यद्यपि उनको किसी नागरिक ने अपने शिल्प कौशल से बनाया-सजाया नहीं था तदपि वे ऐसी लग रही थीं मानो घरों पर डंडे खड़े करके उन पर झंडियां लगा दी गई हों।

वहां के मदिरालय भवन स्फटिक से बनाये गये थे। रात्रि के समय जब उन पर तारागण का प्रतिबिम्ब पड़ता था तो वह मनोहारी दृश्य ऐसा लगता था मानो किसी ने फूल बिखेर दिये हों।

वर्षा ऋतु में रात्रि के समय चमकनेवाली वे औषधियां ऐसा प्रकाश देती थीं कि वहां की अभिसारिकाओं को बरसात के गहन अन्धकार में भी यह पता नहीं चलता था कि यह रात्रि का समय है और गहन अन्धकार है। वे निश्शंक होकर अभिसार करती थीं।

उस नगर के सभी निवासी सदा युवा रहनेवाले थे और कामदेव के अतिरिक्त कोई अन्य किसी को मारता नहीं था। सम्भोग के श्रम से वहां के युवक-युवतियों को जो प्रगाढ़ निद्रा आती थी वही वहां की मूर्च्छा थी।

यद्यपि वहां कभी कोई किसी को किसी प्रकार से डांटता-डपटता नहीं था, किन्तु वहां की ललनाएं अपनी भौंहें चढ़ा-चढ़ाकर, अपने होंठों को कंपा-कंपाकर और अपनी सुन्दर अंगुलियों को नचा-नचाकर अपने प्रेमियों को तब तक डांटती रहती थीं जब तक कि वे युवक उनको प्रसन्न न कर लें।

उस नगर के बाहर गन्धमादन नामक पर्वत था, जो कि नगर के उपवन के रूप में प्रयुक्त होता था। उस पर्वत पर के कल्पवृक्षों की छाया में ही चलते-चलते विद्याधर गण अपनी थकान की नींद ले लिया करते थे।

हिमालय की उस दिव्य राजधानी को देखकर तो मुनियों के मन में एक बार यही आया कि स्वर्ग-प्राप्ति के लिए उन लोगों ने जो इतनी तपस्या की उसमें तो वे लोग घाटे में ही रहे। यदि वह तपस्या इस नगर में निवास की प्राप्ति के लिए की होती तो कितना अच्छा होता।

जिस प्रकार चित्र में आग की लपटें दिखाई देती हैं, उन मुनियों की जटाएं भी बिलकुल वैसी ही लग रही थीं। उनको लिये हुए जब वे मुनिगण आकाश मार्ग से जाते हुए हिमालय के भवन पर उतरे तो वहां द्वार-रक्षक बड़े आश्चर्य से उनलोगों को देखते ही रह गये।

वे मुनिगण आकाश से एक-एक करके हिमालय के भवन पर उतरे। उस समय उनकी शोभा ऐसी ही थी जैसी कि चलते हुए जल में पड़ी हुई सूर्य की अनेक परछाइयां हों।

महाराज हिमालय को जब उनके आगमन का संकेत मिला तो वे उनके स्वागत के लिए अर्घ्यपात्र लेकर चले। उस समय चलते हुए भीमकाय हिमालय जब अपना एक-एक पग बढ़ाते थे तो ऐसा लगता था कि जिस ओर उनका पग पड़ रहा है उस ओर की धरती कुछ झुक-सी रही है।

हिमालय को सामने से आता देखकर मुनियों ने समझ लिया कि यह गेरू आदि धातुओं की लाल-लाल चट्टानों-से होंठोंवाला, देवदारु के समान विशाल भुजाओंवाला और स्वभाव से ही पत्थर की शिलाओंवाली चौड़ी और सुदृढ़ छाती वाला अन्य कोई नहीं, स्वयं हिमालय ही है।

हिमालय जब उनके समीप पहुंचे, तो उसने विधि-पूर्वक उनकी पूजा-अर्चना की और फिर उन सत्कर्म में निरत सप्तर्षियों को स्वयं मार्ग दिखाते हुए अपने साथ अपने महल में ले गया।

अपने भवन में ले जाकर उन्होंने उनके अनुरूप उन्हें वेत्र के आसनों पर बैठाया और फिर हिमालय ने उनको हाथ जोड़कर विनम्र निवेदन किया—

'आपलोगों के इस प्रकार सहसा यहां आने से मुझे ऐसा लगने लगा, जैसे कि बादलों के बिना वर्षा हो गई हो अथवा फूल लगे बिना ही वृक्षों ने फल दे दिये हों।

'आपको यहां पाकर मैं स्वयं को इतना धन्य समझ रहा हूं कि मानो मुझ सदृश मूर्ख को भी ज्ञान प्राप्त हो गया हो। मैं आज लोहे से सोना बन गया हूं और पृथ्वी पर रहते हुए ही स्वर्ग में चढ़ा हुआ अनुभव करने लगा हूं।

'मैं स्वयं को महान् तीर्थ ही समझने लगा हूं, ऐसा तीर्थ जहां आते ही लोग शुद्ध-पवित्र हो जाएं। क्योंकि सज्जन लोग जहां जाकर बस जायें, वही तो तीर्थ कहलाता है।

'मैं आज स्वयं को दो प्रकार से पवित्र हुआ मानता हूं। एक तो मेरे सिर पर गंगाजी की धारा गिरने से और दूसरे आज आपलोगों के चरणों की धोवन प्राप्त कर लेने से।

'मुझे ऐसा लग रहा है कि आप मुनिश्रेष्ठों ने मेरे चल और अचल, दोनों शरीरों पर अलग-अलग रूप से कृपा की है। मेरे यहां पधारकर आपने मेरे चल शरीर को तो अपना दास बना ही लिया है और मेरे अचल शरीर पर आपके पवित्र चरण पड़े हैं।

'आपलोगों ने जो यहां आने की कृपा की है उससे मुझे इतनी प्रसन्नता हो रही है कि दूर-दूर तक फैले हुए अपने इन बड़े अंगों में भी मैं फूला नहीं समा रहा हूं।

'आप सदृश तेजस्वी मुनियों के दर्शन से न केवल मेरी गुफाओं का अंधकार ही मिट गया है अपितु मेरे हृदय में समाया अज्ञान का अंधकार भी आज मिट गया है।

'आप सदृश महान् आत्माओं को मुझसे कोई कार्य-विशेष तो हो नहीं सकता। क्योंकि आप तो स्वयं इतने शक्तिवान् और सामर्थ्यवान् हैं कि जिस किसी भी कार्य को बात-की-बात में पूर्ण करा सकते हैं। इसलिए तो मैं यही समझ पाया हूं कि केवल मेरा जीवन धन्य करने के लिए ही आपलोगों के पवित्र चरण यहां पधारे हैं।

'अब आप यहां पधार तो गये ही हैं, इसलिए मेरा विनम्र निवेदन है कि मेरे योग्य कोई सेवा बताइए। स्वामी को तो तभी प्रसन्न समझना चाहिए जब कि वे सेवक को कुछ आज्ञा दें।

'यहां आपकी आज्ञा का पालन करने के लिए मैं स्वयं आपकी सेवा में समुपस्थित हूं, यहां पर मेरी स्त्रियां इस कार्य के लिए उद्यत हैं और यह मेरी घर भर की प्रिय कन्या पार्वती है। इनमें से जिससे भी आपका कार्य सिद्ध होता हो उसे ही आज्ञा दीजिए। क्योंकि धन-सम्पत्ति आदि जितनी भी बाहरी वस्तुएं हैं वे सब तो आपकी सेवा के लिए तुच्छ ही हैं, अतः उनका नाम लेना भी मुझे उचित प्रतीत नहीं होता।'

हिमालय का कथन ज्योंही समाप्त हुआ तो पर्वतराज की गुफाओं से उस कथन की जो अनुगूंज निकली उससे यही लगता था कि मानो हिमालय ने अपनी बात को एक बार फिर दोहरा दिया हो।

सप्तर्षियों को भगवान् शंकर ने जो सन्देश दिया था उसे हिमालय से कहने का यह अच्छा अवसर जानकर उन्होंने अपने बीच में स्थित वार्तालाप में बड़े चतुर अंगिरा ऋषि की ओर संकेत किया। अपने साथियों का संकेत पाकर अंगिरा ऋषि ने हिमालय से कहा—

'हिमालयराज ! आपने इस समय जो कुछ कहा है वह सब और उससे भी अधिक जो कुछ कहा जाय, यह सब आपको ही शोभा देता है। क्योंकि हम भली-भांति जानते हैं कि आपका मन भी आपकी चोटियों के समान ही महान् है, उच्च है।

आपको, जो समस्त अचल जगत का विष्णु कहा गया है, वह सार्थक ही है, क्योंकि इस संसार में सभी चर और अचर आपकी कोख में ही आश्रय प्राप्त करते हैं। जितने रत्न हैं—वे सब आपकी गोद में हैं और आपकी ही कोख से निकली हुई नदियों से यह संसार जीवित है।

यदि आप पाताल से नीचे तक पृथ्वी को अपने आधार से न दबाये रहें तो फिर बताइए कि शेषनाग अपने कमल की नाल के समान कोमल फणों पर पृथ्वी को किस प्रकार सम्हाल सकता है।

जिस प्रकार आपके यहां से प्रवाहित और निरन्तर प्रहवमान और समुद्र की लहरों से टक्कर लेनेवाली निर्मल नदियां अपनी पवित्रता से सारे संसार को पवित्र करती हैं, वैसे ही आपकी कीर्ति भी सब लोकों को पवित्र करती है।

जिस प्रकार गंगाजी विष्णु के चरणों से निकलकर स्वयं को बहुत बड़ी मानने लगती हैं, उसी प्रकार आपके शिखर से निकलकर बहने में भी वे बड़ी बड़ाई समझती हैं।

भगवान् विष्णु की महिमा भी इस संसार में तभी फैली जब उन्होंने ऊपर, नीचे और तिरछे पैर रखकर वामन अवतार धारण करके तीनों लोकों को नाप डाला। किन्तु आपकी महिमा तो पहले से ही तीनों लोकों में व्याप्त है।

यज्ञ का भाग प्राप्त करनेवाले देवताओं में स्थान पाकर आपने सुमेरु पर्वत की सुनहरी और ऊंची चोटियों को भी नीचा दिखा दिया है।

अपनी सारी कठोरता तो आपने अपने अचल शरीर में धारण कर ली है और आपका यह चल शरीर भक्ति से ऐसा झुक गया है कि सज्जन गण आ-आकर इसकी पूजा किया करते हैं।

हमारा आज यहां आना अकारण नहीं हुआ है और अब हम अपने आने का कारण आपको बताते हैं और हमारा वह काम ऐसा है जिसमें हम समझते हैं कि आपकी ही भलाई है और वही भली बात आपको समझाने के बहाने हम लोगों को भी थोड़ी-सी बड़ाई मिल जायेगी।

क्योंकि आप जानते ही हैं कि अणिमा आदि आठों सिद्धियों के जो स्वामी हैं, जिनको कोई दूसरा ईश्वर कहला नहीं सकता, जिनके माथे पर आर्ध चन्द्रमा शोभायमान है, जो अपने पृथ्वी-जल आदि उन आठों शरीरों से पृथ्वी को जिलाये रहते हैं, जो एक-दूसरे की शक्ति बढ़ानेवाले और संसार को इस प्रकार ठीक से चलानेवाले हैं जिस प्रकार घोड़े मार्ग में रथ को लीक में बांधे लिये चलते हैं, जिन्हें योगी जन अपने शरीर के भीतर बैठा हुआ पाते हैं और जिनके लिए विद्वानों का कहना है कि वे जन्म-मरण के बन्धनों से बाहर ही हैं; उन्हीं संसार भर के कामों को देखनेवाले और वर देनेवाले शंकरजी ने हमलोगों के माध्यम से संदेश भेजकर स्वयं अपने लिए आपकी पुत्री का हाथ मांगा है।

जिस प्रकार अर्थ का वाणी से अटूट सम्बंध होता है उसी प्रकार आप शिवजी के साथ अपनी कन्या का अटूट सम्बंध स्थापित कर दीजिए। यदि कन्या का विवाह किसी अच्छे वर से हो जाये तो इससे पिता की चिन्ता मिट जाती है।

आप जानते ही हैं कि भगवान् शंकर संसार के पिता हैं। इसलिए उनके साथ विवाह हो जाने पर पार्वती भी स्वाभाविक ही जगन्माता कहलाने लगेंगी। वे चराचर सब प्राणियों की माता बन जाएंगी।

वे इतनी पूजनीया बन जाएंगी कि देवतागण महादेवजी को प्रणाम करके अपने सिर

पर धारण किये हुए मणियों की किरणों से पार्वतीजी के चरणों को रंगा करेंगे और फिर जरा इस संयोग पर तो विचार कीजिए कि उमा तो बहू हों, आप हों कन्या का दान करनेवाले, हम जैसे मुनि-जन आपसे कन्या की याचना करनेवाले हों और महादेवजी हों जिसके वर– बताइए, आपके कुल के लिए इससे बढ़कर प्रतिष्ठा की और कौन-सी बात हो सकती है।

महादेवजी के साथ अपनी पुत्री का विवाह करके आप उन महादेवजी से बड़े बन जाएंगे जो स्वयं किसी की स्तुति नहीं करते, पर संसार जिनकी स्तुति करता है। जो स्वयं किसी की वन्दना नहीं करते, किन्तु संसार उनकी वन्दनां करता है।'

जिस समय महर्षि अंगिरा हिमालय के सम्मुख इस प्रकार की बात कर रहे थे, उस समय स्वयं पार्वती अपने पिता के समीप बैठी नीचे को मुख किये हुए खिलौने के कमल के पत्तों को गिन रही थीं।

हिमालय तो इस बात से पहले से ही सहमत थे, तभी तो उन्होंने अपनी कन्या को तप करने की अनुमति दी थी। फिर भी उन्होंने अपनी पत्नी मैना की ओर देखा। क्योंकि जब कभी भी कन्या के विवाह का प्रसंग उपस्थित होता है तो गृहस्थ लोग इस विषय में गृहिणियों की ही सम्मति लेते हैं।

पार्वती ने शिवजी की प्राप्ति के लिए तप किया था, हिमालय ने उसको तप के लिए अनुमति दी थी, यद्यपि उस समय मैना नहीं चाहती थीं कि पार्वती इतना कठोर तप करें और आज जब स्वयं भगवान् शंकर उनसे उनकी कन्या का हाथ मांग रहे हों तो उसमें मैना को क्या आपत्ति हो सकती थी? उन्होंने अपने पति की हां-में-हां मिलाकर उनकी सब बातें स्वीकार कर लीं। जो सती स्त्रियां होती हैं वे किसी भी बात में अपने पति की इच्छा के विपरीत आचरण नहीं करतीं।

ऋषियों ने जब इस प्रकार कह दिया और हिमालयराज ने अपनी पत्नी की इच्छा भी जान ली तो फिर उन्होंने सुन्दर मांगलिक वस्त्रों से सजी हुई अपनी कन्या को समीप बुलाते हुए कहा–

'वत्से ! यहां आओ। देखो, जो घट-घट में वास करनेवाला है, ऐसे शिवजी ने तुम्हारा पाणिग्रहण करना चाहा है। उनकी ओर से याचना करने के लिए ये सप्तर्षिगण यहां पधारे हैं। मैं स्वयं को धन्य मान रहा हूं और मुझे गृहस्थ होने का सच्चा फल मिल गया है, जो ऐसी याचना करनेवाले मेरे द्वार पर पधारे हैं।'

हिमालय ने अपनी पुत्री को यह कहा और फिर उन्होंने सप्तर्षियों की ओर मुड़कर कहा, 'यह महादेवजी की पत्नी आपको प्रणाम करती है।'

सप्तर्षियों को इससे अतीव प्रसन्नता हुई। अपना काम पूर्ण हुआ जानकर उन्होंने हिमालय की भूरि-भूरि प्रशंसा की। उन्होंने अम्बिका को बारम्बार ऐसे आशीर्वाद दिये जो तत्काल फल देनेवाले सिद्ध हों।

पिता के कहने पर, ऋषियों को प्रणाम करने के लिए ज्यों ही पार्वतीजी उनके चरणों में झुकीं कि उनके कानों से सोने का कुंडल खिसक गया। उस समय अरुन्धती ने पार्वती को झट से उठाकर अपनी गोद में बैठा लिया। अरुन्धती समझ गई थीं कि पार्वतीजी इस समय लज्जा से गड़ी जा रही हैं।

मैना तो अपनी पुत्री के स्नेह में इतनी अधीर-सी हो गईं कि सहसा उनकी आंखें भर आईं। उस समय अरुन्धतीजी ने उनको पार्वती के अनोखे वर के गुण सुनाकर बड़ा धीरज बंधाया।

हिमालय ने जब विवाह की तिथि के विषय में पूछा तो सप्तर्षियों ने तीन दिन बाद की तिथि बता दी। वह तिथि सबसे उत्तम थी। इस प्रकार अपना कार्य सम्पन्न कर सप्तर्षिगण वहां से विदा हो गये।

हिमालय को उचित मन्त्रणा देने के उपरान्त वे सप्तर्षिगण उस स्थान पर जा पहुंचे जहां भगवान् शंकर ने उनको मिलने के लिए बताया था। उनके पास जाकर उन्होंने शिवजी को विस्तार से सब बता दिया और कहा कि अब आपका कार्य सिद्ध हो गया है, इसलिए हमें आज्ञा दीजिए। उनसे आज्ञा पाकर सप्तर्षिगण अपने स्थान के लिए प्रस्थान कर गए।

शिवजी को जब बताया गया कि विवाह की तिथि तीन दिन बाद की है तो वे विचलित से हो गये। पार्वती से मिलने के लिए वे इतने उतावले हो रहे थे कि उनको ये तीन दिन भी तीन मास के बराबर लगने लगे। बड़ी कठिनाई से उन्होंने वे तीन दिन बिताये।

जब महादेवजी जैसे योगी की प्रेम में यह दशा हो जाती हो तब भला बताइए सामान्य जन अपनी उत्कट अभिलाषा को किस प्रकार संभाल सकते हैं।

सप्तम सर्ग

शिव-पार्वती विवाह

जिस प्रकार सप्तर्षियों ने शिवजी के विवाह की तिथि निश्चित की थी तदनुसार, हिमालय ने भी उस दिन लग्न से सातवें घर में स्थित शुक्ल पक्ष की शुभ तिथि को अपने भाई-बन्धुओं को बुलाकर शंकरजी के साथ अपनी कन्या का शुभ विवाह सम्पन्न करने की तैयारी की।

हिमालय की प्रजा हिमालय से बड़ा प्यार करती थी, इसलिए उनकी कन्या के विवाह के अवसर पर औषधिप्रस्थ नगर के घर-घर में स्त्रियां बड़ी धूमधाम से विवाह का उत्सव मना रही थीं। घर और बाहर के लोग मिलकर सब इस प्रकार विवाह का काम कर रहे थे मानो सब एक ही कुल से सम्बन्धित हों।

नगर की बड़ी-बड़ी सड़कों पर कल्पवृक्ष के फूल बिछे थे। सड़क के दोनों ओर रेशमी झाड़ियों की पंक्तियां लगी हुई थीं और सभी द्वारों पर सोने के वन्दनवार बंधे हुए थे। इस प्रकार उस नगर की शोभा अवर्णनीय थी, वह नगर ऐसा लग रहा था मानो स्वर्ग ही वहां उतरकर चला आया हो।

यद्यपि पार्वती ही हिमालय की एकमात्र सन्तान नहीं थीं अपितु उनके अनेक पुत्र भी थे। किन्तु उस समय उन दोनों पति-पत्नी को केवल पार्वती ही प्राणों से अधिक प्यारी लग रही थीं। उनको ऐसा लग रहा था कि मानो पार्वतीजी बहुत दिनों बाद मिली हों अथवा अभी

जीकर उठी हों। क्योंकि विवाह हो जाने के उपरान्त तो अभी थोड़ी देर में वे वहां से जानेवाली ही थीं।

सभी कुटुम्बियों ने बारी-बारी से पार्वतीजी को अपनी गोद में बैठा-बैठाकर उनको आशीर्वाद दिया। और उनको सबने बहुत ही सुन्दर-सुन्दर उपहार दिये। ऐसा जान पड़ रहा था कि उस समय हिमालय के सभी कुटुम्बियों का प्रेम पार्वतीजी में ही आकर भर गया है।

सूर्योदय के तीन मुहूर्त के बाद उत्तराफाल्गुनी नक्षत्र में कुटुम्ब की सुहागिन और पुत्रवती स्त्रियां विवाह के लिए पार्वतीजी को तैयार करने लगीं। वे सब प्रकार से उसका श्रृंगार कर रही थीं।

सबसे पहले दूब के अंकुर और फिर सरसों के दानो से उनका श्रृंगार किया गया। फिर उनको नाभि तक ऊंची रेशमी साड़ी पहनाई गयी और उसमें एक वाण खोंस दिया गया। तब तेल लगाने की विधि पूरी की गई।

विवाह का वह नया वाण जब पार्वती की कमर में खोंसा गया तो उससे उनकी शोभा और भी बढ़ गई थी। उसके कारण वे ऐसी चमकने लगीं जिस प्रकार शुक्ल पक्ष में सूर्य की किरण पाकर चन्द्रमा चमकने लगता है।

पार्वती के शरीर पर जो तेल मला गया था उसको सुहागिन स्त्रियों ने लोध की बुकनी से सुखाया और कुछ-कुछ गीला सुगन्धित लेप लेकर उनके शरीर को रंग दिया। उसके बाद उनको स्नान करने के लिए सुन्दर चौकोर स्नान-घर में ले गईं।

स्नान-घर के भीतर सुन्दर नीलमणि की अत्यन्त शोभनीय चौकी बिछी हुई थी। स्नान-घर के चारों ओर रंग-बिरंगी मोतियों की माला टंगी हुई थी। उसी चौकी पर उन स्त्रियों ने पार्वती को स्नान के लिए बैठाया और फिर गीत गाते हुए सोने के घड़ों से जल ले-लेकर पार्वतीजी को नहलाया।

इस प्रकार मंगल स्नान करने से पार्वतीजी का शरीर बड़ा ही निर्मल और स्वच्छ दिखाई देने लगा। तब उराके बाद उनको विवाह के वस्त्र पहनाये गए। उस समय पार्वतीजी की शोभा इतनी सुन्दर लग रही थी मानो गरजते हुए बादलों के जल से धुली हुई और कास के फूलों से भरी हुई धरती शोभा दे रही हो।

इस प्रकार पार्वतीजी को नहला-धुलाकर वे सुहागिन पतिव्रता स्त्रियां उनको उस एकान्त भवन में ले गईं जहां मणियों के खम्भे गड़े थे और उन पर चंदोवा तना हुआ था और बीच में मंगल वेदी बनी हुई थी। उस वेदी पर सुन्दर आसन बिछा हुआ था।

उस स्थान पर ले जाकर उन्होंने पार्वतीजी को पूर्व की ओर मुख करके बैठा दिया। यद्यपि श्रृंगार के सभी साधन और उपकरण वहां पर विद्यमान थे किन्तु उन स्त्रियों के बिना श्रृंगार किये पार्वतीजी की स्वाभाविक शोभा ही इतनी लुभावनी लग रही थी कि कुछ देर तक वे अपनी सुध-बुध भूलकर उनकी ओर ही एकटक निहारती रहीं।

किन्तु जब थोड़ी देर में वे स्त्रियां अपनी स्वाभाविक स्थिति में आईं तो किसी ने अगर-चन्दन के धुएं से बाल सुखाये। बालों के सूख जाने पर किसी ने उनमें सुन्दर फूल गूंथे और फिर दूध में पिरोई पीले महुए के फूलों की माला उनके जूड़े में लपेटी।

किसी ने उजले अगर से बनाया हुआ अंगराग उनके शरीर पर और फिर बहुत ही लाल गोरोचन लेकर उनके शरीर को चित्रित किया। उस समय पार्वती जी इतनी सुन्दर लग रही थीं कि उनके रूप के सम्मुख तो, जो उजली धारावाली गंगाजी हैं, उनकी शोभा भी मन्द पड़ गई थी।

भ्रमरों से घिरा हुआ कमल का पुष्प और बादल से घिरा हुआ चन्द्रमा, दोनों में से कोई भी इतना सुन्दर नहीं दिखाई दिया जो पार्वती की गुंथी हुई चोटीवाले मुख की सुन्दरता के सम्मुख टिक सके।

पार्वतीजी के कानों पर लटकते हुए जौ के अंकुर और लोध्र से धुले तथा गोरोचन से रंगे गोरे-गोरे गाल इतने सुन्दर लगने लगे कि सबकी आंखें अनायास ही उस ओर चली जाती थीं।

सुन्दर, सुडौल शरीरवाली पार्वतीजी का जो निचला ओंठ ऊपर के ओंठ से केवल एक रेखा से अलग हो गया था जिस पर लगी हुई चिकनाई ने उस पर और भी लाली चढ़ाकर उसको सुन्दर बना दिया था और जिसकी सुन्दरता बस फैलने ही वाली थी। वह ओंठ जब फड़कता था तो उस समय की उसकी जो शोभा थी उसका वर्णन कर पाना बड़ा ही कठिन है।

पार्वतीजी की सखी जब उनके चरणों में महावर लगा चुकी तो उसने उनको ठिठोली करते हुए आशीर्वाद दिया—भगवान् करें तुम अपने इन पैरों से अपने पति के सिर की चन्द्रकला को छुओ। यह ठिठोली सुनकर पार्वतीजी ने मुख से तो कुछ कहा नहीं किन्तु अपनी माला उठाकर उन्होंने उसकी पीठ पर दे मारी।

पार्वती का श्रृंगार करनेवाली उस सखी ने पार्वतीजी को नीले कमल जैसी बड़ी-बड़ी और काली-काली आंखों में जो काजल लगाया वह इसलिए नहीं लगाया गया था कि उनकी आंखों की शोभा इस अंजन से कुछ अधिक बढ़ जाती, अपितु वह इसलिए लगाया कि वह भी मंगल श्रृंगार के एक चलन के रूप में आवश्यक था।

जिस प्रकार लताएं जब फूलती हैं तो स्वयं भी उस शोभा से खिल उठती हैं या जिस प्रकार तारों के निकलने पर रात्रि स्वयं ही जगमगाने लगती है, या फिर जिस प्रकार रंग-बिरंगे पक्षियों के आ जाने से नदी सुहावनी लगने लगती है, उसी प्रकार मणियों-मोतियों और स्वर्ण के आभूषण पहना दिये जाने के उपरान्त पार्वतीजी की जो स्वाभाविक सुन्दरता थी वह और भी अधिक बढ़ गई।

पार्वतीजी ने अपने इस सजीले रूप को जब स्वयं दर्पण में देखा तो वह ठगी-सी रह गईं। वे मन-ही-मन अपने प्रिय महादेवजी से मिलने के लिए मचल उठीं। क्योंकि कहावत है कि स्त्रियों को अपना श्रृंगार तभी सफल दिखाई देता है जब उनके पति उसको देखें और उसकी सराहना करें।

पार्वतीजी का श्रृंगार हो चुका था और पार्वतीजी दर्पण में स्वयं को निहार रही थीं कि तभी उनकी माता मैना वहां आ गईं। उमा के कानों में सुन्दर कर्ण-फूल लटक रहे थे। मैना ने उमा का वह मुखड़ा ऊपर को उठाया और उस रूप को देखकर वे भी आनन्द से बेसुध

हो गईं। किन्तु उन्होंने स्वयं को नियंत्रण किया और फिर अपनी दो अंगुलियों से गीली हरताल और मैनतिल लेकर उनके माथे पर विवाह का तिलक कर दिया।

उस समय ऐसा लग रहा था मानो मैना ने अपनी कन्या के माथे पर यह तिलक लगाकर, पार्वतीजी के मन में, जो युवावस्था आने के समय से शंकरजी को पाने की साध बराबर बढ़ रही थी, वह अब इस विधि से पूर्ण हो गई है।

पार्वती को देखकर मैना की आंखों में आंसू भर आये। ये आनन्द के आंसू थे। उस अवस्था में ठीक-ठीक न देख सकने के कारण उन्होंने पार्वतीजी के हाथ में, जिस स्थान पर कंगन बांधना था, ठीक उस स्थान पर उसे बांध नहीं पायीं। किन्तु उनकी धाय यह सब देख रही थी, उसने उसको अपने हाथ से ठीक स्थान पर सरका दिया।

नयी साड़ी धारण किये हुए और हाथ में नया दर्पण लिये हुए पार्वतीजी उस समय ऐसी लग रही थीं मानो वे क्षीर समुद्र की उतराती हुई फेन की सुन्दर लहर हों।

मैना को विवाह के सब रीति-रिवाज विदित थे। उन्होंने अपने कुल का यश बढ़ानेवाली अपनी कन्या पार्वती से अपने उन सब कुलदेवताओं को प्रणाम करवाया और फिर उसके बाद उन्होंने अपनी सब सखियों के पैर छुआये।

सखियां तो यही आशीर्वाद दे सकती थीं कि सुख से जियो, पति पर राज करो और उन्होंने कहा भी--तुम्हारे पति तुम्हें तन-मन से प्यार करें।

किन्तु पार्वतीजी ने तो सबके आशीर्वादों को भी बहुत छोटा कर दिया। वे तो स्वयं भगवान् शंकर के आधे शरीर में बस गईं, इसलिए भगवान् का तन और मन अब स्वयं उनका ही हो गया।

उधर हिमालय ने भी पूर्ण उत्साह से विवाह-सम्बन्धी सभी कार्य निपटाये और वे बैठकर शंकर के आगमन की प्रतीक्षा करने लगे। हिमालय में यह सब हो रहा था तो कैलास पर्वत पर भी सप्तमाताओं ने आकर शृंगार की वे सब सामग्रियां लाकर शिवजी के आगे रख दीं जो उनके पहले विवाह में काम आई थीं।

भगवान् शंकर तो भोलेबाबा औघड़ प्रकृति के थे। उन्होंने उस शृंगार सामग्री को केवल इसलिए छू भर दिया जिससे कि माताओं का निरादर न हो। उन्होंने उस सामग्री को धारण नहीं किया। उन्होंने स्वयं ही अपनी शक्ति से अपने को विवाह योग्य वेश से सजा लिया।

उनके शरीर पर पुती हुई चिताभस्म सुन्दर अंगराग का काम दे रही थी। उनके गले में पड़ी मुण्डमाला सुन्दर हार बन गई, तथा जो हाथी का चर्म उन्होंने लपेटा हुआ था उसको उन्होंने सुन्दर रेशम के वस्त्र के रूप में परिणत कर दिया। उसके आंचल पर गोरोचन से हंस के जोड़े छपे हुए थे।

शंकर भगवान् का जो तीसरा नेत्र था, जिसकी अन्तर्ज्योति जग विख्यात् थी, वह पीली पुतलीवाला उनका नेत्र माथे का तिलक बन गया, इसलिए उनको हरताल का तिलक धारण करने की आवश्यकता ही नहीं रही।

उनके शरीर में यत्र-तत्र जो सर्प टंगे हुए थे वे भी उन-उन स्थानों के आभूषण बन गये और उनके जो मणि थे वे भी यथास्थान उसी रूप में चमकते रहे।

भगवान् शंकर के मुकुट पर सदा चन्द्रमा विद्यमान रहता था और वह दिन के समय भी अपनी किरणों को चमकाता रहता था। वह उनकी जटा में आने के कारण बहुत छोटा दिखाई देता था और इस कारण उसका कलंक भी छिप गया था। वह चन्द्रमा ही इस समय उनका चूड़ामणि बन गया था, इसलिए उन्हें दूसरा चूड़ामणि धारण करने की आवश्यकता ही नहीं पड़ी।

भगवान् शंकर स्वयं ही अपनी शक्ति से संसार का श्रृंगार करनेवाले हैं। उनके सभी कार्य भी संसार से निराले ही होते हैं। इसलिए उन्होंने अपने समीप बैठे गण से उसका खड्ग मांगा और उसमें उन्होंने अपने श्रृंगार को निहारा।

अपने रूप को एक बार निहारकर उन्होंने नन्दी के हाथ का सहारा लिया और फिर वे स्वयं उस लम्बे-चौड़े डील-डौलवाले बैल की पीठ पर चढ़े जिस पर सिंहचर्म बिछी हुई थी। इस प्रकार वह बैल इस समय ऐसा दिखाई पड़ रहा था मानो शंकर भगवान् में भक्ति रखने के कारण स्वयं कैलास पर्वत अपने रूप को कुछ छोटा करके वहां उपस्थित हो गया हो।

इस प्रकार शंकरजी की बारात चलने लगी। अपने तेजोमण्डल की चमक, गोरे-गोरे मुखवाली सुन्दर मातायें जब अपने रथों पर बैठकर बारात में चलीं तो रथों के झटके से उनके कर्णफूल हिलने लगे। उस समय उनके मुंह आकाश में ऐसे लगने लगे मानो किसी सुन्दर तालाब में एक साथ बहुत सारे सुन्दर कमल खिल उठे हों।

सोने के समान चमकनेवाली उन माताओं के पीछे-पीछे उजले खप्परों से देह को सजाये हुए भद्रकाली जी आ रही थीं। उस समय वे ऐसी लग रही थीं मानो बगुलों से भरी और दूर तक चमकती हुई बिजलीवाली नीले बादलों की घटा चली आ रही हो।

महादेवजी के आगे-आगे उनके गण मंगल तुरही बजाते चल रहे थे। उस तुरही की गूंज देवताओं के विमानों की छतरियों में गूंजकर मानो यह सूचना दे रही हो कि अब सबको अपने-अपने कार्य में लग जाना चाहिए।

उसी समय सूर्य ने आगे बढ़कर विश्वकर्मा द्वारा बनाया गया नया छत्र लेकर शिवजी पर तान दिया। उस छत्र से जो वस्त्र लटक रहा था उस समय वह शिवजी के सिर के समीप होने से गंगा की धारा के समान लग रहा था।

गंगा और यमुना भी अपना नदी रूप त्यागकर वहां उपस्थित हुईं और वे महादेव पर चंवर डुलाने लगीं। उस समय वे चंवर ऐसे शोभायमान हो रहे थे मानो कि हंस उड़ रहे हों।

तभी सृष्टिकर्ता ब्रह्मा और पालनकर्ता विष्णु वहां उपस्थित हो गये। उन्होंने जब शिवजी का जय-जयकार किया तो ऐसा लगने लगा जैसे घी की आहुति पड़ने पर अग्नि की लौ और अधिक उज्ज्वल हो जाती है, वैसे ही उनके जय-जयकार से शिवजी की महिमा और अधिक बढ़ गई।

कहने को भले ही ब्रह्मा, विष्णु, महेश अलग-अलग हों पर वास्तव में तो एक मूर्ति के तीन रूप ही हैं और वे परस्पर एक-दूसरे से छोटे-बड़े तो होते ही रहते हैं। इस प्रक्रिया में कभी शिव विष्णु से बड़े हो गये तो कभी ब्रह्मा इन दोनों से बढ़ जाते हैं और कभी ये दोनों ब्रह्मा से बढ़ जाया करते हैं।

इन्द्र आदि सभी लोकपाल अपना राजसी वैभव त्यागकर साधारण वेश में विनीत भाव से शिवजी महाराज के दर्शन करने के लिए जब उपस्थित हुए थे, अवसर जानकर नन्दी ने उनको भगवान् शंकर के दर्शन कराये और लोकपालों ने विनम्र भाव से हाथ जोड़कर उन्हें प्रणाम किया।

शिवजी ब्रह्माजी को देखकर मुस्कुरा दिए। भगवान् विष्णु से उन्होंने कुशल-समाचार पूछा, इन्द्र को देखकर भी वे मुस्कुरा दिये। इस प्रकार सब छोटे-बड़े देवताओं का शिवजी ने तरह-तरह से स्वागत-सत्कार किया।

जब बारात जाने का समय होने लगा तो सप्तर्षिगण ने उच्च स्वर में शंकर का जय-निनाद किया। भगवान् शंकर ने उनसे कहा कि इस विवाह में पौरोहित्य का उत्तरदायित्व उन पर ही है, इसलिए वे किसी भी प्रकार पीछे रहने का विचार न करें।

इस प्रकार विकारों से विरक्त रहनेवाले महादेवजी जब चलने लगे तो उस समय उनके आगे-आगे विश्वावसु आदि गन्धर्व त्रिपुरासुर पर विजय-गान गाते हुए चल रहे थे।

महादेवजी के बैल के गले में सोने की छोटी-छोटी घंटियां बंधी थीं और उसकी चाल भी बड़ी मस्त थी। चलते हुए जब वह बादलों को अपने सींगों से चीरता हुआ जा रहा था तो उस समय उसके सींग ऐसे लग रहे थे मानो नदी के तीर पर चलने से उन पर टीलों की कीचड़ लग गई हो।

अपनी गति में यह बैल किसी से भी हारनेवाला नहीं था। इसलिए कैलास से चलकर कुछ ही क्षणों में वह औषधिप्रस्थ नगर में इस प्रकार पहुंच गया मानो आगे पड़ती हुई शिवजी की चितवन की सोने की डोरियां उसे खींचती हुई ले गई हों।

उसी नगर के पास बादलों के समान नीले कंठवाले महादेवजी उस आकाश से पृथ्वी पर उतरे जिस पर उन्होंने त्रिपुरासुर को मारते समय बहुत से बाण चलाकर चिह्न अंकित कर दिए थे। शिवजी जिस समय उतर रहे थे, नगरवासी ऊपर को मुंह उठाकर बड़े चाव से उनको देख रहे थे।

हिमालय को जब महादेवजी के आने की सूचना मिली तो वे बड़े प्रसन्न हुए और अपने सब कुटुम्बियों को हाथी पर चढ़ाकर उनकी अगवानी के लिए आगे बढ़े। उस समय की शोभा ऐसी लग रही थी मानो हिमालय की ढलान पर फूलों से लदे हुए वृक्ष दिखाई दे रहे हैं।

इस प्रकार इन दोनों ही दलों की गूंज बहुत दूर-दूर तक सुनाई दे रही थी। और हिमालय की राजधानी के खुले द्वार पर आकर जब वे दोनों दल मिले, तो ऐसा लगने लगा, जैसे बांध टूट जाने पर जल की दो धाराएं परस्पर मिल जाएं।

शंकरजी ने जब नन्दी से उतरकर पहले हिमालय को प्रणाम किया तो उस समय हिमालय लाज से गड़ गये। किन्तु उसे यह पता नहीं चल पाया कि शिवजी के प्रणाम करने से पूर्व ही उनकी महिमा से हिमालय का सिर उनकी ओर झुक गया था।

इस सुन्दर सम्बन्ध से हिमालय को बड़ी प्रसन्नता हो रही थी। वे आगे-आगे चलकर मणियों और बेल-बूटों से सजे हुए अपने जामाता को उस मार्ग से ले जा रहे थे जहां इतने फूल बिछे थे कि चलनेवालों के पैर उनके भीतर धंसे जा रहे थे।

उसी समय महादेवजी के दर्शनों की चाव लिये नगर की स्त्रियां अपना-अपना सब काम-काज छोड़कर अपने भवनों के झरोखों पर आकर खड़ी हो गईं।

इस हड़बड़ी में भागते हुए एक स्त्री ज्यों ही खिड़की के समीप पहुंची कि उसके जूड़े में बंधी हुई फूल की माला खुल गई और वह उसे अपने हाथ से पकड़े हुए चल दी, उस समय किसको बांधने की सुध रहती।

ऐसे ही एक सुन्दरी उस समय अपने पैरों में महावर लगवा रही थी कि उसने उसे अधूरा छोड़कर खिड़की की ओर भागी। इस प्रकार उस स्थान से खिड़की तक सारे भवन में उसके महावर की छाप पड़ गई।

ऐसे ही एक अन्य सुन्दरी अपने झरोखे के पास पहुंचकर उसकी जालियों से बाहर झांकने लगी तो उसकी कमर का नाड़ा ही खुल गया। वह उसको बिना बांधे ही हाथ से पकड़े हुए झरोखे पर खड़ी रही। इससे उसके हाथ के कंगन की चमक जब उसकी नाभि पर पड़ी तो वह भी चमक उठी।

उस समय एक सुन्दरी अपने कमरे में बैठी डोरे से मणियां पिरो रही थी। ज्योंही उसने शंकरजी की बारात का हल्ला सुना, वह उसी हालत में हड़बड़ाकर खिड़की की ओर दौड़ पड़ी। बस फिर क्या था, खिड़की तक पहुंचते-पहुंचते धागे में पिरोये हुए मणियों के सब दाने बिखर गये किन्तु पैर पर बंधा वह धागा ज्यों का त्यों रहा।

इस प्रकार औषधिप्रस्थ नगर की उन सुन्दर नयनवाली ललनाओं के मुख महक रहे थे और वे चंचल नयनवाले मुख जब झरोखों से बाहर को झांकते तो उस समय ऐसा लगने लगता कि उन झरोखों पर भौंरे से लदे कमल टांग दिये गये हों।

नगर के सभी भवनों को इस विवाह के अवसर पर खूब रंगा-पोता गया था। उन उजले भवनों के उज्ज्वल और उन्नत कंगूरों को अपने सिर के चन्द्रमा की चांदनी से और भी अधिक चमकाते हुए महादेवजी ने ध्वजाओं और पताकाओं से सजे हुए उस राज-मार्ग में प्रवेश किया।

ज्यों ही बारात राजमार्ग पर आई तो नगर की सभी ललनायें अपनी सारी सुधि भूलकर एकटक उनको देखती हुई ऐसी लग रही थीं मानो नयनों के द्वारा ही वे उनका पान कर लेना चाहती हों। इस प्रकार उनकी सारी इन्द्रियां केवल उनके नेत्रों में ही केन्द्रित हो गई थीं।

उन सुन्दरियों ने जब भगवान् शंकर को देखा तो बरबस उनके मन में विचार उठा कि यदि पार्वती ने इनके लिए कठोर तप किया है तो उचित ही किया। क्योंकि शिवजी तो इतने सुन्दर हैं कि यदि कोई स्त्री इनकी दासी भी हो जाए तो वह भी स्वयं को धन्य समझे। और फिर जो आकर इनकी गोद में बैठ जाए उसके सौभाग्य का तो कहना ही क्या।

वे ललनायें सोच रही थीं कि शिव-पार्वती दोनों ही सुन्दरता में एक दूसरे से बढ़-चढ़कर हैं। यदि इस युगल का परस्पर विवाह न होता तो हम यही समझते कि ब्रह्माजी ने इन दोनों का रूप गढ़ने में जो परिश्रम किया था, वह सब व्यर्थ हो गया।

वे मन-ही-मन विचार करतीं कि कामदेव को उन्होंने क्यों भस्म किया होगा। उनका विचार था कि महादेवजी ने क्रोध कर कामदेव को भस्म नहीं किया अपितु कामदेव स्वयं उनके प्रति ईर्ष्या से जल मरा है।

वे परस्पर वार्तालाप करके कह रही थीं, 'सखी ! पर्वतेश्वर हिमालय बड़े ही भाग्यवान हैं। एक तो पृथ्वी को धारण करने से उनका सिर वैसे ही उन्नत था, उसके बाद अपने मनचाहे वर भगवान् शंकर से कन्या का विवाह कर लेने पर तो वह और भी उन्नत हो जाएगा।'

वर-यात्रा देखनेवाली ललनाएं इस प्रकार भांति-भांति की बातें कर रही थीं। उनकी इस प्रकार की मीठी बातें सुनते हुए महादेवजी विवाह-गृह पहुंच गए। वहां बहुत भीड़ एकत्रित थी कि कुमारियों ने आचार दिखलाने के लिए जो खीलें बिखेरीं वे लोगों के भुजबन्धों से रगड़कर चूर्ण बन गईं।

मण्डप के निकट पहुंचने पर विष्णु ने अपने हाथ का सहारा देकर महादेवजी को इस प्रकार बैल से उतारा मानो शरद के उजले बादलों से सूर्य को उतार रहे हों। वहां से वे हिमालय के भवन की उस ओर को गये जहां उनके बैठने की व्यवस्था की गयी थी और ब्रह्माजी जहां पहले ही पहुंचकर विराजमान थे।

उनके पीछे-पीछे इन्द्र आदि सभी देवता और लोकपाल, सप्तऋषिगण और अन्यान्य महर्षि तथा महादेवजी के सभी गण उस स्थान पर उसी प्रकार प्रविष्ठ हुए जिस प्रकार किसी काम के ठीक-ठीक प्रारंभ हो जाने पर उसके पीछे और भी बड़े-बड़े काम सध जाया करते हैं।

हिमालय ने महादेवजी को उनके योग्य आसन पर बैठाया और फिर रत्न, अर्घ्य, मधु, दधि तथा नये वस्त्र आदि भेंट किये तो मन्त्रोच्चार के साथ शिवजी ने उनको ग्रहण किया।

उसके बाद रेशमी वस्त्रधारी महादेवजी को लेने के लिए रनिवास के गण उनकी सेवा में उपस्थित हुए और उन्हें उसी प्रकार पार्वतीजी के पास ले गये जिस प्रकार चन्द्रमा की किरणें फेनवाले समुद्र के तट तक पहुंचा देती हैं।

जैसे शरद के आगमन पर लोग प्रसन्न हो जाते हैं, वैसे ही अत्यन्त चमकते हुए चन्द्रमा के समान मुखवाली पार्वती को देखकर शंकरजी के नेत्र-रूपी कुमुद खिल गये। उस समय शिवजी का मन भी जल के समान निर्मल हो गया।

पार्वतीजी और शंकरजी एक क्षण के लिए एक-दूसरे को देखते और फिर दोनों अपने नेत्र हटा लेते। इस प्रकार वे एक-दूसरे को चाह-भरी चितवन से देखते थे किन्तु उसी क्षण उनके हृदय में लज्जा का भास होता कि उनको इस प्रकार देखते पाकर अन्य जन क्या कहते होंगे?

उस समय पुरोहितजी ने आगे बढ़कर पार्वतीजी का हाथ पकड़कर शिवजी के हाथ में दे दिया। पार्वतीजी का वह लाल अंगुलियोंवाला हाथ ऐसा लग रहा था मानो डर से छिपे हुए कामदेव के अंकुर पहले-पहल निकल रहे हों।

शिवजी के हाथ का स्पर्श होते ही पार्वती को भी रोमांच हो आया। महादेवजी की अंगुलियों से तो पसीना टपकने लगा था। उस समय ऐसा जान पड़ता था, मानो उन दोनों का हाथ मिलाकर कामदेव ने दोनों को एक साथ ही अपने वश में कर लिया है।

जो पार्वती और शंकर संसार भर में विवाह के समय स्मरण किये जाने पर बहू और वरों की शोभा बढ़ाते हैं, उन्हीं पार्वती और शंकर का जब स्वयं ही विवाह हो रहा हो तो उस समय उनकी शोभा का कहना ही क्या !

ईंधन से जली हुई अग्नि का फेरा देते समय पार्वती और शंकरजी इस प्रकार शोभित हुए मानो रात और दिन दोनों मिलकर सुमेरु पर्वत का फेरा लगा रहे हों।

परस्पर हाथों का स्पर्श होने के कारण पार्वती और शंकर भगवान् दोनों आंखें मूंदकर उस सुखद आनन्द का अनुभव करते हुए अग्नि की प्रदक्षिणा कर रहे थे। इस प्रकार जब वे तीन बार अग्नि की प्रदक्षिणा कर चुके, तो पुरोहितजी ने अग्नि में धान के खीलों की आहुति डलवाई। पार्वतीजी ने पुरोहितजी के कहने पर उस खील के होम से उठे हुए सुगन्धित धूम्र को अपने हाथ की अंजलि में भर कर सूंघा। उस समय वह धुआं उनके गालों के समीप पहुंचकर क्षण भर के लिए तो उनके कानों का कर्णफूल ही बन गया।

हवन का ऊष्ण धूम्र जब पार्वतीजी के गाल का स्पर्श करने लगा तो इससे उनके कपोल लाल होने लगे, मुंह पर पसीने के कण झलकने लगे, आंखों का काला अंजन फैल गया तथा कानों पर के जव भी उससे धुंधले पड़ गये।

उस समय पुरोहितजी ने पार्वती से कहा, 'वत्से ! यह अग्नि तुम्हारे विवाह का साक्षी है। आज से तुम सब प्रकार की शंका छोड़कर शिवजी के साथ रहते हुए सदा धर्म का कार्य करना।'

पार्वतीजी की आंखें फैल गईं। उन्होंने पुरोहितजी की बात को उसी आदर भाव से ग्रहण किया जिस प्रकार कि गर्मी से तपी हुई भूमि वर्षा की पहली बूंद को ग्रहण करती है।

उसी समय शंकरजी ने पार्वती को कहा, 'ध्रुव की ओर देखो,' तो पार्वती ने किंचित लज्जावश कहा, 'जी हां, देख लिया है।'

इस प्रकार सब प्रकार के कर्मकांड में निपुण पुरोहितजी ने संसार के माता-पिता पार्वती और शंकर के विवाह की विधि पूर्ण की। उस समय उस मण्डप के समीप ही ब्रह्माजी कमल के आसन पर विराजमान थे। विवाह-कार्य सम्पन्न हो जाने पर दोनों ने उनको प्रणाम किया।

ब्रह्माजी ने पार्वती को आशीर्वाद देते हुए कहा, 'कल्याणी ! तुम वीर पुत्र की माता बनो।' पार्वती को तो उन्होंने आशीर्वाद दे दिया किन्तु वाणी के स्वामी होते हुए भी वे किसी प्रकार यह समझ नहीं पाये कि वे शंकर भगवान् को क्या आशीर्वाद दें।

ब्रह्माजी से आशीर्वाद ग्रहण कर उन दोनों को सुन्दर फूलों से सजाए चौक में लाया गया। इस अवसर पर विशेषतया निर्मित स्वर्ण के आसन पर उनको बैठाया गया। उस समय वहां पर उपस्थित लौकिक जनों पर गीले और पीले अक्षतों की वर्षा की गयी।

उस समय स्वयं लक्ष्मीजी पत्तों के कोरों पर लटकती हुई और मोती के समान चमकती हुई जल की बूंदों से भरी हुई लम्बी डंठलवाले कमल का छत्र उनके ऊपर तानकर खड़ी हो गई थीं।

उस समय सरस्वतीजी भी संस्कृत और प्राकृत में शिव और पार्वती की प्रशंसा करने लगीं। उन्होंने प्रशंसनीय वर की स्तुति की और सरलता से समझ में आनेवाली प्राकृत भाषा में उन्होंने वधू-रूपी पार्वती की प्रशंसा की।

उस समय शिव-पार्वती ने कुछ क्षण के लिए वह नाटक भी देखा जो मनो-विनोद के लिए यहां खेला जा रहा था। शृंगार आदि सभी रसों, सुन्दर हाव-भाव और पांचों संधियों से अलग-अलग भाषा-शैली से सजा हुआ नाटक देवलोक की अप्सराएं वहां पर खेल रही थीं।

जब नाटक समाप्त हुआ तो इन्द्र आदि देवता शंकर भगवान् के समीप आये और उन्होंने हाथ जोड़कर शिवजी से प्रार्थना की कि उनका विवाह सम्पन्न हो जाने से कामदेव को दिया हुआ उनका शाप समाप्त हो गया है, इसलिए यदि उनकी आज्ञा हो तो कामदेव पुनः जीवित हो उठे और पुनः उनकी सेवा में लग जाए।

भगवान् शंकर तो आशुतोष नाम से विख्यात हैं। वे प्रसन्न हो गये और कहने लगे, 'कामदेव से कह दो कि वह जीवित हो उठे और हम पर अपने बाणों से प्रहार करे।' किसी ने ठीक ही कहा है कि जो चतुर सेवक यह जानते हैं कि अपने स्वामी से कौन-सी बात कब कहनी चाहिए, तो वे स्वामी से जो भी प्रार्थना करते हैं वह अवश्य ही पूर्ण होती है।

विवाह सम्पन्न हो जाने पर और कामदेव के जीवित हो उठने पर भगवान् शंकर ने अपने सभी बारातियों को विदा किया। बारातियों के विदा होने पर पार्वतीजी को लेकर उस शयन-गृह में आ गये जहां सुकोमल सेज बिछी हुई थी, फूलों की मालायें सजी हुई थीं, वहीं पर सोने का एक कलश भरा हुआ रखा था।

अभी-अभी विवाह होने से लजीली, महादेवजी के हाथों से आंचल खींचे जाने पर अपना मुख छिपानेवाली और अपनी प्रिय सखियों की मीठी चुटकियों का किसी प्रकार उत्तर देनेवाली, पार्वती के आगे जाकर जब प्रमथ आदि गण अनेक प्रकार के मुख बनाने लगे तो पार्वतीजी भी मन-ही-मन खूब हंसीं।

अष्टम सर्ग

काम-क्रीड़ा

विवाह हो गया और शिवजी पार्वतीजी को लेकर अपने कक्ष में चले गये। पार्वतीजी यह तो चाहती थीं कि वे शिवजी से कभी दूर न रहें किन्तु स्त्री-सुलभ लज्जावश उनके निकट रहने में भी उनको संकोच-सा होता था। शिवजी पार्वती के इस प्रेम और झिझक भरे भाव और उनकी भंगिमा पर अत्यधिक अनुरक्त हो गए थे।

पार्वतीजी इतनी लज्जालु हो गई थीं कि शिवजी यदि उनसे कोई बात पूछते तो वे बोल नहीं पाती थीं, शिवजी यदि उनका आंचल थाम लेते तो वे उठकर भागने की चेष्टा करतीं। यहां तक कि शयन करते हुए भी वे मुंह फेरकर सोया करती थीं, किन्तु इन सब बातों से शिवजी के आनन्द में वृद्धि ही होती जा रही थी।

शिवजी भी कम नहीं थे। वे बहाना बनाकर आंखें बन्द कर लेते मानो सो रहे हों। तब पार्वतीजी उनकी ओर पलटकर एकटक उनको देखती रहती थीं, तभी शिवजी मुस्कुराते हुए आंखें खोल देते तो पार्वतीजी चट से इस प्रकार आंखें बंद कर लेतीं मानो बिजली कौंध गई हो।

जब कभी भी शिवजी अपना हाथ पार्वती की नाभि की ओर बढ़ाते तो वे झट से उनका हाथ थाम लेती थीं। तो भी न जाने यह सब कैसे होता था कि साड़ी की गांठ ढीली पड़कर खुल जाती थी।

पार्वती की सखियां उनको सिखाया करती थीं। वे उनको कहतीं कि डरें नहीं और जैसे-जैसे वे कहें उस प्रकार करें। किन्तु अकेले में जब पार्वतीजी शिवजी के समीप होतीं तो उनकी सिखाई सारी बातें वे भूल जातीं।

जब कभी बात-बात में शिवजी कुछ अटपटी-सी बातों का उनसे उत्तर मांगते तो पार्वतीजी लजा जातीं और उत्तर न दे पातीं। तदपि वे ऊपर देखकर और अपना सिर झुकाकर शिवजी को यह जता देतीं कि वे जो कुछ भी कहते हैं वह सब उनको स्वीकार है।

जब कभी शिवजी उनको अकेली पाकर उनके वस्त्र खींचकर उन्हें नंगा कर लेते तो पार्वती तुरन्त अपने दोनों हाथ शिवजी के नेत्रों पर रख देतीं जिससे वे देख न पावें। किन्तु शिवजी कहां पीछे रहनेवाले थे, वे तुरन्त अपना तीसरा नेत्र खोलकर सब कुछ देख लेते और पार्वतीजी विवश हो जातीं।

शिवजी जब उनका चुम्बन लेना चाहते तो वे अपना ओंठ आगे बढ़ाती नहीं थीं। और वे जब आलिंगन करना चाहते तो पार्वती अपने हाथ भी नहीं उठाया करती थीं। इस प्रकार अधूरे रस के साथ भी शिवजी ने उनके साथ जो सम्भोग किया उसमें उन्हें आनन्द ही प्राप्त होता रहा।

धीरे-धीरे पार्वतीजी की झिझक खुलने लगी तो चुम्बन करते समय महादेवजी ने उनको काटना बन्द कर दिया। यदि शिवजी उनके साथ धीरे-धीरे प्यार से सम्भोग करते तो

पार्वतीजी उनका साथ देतीं, किन्तु ज्यों ही शिवजी कुछ और आगे बढ़ते कि पार्वतीजी घबरा जातीं।

पार्वतीजी इतनी लजीली थीं कि दिन के समय जब उनकी सखियां रात की बातों की चर्चा करतीं तो लाख चाहने पर भी लज्जा के कारण वे कुछ भी नहीं बता पाती थीं।

जब पार्वती हाथ में दर्पण लेकर अपने को देखतीं तो उस समय रात्रि-सम्भोग के चिह्न देखकर प्रसन्न होतीं और उस समय यदि किसी प्रकार शिवजी वहां पहुंच जाते, उनका प्रतिबिम्ब दर्पण पर पड़ते ही वे इतनी लजा जातीं कि उस झेंप में न जाने वे क्या करने लगतीं।

मैना जब अपनी कन्या को देखतीं तो उनको स्पष्ट आभास मिलता कि शिवजी उनके यौवन का भरपूर उपभोग कर रहे हैं, इससे उनको प्रसन्नता होती। क्योंकि जब माता यह देख लेती है कि कन्या का पति उसको प्यार करता है तो उसको इससे बड़ी सान्त्वना मिलती है।

इस प्रकार विवाह के कुछ दिनों तक महादेवजी पार्वती के साथ सम्भोगरत रहे और जब धीरे-धीरे पार्वती को भी सम्भोग का रस मिलने लगा तो उनकी भी झिझक जाती रही। इस अवस्था में जब महादेवजी कसकर उनको अपनी छाती से चिपका लेते तो पार्वती भी उनको अपने दोनों हाथों से कस लेतीं। जब शिवजी उनके ओठ का चुम्बन करने लगते तो वे अपना मुख हटाती नहीं थीं और जब शंकरजी उनकी करधनी पकड़कर खींचते तो आधे मन से केवल दिखावे के लिए उनका हाथ रोकने का बहाना करती थीं।

थोड़े दिनों में ही उन दोनों को देखकर यह स्पष्ट अनुभव होता था कि अब उन दोनों में से किसी में भी झिझक नहीं है और दोनों परस्पर भली-भांति घुल-मिल गये हैं। उस समय ये दोनों एक-दूसरे की प्रशंसा करते हुए अघाते ही नहीं थे। न ही दोनों में से किसी को एक क्षण का भी वियोग सहन होता था।

जिस प्रकार समुद्र के पास जाकर और उसमें मिलकर गंगाजी फिर वहां से लौटने का नाम तक नहीं लेतीं और समुद्र भी उन्हीं के मुख का जल लेकर बराबर उनसे प्रेम किया करता है वैसे ही पार्वतीजी भी जैसे-जैसे अपने प्रियतम का मन बहलातीं वैसे-वैसे महादेवजी भी उनके मन की-सी बातें किया करते थे।

पार्वती ने अकेले में शंकरजी से जो काम-कला की शिक्षा ली थी उस कला के अनुसार उन्होंने महादेवजी के साथ नयी-नवेलियों की तरह चटक-मटक से भरा जो संभोग किया था मानो वही उस कला को सीखने की गुरु-दक्षिणा थी।

जब कभी महादेवजी पार्वतीजी का ओठ काट लेते तो वे पीड़ा से अपना हाथ झटकने लगतीं और फिर तत्काल महादेवजी के सिर पर बसे हुए चन्द्रमा पर ज्यों ही अपना ओठ रखतीं त्यों ही उन्हें ऐसी ठंडक मिलती की उनकी सब पीड़ा जाती रहती।

इसी प्रकार पार्वती के ओठों का चुम्बन लेते समय जब उनके केशों का चूर्ण झड़कर शिवजी के तीसरे नेत्र में पड़ता तो वह नेत्र दुखने लगता। तब उस समय खिले हुए कमल की गन्धवाली पार्वतीजी के मुंह की फूंक पाने के लिए वे अपना नेत्र उठाकर उनके मुख तक पहुंचा देते।

इस प्रकार यौवन का उपभोग करके शिवजी ने कामदेव पर बड़ी कृपा की। हिमालय के घर पर इस प्रकार उमा के साथ रति-क्रिया करते हुए उन्होंने एक मास बिता दिया।

एक मास बीत जाने पर शिवजी ने अपने श्वसुर हिमालय से वहां से जाने की अनुमति चाही। कन्या को अपने से अलग करने में हिमालय को दुःख तो बहुत हुआ किन्तु सांसारिक नियम तो यही है, उन्होंने उनको विदा किया। इस प्रकार वहां से चलकर शिवजी अपने नन्दी पर सवार होकर जहां-तहां घूमते हुए विहार करने लगे।

पवन के समान वेग से चलने पर उस बैल पर आरूढ़ होकर और आगे पार्वती को बैठाकर उनके स्तन पकड़े हुए वे मेरु पर्वत पर जा पहुंचे। एक रात उन्होंने उसी पर्वत पर व्यतीत की और वहां सुनहरे पत्तों से बिछी हुई शय्या पर सम्भोग किया।

इस प्रकार पार्वतीजी के मुख कमल का रसपान करनेवाले महादेवजी वहां से चलकर मंदराचल के उस ढाल पर पहुंचे जहां के चट्टानों पर विष्णु के चरणों की छाप और समुद्र-मंथन के समय उड़े हुए अमृत की बूंदों के छींटे पड़े हुए थे।

मंदराचल से चलकर वे राजधानी कैलास पर पहुंच गए। वहां रावण की ललकार सुनकर पार्वतीजी ऐसी डरीं कि अपनी कोमल भुजायें शिवजी के गले में डालकर उनसे लिपट गईं। वहां रहकर उन्होंने उजली चांदनी का भरपूर आनन्द प्राप्त किया।

कैलास से निकलकर घूमते-घामते वे मलय पर्वत पर पहुंच गये, जहां चन्दन की कोमल शाखाओं को हिलानेवाला और लौंग के फूलों की केसर उड़ानेवाला दक्षिण का वायु सम्भोग से थकी हुई पार्वतीजी की थकावट को उसी प्रकार दूर कर रहा था जैसे कोई मीठी-मीठी बातें करके किसी थके हुए का मन बहला रहा हो।

कभी पार्वतीजी उस आकाश-गंगा में जल-विहार करने लगतीं जहां उनकी कमर के चारों ओर खेलनेवाली मछलियां ऐसी लगती थीं मानो उन्होंने दूसरी करधनी पहन ली हो। वहां वे सोने के कमल तोड़-तोड़कर उनसे महादेवजी को मारतीं और महादेवजी भी उन पर ऐसा पानी उछालते कि उससे पार्वतीजी की आंखें बन्द हो जातीं।

मलय से चलकर वे नन्दन कानन में पहुंच गये। वहां खिले पारिजात के फूलों से वे बहुत दिनों तक पार्वतीजी का शृंगार करते रहे। इन्हीं पारिजात के फूलों से इन्द्राणी के केश सजाये जाते हैं। वहां की अप्सराएं महादेवजी की केश-कला को बड़े चाव से देखा करती थीं।

इस प्रकार अपनी प्राणप्रिया के साथ सांसारिक और स्वर्गीय—दोनों प्रकार के सुखों का उपभोग करते हुए वे एक दिन नन्दन कानन से गन्ध मादन पर्वत पर जा विराजे। उस समय सन्ध्या निकट थी इससे सूर्य का रंग लाल-लाल दिखाई दे रहा था।

गन्धमादन पर्वत पर जाकर शिवजी सोने की एक चट्टान पर बैठ गये। उस समय तक सूर्य का तेज इतना क्षीण हो गया था कि उसकी ओर भली प्रकार देखा जा सकता था। उस मनोरम दृश्य को देखकर अपनी बाईं भुजा के आश्रय बैठी अपनी प्राण-प्रिया से महादेवजी ने कहा—

'इस सूर्य को देखो। यह ऐसा दिखाई पड़ रहा है मानो तुम्हारी तिहाई लाल आंखों के समान सुन्दर कमलों की शोभा को लजाकर उसी प्रकार दिन को समेट रहा है जैसे प्रलय के समय ब्रह्माजी सारे संसार को समेट लेते हैं।

ज्यों-ज्यों दिन ढलता जाता है, त्यों-त्यों सूर्य की किरण हिमालय के झरनों की फुहारों से हटती जाती हैं और उनके हटते ही उन फुहारों में बने हुए इन्द्रधनुष भी छिप्ते जा रहे हैं।

फूले हुए कमलों की केसर अपनी चोंच में उठाते हुए ये चकवा-चकवी एक-दूसरे के कण्ठ से अलग होकर चिल्लाने लगे हैं और तालाब का छोटा-सा पाट भी इनके लिए बहुत बड़ा हो गया है।

सल्लकी के वृक्षों के टूटने से जहां गन्ध फैल गई है, और जहां दिन में हाथी रहा करते थे उन स्थानों को अगले दिन तक के लिए छोड़कर ये हाथी उस सरोवर की ओर बढ़े जा रहे हैं जहां कमलों में इस समय भौंरे बन्द पड़े हैं।

हे मधुरभाषिणी ! देखो, पश्चिम में लटके हुए सूर्य ने अपनी परछाईं से सरोवर के जल में एक सुनहरा पुल-सा बना डाला है।

तालों को मथकर उनके गाढ़े कीचड़ में लोट-लोटकर दिन भर की गर्मी बितानेवाले ये जो बड़े-बड़े दांतवाले लम्बे-चौड़े जंगली सूकर निकलकर आ रहे हैं, इनके दांत ऐसे दिखाई देते हैं मानो इनके जबड़ों में खाये हुए कमल की डंठलें अटकी हुई हों।

सामने वृक्ष की टहनी पर बैठे मोर की पूंछ में बसी हुई गोल-गोल और स्वर्ण के समान चमकीली चन्द्रिकाओं को देखने से ऐसा लगता है मानो यह बैठा हुआ सांझ की सारी धूप पिये डाल रहा हो और उसी से दिन ढलता जा रहा हो।

सूर्य ने आकाश से धूप का पानी खींच लिया है इसलिए इस समय आकाश उस सरोवर के समान दिखाई दे रहा है जिसमें पूर्व की ओर अंधेरा बढ़ जाने से ऐसा लग रहा है कि उसमें कीचड़ बच गया है और पश्चिम में कुछ-कुछ उजला रहने से ऐसा लग रहा है कि उसमें अभी थोड़ा-थोड़ा पानी बचा रह गया है।

पर्ण कुटियों के आंगन में आते हुए हरिणों से, सींचे हुए जड़वाले हरे-हरे पौधों से, लौटकर आती हुई सुन्दर दुधारी गौओं से तथा हवन की प्रज्वलित अग्नि से ये आश्रम कितने सुहावने लग रहे हैं।

सन्ध्या होने के कारण ये कमल अब मुंद रहे हैं, फिर भी पल भर के लिए ये अपना मुख थोड़ा-सा इसलिए खुला रखे हुए हैं कि जो भौंरे बाहर रह गये हों उन्हें हम प्रेम से भीतर बसा लें।

प्रिये ! बहुत दूर गरमी पी जानेवाले और सहस्रों के झुंड में रहनेवाले बालखिल्य आदि इस समय सूर्य के रथ के घोड़ों को भला लगनेवाला सामवेद का गान करके उस सूर्य की स्तुति कर रहे हैं जिन्होंने अपना तेज इस समय अग्नि को समर्पित कर दिया है।

दिनों को समुद्र में डुबोकर और अपने उन घोड़ों को लिये हुए सूर्य अस्ताचल की ओर जा रहे हैं। जिनके सिर नीचे की ओर उतरने के कारण झुके हुए हैं, जिनके कानों की चौरियां

रह-रहकर आंखों पर झूल जाती हैं और जिनके केश कन्धे पर रखे हुए जूए से लगकर छितरा गए हैं।

सूर्य के अस्त होते ही सारा आकाश सोया हुआ-सा जान पड़ रहा है। देखो, तेजस्वियों की ऐसी बात होती है कि वे जहां निकलते हैं वहां उजाला हो जाता है और जहां वे छिपते हैं वहां अन्धकार छा जाता है।

जब पूजनीय सूर्य अस्ताचल को चले तो सन्ध्या भी उनके पीछे चल दी, क्योंकि प्रातःकाल उदय के समय वह सूर्य के आगे-आगे चल रही थी। वह विपत्ति के समय भला सूर्य का साथ किस प्रकार छोड़ सकती थी।

अयि घुंघराले केशों वाली ! ये सामने लाल, पीले, भूरे बादल के टुकड़े फैले हुए ऐसे लग रहे हैं मानो सन्ध्या ने उन्हें यह समझकर तूलिका से रंग दिया हो कि तुम उन्हें देखोगी।

हिमालय के सिंहों के लाल-लाल केसरों के नये-नये पत्तों से लदे हुए वृक्षों को और रंगीन धातुवाली हिमालय की चोटियों को देखने से ऐसा जान पड़ रहा है मानो अस्त होते हुए सूर्य ने अपनी लाल धूप इन सबको बांट दी है।

हे हिमालय-पुत्री ! सब प्रकार की क्रियाओं से परिचित ये तपस्वी पवित्र जल से सन्ध्या समय तक सूर्य को अर्घ्य देकर, अपनी आत्म-शुद्धि के लिए बड़ी श्रद्धा के साथ रहस्यपूर्ण गायत्री मंत्र का जाप कर रहे हैं।

देखो, अब सन्ध्या हो चली है, इसलिए इस समय अब कुछ काल के लिए तुम भी मुझको मुक्त कर दो, जिससे कि मैं भी सन्ध्या-वन्दन कर लूं। उतनी देर तक तुम अपनी उन सखियों के साथ आनन्द करो जो तुम्हारा मन बहलाने के लिए सदा लालायित रहती हैं।'

महादेवजी ने यह कहा तो पार्वतीजी ने जैसे सुना ही नहीं और उनको देखकर अपना ओठ बिचका दिया। यही नहीं, अपने समीप बैठी हुई अपनी सखी विजया से वे इधर-उधर की बातें करने लगीं।

किन्तु महादेवजी कब रुकनेवाले थे। वे सन्ध्या करने चल दिए और जब मन्त्रों के साथ अपनी सन्ध्या पूरी करके वे लौटकर पार्वतीजी के समीप पहुंचे तो देखा कि वे तो रुठी हुई-सी, चुप्पी साधे बैठी हुई हैं। तब महादेवजी ने मुस्कुराकर कहा—

'व्यर्थ का क्रोध करनेवाली भामिनी ! अब अपना यह क्रोध त्यागो। मैं कहीं अन्यत्र नहीं, केवल सन्ध्या-वन्दन के लिए ही तो गया था। मैं तो सदा तुम्हारे साथ रहकर ही धर्म का कार्य करता रहा हूं, तब भी क्या तुम मुझे उस चकवे जैसा प्रेमी भी नहीं समझतीं !

देखो, जब ब्रह्माजी ने पितरों की रचना की तो उस समय उन्होंने अपनी भी एक छोटी-सी मूर्ति बना ली थी। उनकी वही मूर्ति सूर्यास्त और सूर्योदय के समय सन्ध्या के रूप में पूजी जाती है। यही कारण है कि मैं भी इस सन्ध्या का इतना आदर करता हूं।

हे पार्वती ! एक ओर से बढ़े हुए अन्धकार से घिरी हुई सन्ध्या इस समय ऐसी जान पड़ रही है मानो बहते हुए गेरू की धारा के एक किनारे पर तमाल के वृक्ष छाये हुए हों और दूसरी ओर अस्त होने से बचे हुए सन्ध्या के प्रकाश की लाल रेखा पश्चिम में ऐसी दिखाई पड़ रही है मानो युद्धभूमि में टेढ़ी चलाई हुई लहूभरी करवाल हो।

हे दीर्घनयने ! सूर्यास्त हो जाने पर रात और दिन का मेल करनेवाली संध्या को सब प्रकार सुमेरू पर्वत के मध्य में पा जाने से जाता रहा है और यह घोर अन्धकार अब मनमाने ढंग से चारों ओर फैलता जा रहा है।

इस प्रकार अन्धकार फैल जाने से इस समय न तो ऊपर कुछ दिखाई पड़ रहा है और न नीचे ही, न आस-पास, न आगे-पीछे। इस रात के समय यह सारा संसार इस प्रकार अंधकार में घिर गया है जिस प्रकार गर्भ की झिल्ली में पड़ा हुआ बालक हो।

इस समय अंधेरे में उजले और मैले, खड़े और चलते, सीधे और टेढ़े–सब एक समान हो गए हैं। जहां भले-बुरे–सब एक साथ ही उतारे जाते हों, ऐसे राज को धिक्कार है।

हे कमलमुखी ! पूर्व दिशा का अगला भाग कुछ-कुछ ऐसा उजला दिखाई पड़ रहा है मानो केतकी के फूल का पराग उधर फैला हुआ हो। इससे यह निश्चय जान पड़ रहा है कि रात का अंधकार मिटाने के लिए चन्द्रमा निकले चले आ रहे हैं।

यद्यपि अभी चन्द्रोदय नहीं हुआ है तदपि आकाश में तारागण निकल आये हैं। इसलिए इस समय मन्दराचल के पीछे छिपे हुए चंद्रमा इस तारों भरी रात में ठीक ऐसे लगते हैं जैसे मैं तुम्हारे पीछे आकर तुम लोगों की बात उस समय सुनता हूं जब तुम अपनी सखियों के साथ बैठकर बातें करती हो।

जो चन्द्रमा दिन भर दिखाई नहीं देता था, वह इस समय निकला हुआ ऐसा लगता है मानो रात के कहने से यह चांदनी के रूप में मुस्कुराता हुआ पूर्व दिशा के सब भेद खोले दे रहा हो।

यह उदीयमान चन्द्रमा इस समय पके हुए प्रियंगु के फल के समान लाल-लाल दिखाई पड़ रहा है। इस समय आकाश का चन्द्रमा और ताल के पानी में पड़ी हुई चन्द्रमा की परछाईं, दोनों ऐसे लगते हैं मानो रात होने से चकवी-चकवे का जोड़ा दूर-दूर जा पड़ा हो।

चन्द्रमा की निखरती हुई नयी किरणें नये और कोमल जौ के अंकुरों के समान ही कोमल हैं। यदि तुम चाहो तो अपने कर्णफूल बनाने के लिए उन्हें अपने नखों की नोक से तोड़ सकती हो।

इस समय कमल मुंद गए हैं और चांदनी फैल जाने से अंधेरा मिट गया है। इसलिए इस समय चन्द्रमा ऐसा लग रहा है मानो वह अपनी किरण-रूपी अंगुलियों से रात-रूपी नायिका के मुख पर फैले हुए अंधकार-रूपी बालों को हटाकर उसका मुख चूम रहा हो और रात भी उस चुम्बन का आनन्द लेने के लिए अपने कमल-रूपी नेत्रों को मूंदे बैठी हो।

पार्वती ! देखो, उठे हुए चन्द्रमा की किरणों से घना अंधेरा मिट जाने पर आकाश ऐसा जान पड़ रहा है मानो हाथियों की जल-क्रीड़ा से गंदला मानसरोवर भी निर्मल हो गया हो।

चन्द्रमा के मंडल ने अब लालिमा को छोड़ दिया है और अब धीरे-धीरे प्रकाशमान होने लगा है। कहा भी है कि जो निर्मल स्वभाव के होते हैं, यदि उनमें समय के चक्र से कभी, किसी प्रकार कोई दोष आ भी जाए तो वह अधिक समय तक टिकता नहीं है।

पर्वतों के शिखरों पर प्रकाश फैल गया है, किन्तु अभी घाटियों और खड्डों में अंधेरा ही है। ब्रह्मा ने गुण और दोष की कुछ चाल ही ऐसी बनाई है कि गुण तो ऊंचे पर रहता है, दोष नीचे चला जाता है।

चन्द्रमा की किरण पड़ने के कारण इस पर्वत के चन्द्रकांत मणि की चट्टानों से जल की बूंदें टपक रही हैं। इसलिए पर्वत की ढाल पर वृक्षों की छाया में सोये हुए मोर इन बूंदों को वर्षा की बूंदें समझकर बिना वर्षा के ही जाग उठे हैं।

हे सुन्दरी ! इस समय कल्पवृक्ष की फुनगियों पर चमकती हुई किरणों को देखकर ऐसा जान पड़ रहा है, मानो चन्द्रमा अपनी किरणों से कल्पवृक्षों में चन्द्रहार बनाने आ पहुंचा हो।

पहाड़ के ऊंचे-नीचे होने से कहीं तो चांदनी पड़ रही है और कहीं अंधेरा है। इसलिए यह ऐसा दिखाई पड़ रहा है मानो किसी मतवाले हाथी पर भांति-भांति की चित्रकारी कर दी गई हो।

भौरों की गूंज से भरा हुआ यह जो कुमुद इस समय खिलने लगा है, वह ऐसा लग रहा है मानो सांस ले-लेकर उसने जो भरपेट चांदनी का पान कर लिया है उसे यह पचा नहीं पाया और इसलिए इसका पेट फट गया है। उसकी पीड़ा से यह कराह रहा हो।

हे चण्डिके ! कल्पवृक्ष में लटके हुए कपड़ों और चन्द्रमा की किरणों के एक-से होने के कारण उनमें धोखा हो जाता है। किन्तु जब वायु चलती है तो उसमें कपड़े हिलने लगते हैं उस समय यह भ्रम दूर हो जाता है।

पत्तों के बीच से छनकर धरती के बीच पर पड़नेवाली चांदनी ऐसी सुन्दर और सुहावनी दिखाई दे रही है, जैसे पेड़ों से झड़े हुए फूल हों, इसलिए यदि तुम चाहो तो फूलों के समान दिखाई पड़नेवाले इन चांदनी के फूलों से ही तुम्हारे केश गूंथ दिए जाएं।

जैसे नयी-नयी बहू पहली बार सम्भोग के डर से कांपती अपने पति के पास जाती है, वैसे ही हे सुन्दरी ! ये टिमटिमाती हुए ताराएं भी कांपती हुई चन्द्रमा के पास आ रही हैं।

तुम जो चन्द्रमा की ओर टकटकी लगाकर देख रही हो तो पके हुए सरकंडे के समान गोरे-गोरे और अपनी स्वाभाविक प्रसन्नता से खिले हुए तुम्हारे गाल ऐसे लग रहे हैं मानो उन पर चांदनी चढ़ती आ रही हो।

तुमको यहां बैठी हुई देखकर गन्धमादन की यह वनदेवी लाल सूर्यकान्त मणि के प्याले में कल्पवृक्ष की मदिरा लिये हुए, तुम्हारा स्वागत-सत्कार कराने के लिए स्वयं ही यहां चली आ रही है।

तुम्हारी मतवाली आंखें तो स्वाभाविक ही लाल-लाल हैं इसलिए यदि तुम इस मदिरा को पी भी लोगी तो उससे कोई विशेष अन्तर इन पर होनेवाला नहीं है।

वैसे भी सखियों का आग्रह तो कभी टालना भी नहीं चाहिए। अतः उचित यही है कि इस कामोद्दीपन मदिरा को तुम पी डालो।'

इस प्रकार की लुभावनी बात कहकर भगवान् शंकर ने बड़ी उदारता से स्वयं ही मदिरा पार्वतीजी को पिला दी।

जिस प्रकार वसन्त ऋतु में विधि की कृपा से आम का वृक्ष अधिक सुगन्धित बनकर सहकार बन जाता है, उसी प्रकार मदिरा पीने से पार्वतीजी का रूप कुछ ऐसा हो गया कि उनकी वह स्वाभाविक सुन्दरता और भी अधिक बढ़ गई।

मदिरा पीने से सुन्दर मुखवाली पार्वती जी ऐसी मद में चूर होकर शंकरजी की गोद में गिरीं कि उनकी लाज जाती रही और उनका काम-वेग बढ़ गया। तब वे उसी दशा में शयनागार में पहुंचा दी गईं।

उस समय पार्वतीजी की आंखें इतनी चंचल थीं मानो नर्तन कर रही हों, मद के कारण उनका स्वर भी खंडित हो गया था, चेहरे पर पसीने की बूंदें झलक रही थीं और बिना बात के ही वे हंस-हंस पड़ती थीं। पार्वतीजी के ऐसे उस मुख को भगवान् शंकर ने अपने मुख से उस समय चूमा नहीं अपितु बहुत देर तक अपलक अपनी आंखों से ही वे उस सुन्दरता का पान करते रहे।

सोने की करधनी लटकाकर अपने भारी नितम्बों के बोझ से मध्यम गति से चलनेवाली पार्वती को लिए हुए भगवान् शिव मणिशिला के बने हुए उस सुनसान गृह में पहुंच गये, जहां सुख की सभी सामग्रियां उनके सोचने मात्र से उत्पन्न हो गई थीं।

जैसे रोहिणी के पति चन्द्रमा उजले बादलों में विश्राम करते-से जान पड़ते हैं वैसे ही उस शयनागार में हंस के समान उजली चादरवाले और गंगा तीर के समान मनोहर दिखाई देनेवाले पलंग पर अपनी प्रियतमा के साथ भगवान् शंकर जी लेट गये।

दोनों एक-दूसरे को पराजित करने पर आज तुले हुए थे, इसलिए उमा और शंकर ने उस रात्रि को ऐसा सम्भोग किया कि दोनों के केश छितरा गये, चन्दन पुंछ गया, नख-चिह्न भी इधर के उधर हो गये और पार्वतीजी की करधनी भी टूट गई। तदपि पार्वतीजी के साथ सम्भोग करते हुए भगवान् शंकर का मन तृप्त नहीं हुआ।

किन्तु रात के अन्तिम प्रहर में जब तारे छिपने लगे तब केवल अपनी प्रियतमा पर दया करके शंकरजी ने उमा के हाथ में बंधे-बंधे ही सोने के लिए अपनी आंखें मूंद लीं।

और जब प्रातःकाल होने पर सुनहले कमल खिलने लगे तथा वीणाधारी गन्धर्व गण आलाप भरते हुए शंकरजी का मंगल-गान करने लगे, उस उषाकाल में देवताओं के पूज्य शिवजी जाग उठे।

उस समय गन्धमादन का पवन मन्द-मन्द बहता हुआ मानसरोवर में लहरियां उठाता हुआ बह रहा था। उस पवन को छू जाने से ही मानो कमल खिलते जा रहे थे। उस वायु का उन दोनों ने बड़ी देर तक आनन्द लिया।

वायु के झोंके से कपड़ा हट जाने से पार्वती की नग्न जंघाओं पर नखों के चिह्न की जो पंक्ति-सी दिखाई दे रही थी, भगवान् शंकर उसे एकटक होकर निहार रहे थे और जब अपने उघड़े हुए कपड़ों को पार्वतीजी ठीक करने लगीं तो शिवजी ने उनका हाथ रोक लिया।

रात भर जागते रहने के कारण पार्वतीजी की आंखें लाल हो रही थीं। उनके ओठों पर शिवजी के दांतों के चिह्न भरे पड़े थे, उनके सुन्दर केश इधर-उधर बिखर गये थे और उनका तिलक पुंछ गया था। अपनी प्रियतमा के ऐसे मुख को देखकर प्रेमी भगवान् शंकर उन पर मुग्ध हो गये थे।

जिस पलंग पर उनलोगों ने शयन किया था, उसकी चादर सिमट गई थी और उसमें सलवटें पड़ गई थीं। पार्वतीजी की बिना डोरीवाली करधनी उस पर पड़ी हुई थी। उस चादर पर कहीं-कहीं पांव के महावर की छाप भी लग गई थी। वह पलंग महादेवजी को ऐसा प्रिय हो गया था कि दिन निकल आने पर भी उन्होंने उसे छोड़ने का नाम नहीं लिया।

अपनी प्रियतमा के सुख को बढ़ानेवाले ओठों के रस का दिन-रात पान करने की इच्छा करनेवाले शिवजी की यह दशा हो गई थी कि यदि कोई उनके दर्शन के लिए आता तो अपनी दासी विजया से उसकी सूचना पाने पर भी दर्शन देने के लिए बाहर नहीं निकलना चाहते थे।

इस प्रकार पार्वती के साथ बार-बार दिन-रात सम्भोग करते हुए महादेवजी ने सैकड़ों वर्ष इस प्रकार बिता दिये कि मानो केवल एक रात ही बिताई हो। तदपि भगवान् शंकर को इतने सम्भोग से भी उसी प्रकार तृप्ति नहीं हुई जिस प्रकार समुद्र के जल में रहने पर भी बड़वानल की प्यास नहीं बुझती।

नवम सर्ग

कैलाश-गमन

भगवान् शंकर जिन दिनों जिस भवन में रहते हुए भौरे के समान पार्वती के मुख-कमल का रसपान कर रहे थे, उन्हीं दिनों एक बार भीतर जाने पर उन्होंने देखा कि एक कपोत वहां आ गया है।

वह कपोत उसी स्वर में मीठा-मीठा बोल रहा था जिस स्वर में संभोग के समय कान्तायें बोला करती हैं। सुन्दरियों की ही भांति उसकी लाल-लाल आंखें भी इधर-उधर नाच रही थीं। बोलते हुए कभी उसका कंठ-स्वर ऊंचा हो जाता और कभी नीचा, इसी प्रकार अपनी गर्दन को भी कभी वह उठा लेता और कभी नीची कर लेता। वह बार-बार अपनी पूंछ को भी सिकोड़ रहा था।

चन्द्रमा के समान धवल वर्ण का वह कपोत अपने पंजे समेटकर दोनों पंखों को खोलकर मस्ती का आनन्द ले रहा था और वह इधर-उधर उड़ता जाता था।

कपोत की इस लीला को देखकर शिवजी को बड़ी प्रसन्नता हुई। उस समय उनको वह ऐसा दिखाई देता था कि मानो वह उस अमृत कुंड की नयी फेन हो जिसमें कामदेव ने रति के साथ डुबकी लगाकर स्नान किया हो।

किन्तु गौर से देखने पर जब भगवान् शंकर ने उसके रंग-ढंग कुछ और प्रकार के देखे तो उनका माथा ठनका। उन्होंने ध्यानमग्न होकर जब देखा तो पता चला कि अग्नि इस कपट वेश में यहां आया है। यह जानते ही भगवान् शंकर को क्रोध आ गया और उनकी भवें तन गईं।

कपोत रूपी अग्नि ने जब यह देखा तो वह डर गया और अपने वास्तविक रूप में प्रकट होकर दोनों हाथ जोड़ते हुए शिवजी के सम्मुख विनम्र शब्दों में अपने उस प्रकार आने का कारण बंखान करने लगा।

वह कहने लगा, 'हे प्रभो ! संसार के आप ही तो एक स्वामी हैं, आप ही स्वर्ग में निवास करनेवाले देवताओं की विपत्ति मिटानेवाले हैं। यही कारण है इन्द्र आदि देवता जब दैत्यों से पराजित हो जाते हैं तो उस समय वे आपकी ही शरण में आते हैं।

आपने अपनी प्रिया के प्रेम में सौ वर्ष सम्भोग करते हुए बिता दिये हैं। आप यहां अकेले में ऐसे रहने लगे हैं, आपके दर्शन न कर पाने से इन्द्र आदि देवगण बड़े चिन्तित रहने लगे हैं।

इन्द्र आदि सभी देवता आपके दर्शनों के लिए लालायित हैं, वे आपकी प्रतीक्षा कर रहे हैं। उनकी इच्छानुसार ही मैं आपकी खोज में इधर आया था। मैंने यही अनुमान लगाकर पक्षी का रूप धारण कर लिया था कि कदाचित आप इस समय सम्भोगरत न हों।

प्रभो ! आप मेरा यह अपराध क्षमा करें। अब आप ही विचार करिए कि शत्रुओं से हारकर और अपमानित होकर आपकी शरण में आये हुए देवता लोग भला कितने दिनों तक इस प्रकार हताश होकर बैठे रह सकते हैं।

प्रभो ! आप प्रसन्न होइए और शीघ्र ही अपने ओज और वीर्य से एक ऐसा पुत्र उत्पन्न कीजिए, जिसे सेनापति बनाकर इन्द्र भगवान् पुनः आपकी कृपा से स्वर्ग लोक के अधिपति बनकर तीनों लोकों का पालन करें।'

अग्नि की इस प्रकार की समुचित बातों को सुनकर भगवान् शंकर का क्रोध शान्त हुआ। क्योंकि जिनको बात करने का ढंग आता है वे अपनी बातों से अपने स्वामियों को प्रसन्न कर ही लेते हैं।

उस समय कामदेव को भस्म करनेवाले प्रसन्नचित्त शंकरजी ने ऐसा पुत्र उत्पन्न करने का विचार किया जो तारक राक्षस को पराजित कर सके और सेनापति बनकर इन्द्र को विजयी बना सके।

भगवान् शंकर में वह शक्ति थी कि वे अपनी वीर्य को ऊपर खींच सकें—वह अचूक वीर्य जो प्रलय की आग के समान किसी से भी न सहा जा सके। ऐसा वह वीर्य सम्भोग के अन्त में निकल गया और उसे भगवान शंकर ने अग्नि को दे दिया।

उस वीर्य को लेते ही अग्नि का शरीर, जो एकदम उज्ज्वल था सहसा धुंधला पड़ गया। वह ऐसा दिखने लगा जैसे मुंह की भाप से दर्पण धुंधला पड़ जाता है।

उधर सम्भोग-सुख में इस प्रकार बाधा पड़ जाने पर पार्वतीजी को भी क्रोध आ गया। उस समय उन्होंने अग्नि को शाप दिया, 'जाओ, आज से तुम पवित्र और अपवित्र सभी वस्तुओं के खानेवाले बनो तथा संसार की सब वस्तुओं को भस्म करने का भयानक काम करो, कोढ़ी हो जाओ, और सदा धुएं से भरे रहो।'

महादेवजी का वीर्य ले लेने से अग्नि का रूप ऐसा बिगड़ गया कि जैसे दक्ष के शाप

से क्षयरोगवाले इन्द्र का रूप या पाले से मारे हुए कमल के कोश का रूप। वही रूप लेकर अग्नि देवता वहां से बाहर निकल आये।

अग्नि ने अचानक सम्भोग के समय ही उनको देख लिया था, इसलिए पार्वतीजी क्रोध के वशीभूत विवेक खो बैठी थीं। कामोद्वेग और लाज के कारण अपनी झेंप मुस्कुराहट में छिपाती हुई और नीचे मुख किए क्रुद्ध बैठी हुई पार्वती को भगवान् शंकर अपने प्रेमपूर्ण वचनों से बहलाने का यत्न करने लगे।

घने पसीने की बूंदों के कारण पार्वतीजी के आंख का अंजन उनके मुख पर इधर-उधर फैल गया था। भगवान् की प्राणप्रिया के मुख-अंजन के वे चिह्न ऐसे दिखाई दे रहे थे मानो वे चन्द्रमा के कलंक हों। महादेवजी ने वह फैला हुआ आंजन अपने कन्धे के कोपीन से पोंछ डाला।

अपनी गीली अंगुलियोंवाले हाथों को पंखे के समान झलकर शिवजी ने धीरे-धीरे पार्वती के मुख-कमल का सब पसीना-सुखा दिया।

सम्भोग के समय जूड़ा खुल जाने से पार्वतीजी के बाल कन्धों पर फैल गये थे और जूड़े में लगे हुए फूल भी बिखर गये थे। उस जूड़े को महादेवजी ने पुनः पारिजात के फूलों की माला से बांध दिया।

चन्द्र के समान मुखवाले शंकरजी ने सुन्दर मुखवाली पार्वतीजी के गाल कस्तूरी के लेप से चीत दिए। उसे देखकर यह जान पड़ा मानो वह चित्रकारी भी सिद्ध कामदेव के हाथों से लिखे हुए वे मन्त्र हों जिनसे वह संसार को वश में कर लिया करता है।

शंकरजी ने पार्वती के दोनों कानों में दो गोल कर्णफूल पहना दिए। उनसे पार्वतीजी का मुख इतना सुन्दर दिखाई पड़ने लगा मानो वह कामदेव का ऐसा रथ हो जिस पर बैठकर वह तीनों लोकों को ज़ीतने निकला हो और वे दोनों कर्णफूल उस रथ के दो चक्र हों।

उन्होंने पार्वतीजी के गले में मोतियों का जो हार पहनाया, वह, उनके स्तनों की घुंडियों को छूकर छाती पर लटका हुआ ऐसा जान पड़ता था मानो दो सुमेरु पर्वतों की चोटियों से गंगाजी की दो धाराएं गिर रही हों।

शंकरजी ने पार्वतीजी के उन नितम्बों पर, जिन पर, उनके हाथों से बने हुए नखों के चिह्न चमक रहे थे, करधनी पहना दी। उस समय वह करधनी ऐसी लगती थी मानो कामदेव ने अपने चंचल चित्त रूपी मृग को बांधने के लिए फांस लगा दी हो।

उन्होंने अपने ललाट में जलनेवाले नेत्र से स्वयं आंजन निकालकर नये कमल जैसी आंखोंवाली पार्वतीजी के नयनों में काजल लगा दिया और फिर अपनी अंगुली में बचा आंजन पोंछने के लिए उसे अपने नीले कंठ से रगड़ लिया।

उस समय उस कमल-नयनी पार्वतीजी के चरण-कमलों के पंजों में उन्होंने महावर लगाकर अपने सिर पर बहती हुई गंगा की धारा में अपने हाथ का रंग धो डाला।

यह सब करने के उपरान्त प्रसन्न होकर उन्होंने अपने भस्म रमे हुए शरीर पर दर्पण रगड़कर पोंछा और फिर अपनी प्रिया को शृंगार की सजावट दिखाने के लिए वह दर्पण उनके आगे कर दिया।

शंकरजी के हाथ से दिखाये हुए उस दर्पण में अपने शरीर पर बने हुए सम्भोग के चिह्न देखने से पार्वती को लाज के कारण जो रोमांच हुआ उसी से उन्होंने जता दिया कि वे शंकरजी से कितना प्रेम करती हैं।

अपने प्रिय पति के हाथ से किये गये शृंगार की शोभा जब उन्होंने दर्पण में देखी तो वे मुस्कुरा दीं। उनका सारा क्रोध जाता रहा और वे ऐसी प्रसन्न हुईं कि संसार की सब सौभाग्यवती स्त्रियों में स्वयं को सबसे बढ़कर समझने लगीं।

उस समय उनकी सखियां, जया और विजया उचित अवसर जानकर भीतर आयीं और शंकरजी की गोद में बैठी हुई पार्वती का शृंगार करने लगीं।

उसी समय भगवान शंकर को प्रसन्न करने के लिए चारणों ने उनके सुन्दर चरित्र के मनोहर गीत गाने आरम्भ कर दिये और गन्धर्वगण भी शंख बजाकर गाने लगे।

महादेवजी की सेवा करने का अवसर जानकर नन्दी भी उस समय भीतर आ गया और शंकरजी के सम्मुख प्रार्थना करने लगा कि बाहर उनके दर्शनों के लिए देवता लोग खड़े हैं।

भगवान् शंकर ने जब यह सुना तो वे उठे और अपनी प्रिया पार्वती के हाथ में हाथ डाले देवताओं से मिलने के लिए अपने सम्भोग-गृह से बाहर निकल आये।

आते ही इन्द्र आदि देवताओं ने धीरे-धीरे क्रमशः शिवजी तथा तीनों लोकों की माता पार्वतीजी को हाथ जोड़कर तथा सिर नवाकर प्रणाम किया।

शंकरजी ने समागत सभी देवताओं का स्वागत-सत्कार किया और उन्हें प्रसन्न कर वहां से विदा किया। तब नन्दी के आश्रय पार्वती के साथ बैल पर आरुढ़ होकर वे स्वयं भी वहां से चल दिए।

शंकरजी के बैल की गति मन से भी अधिक तीव्र थी। उस पर चढ़कर आकाश मार्ग से जा रहे थे उस समय जो देवतागण अपने-अपने विमानों पर चढ़कर आकाश में घूम रहे थे, उन सबने शिवजी को हाथ जोड़कर प्रणाम किया।

उस समय आकाश-गंगा की जल की फुहारों से शीतल पारिजात के फूलों में बसे हुए और सम्भोग करके थकी हुई नारी की थकावट मिटानेवाले पवन ने आकर शंकर और पार्वती की बड़ी सेवा की।

इस प्रकार चलते हुए भगवान् शंकर स्फटिक के बने हुए पर्वतों में श्रेष्ठ कहे जानेवाले कैलास पर्वत पर जा विराजे। सोम कहलानेवाले भगवान शंकरजी इस पर्वत पर रहते हैं और सोम कहलानेवाला चंद्रमा महादेवजी के माथे पर रहता है। इस पर्वत पर विभूति आदि पाये जाते हैं और शंकरजी के शरीर पर भी भस्म है। भोगी या कामी वहां अनूठा सम्भोग करते हैं, महादेवजी पर भोगी अर्थात् सर्प लिपटे रहते हैं।

जब सिद्धों की स्त्रियां अपने पतियों के साथ कैलास पर्वत की स्फटिक की दीवारों के पास पहुंचकर अपनी परछाईं देखती हैं तो उन्हें यह भ्रम हो जाता है कि हमारे पति किसी अन्य स्त्री के साथ तो नहीं हैं। उसका परिणाम यह होता है कि उनके पति चाहे उनको कितना ही मना लें, किन्तु वे फिर भी रूठी ही रहती हैं।

जब उस स्फटिक के बने हुए कैलास पर्वत पर चन्द्रमा की सुन्दर परछाईं पड़ती है तब चन्द्रमा के कलंक की छाया तो दिखाई पड़ती है, किन्तु चन्द्र की छाया उसी में मिल जाती है। तब वह कलंक की छाया ऐसी लगती है कि मानो पार्वतीजी ने कस्तूरी पीसकर उसकी पिण्डी बनाकर वहां छाप दी हो।

इसी पर्वत की भीतों पर अपने अंगों की छाया देखते हुए मतवाले हाथी उसे दूसरा मतवाला हाथी समझ लेते हैं और फिर क्रोध में भरकर अपने दांतों से उस पर प्रहार करने लगते हैं।

यहां के स्फटिक के बने हुए भवनों पर जब तारों की परछाईं पड़ती है तो सिद्धों की स्त्रियों को यह धोखा हो जाता है कि ये कहीं सम्भोग के समय टूटकर गिरे हुए मोतियों के दाने तो नहीं हैं।

अप्सराओं के दर्पण के समान सुन्दर लगनेवाला चन्द्रमा जब इस कैलास के शिखर पर आ पहुंचता है तब यह उस हिमालय का अनमोल चूड़ामणि-सा लगने लगता है जिस पर शिवजी निवास करते हैं।

काम से पीड़ित देवता लोग अपनी-अपनी स्त्रियों को साथ लेकर जब यहां एकांत में विहार करने आते हैं तब स्वयं अकेले होने पर भी अनेक परछाइयां पड़ने के कारण उन्हें ऐसा जान पड़ता है मानो हमारे बहुत-से रूप हो गये हों।

उसी सुन्दर कैलास के स्फटिक के शिखर पर पार्वतीजी के साथ शंकरजी ने चिरकाल तक निरन्तर जी भरकर अनेक प्रकार की काम-क्रीड़ाएं करते हुए समय व्यतीत किया।

अपनी रसभीनी कला से लुभानेवाली पार्वतीजी भी शंकर के हाथ में हाथ दिये हुए उन पथों पर घूमा करती थीं जहां हाथ में बेंत का डंडा लिये हुए नन्दी आगे-आगे मार्ग-दर्शन करता चलता है।

शंकरजी की भौंहों का संकेत पाकर बड़े-बड़े दांतोंवाले, लहराती हुई चोटीवाले, टेढ़े-मेढ़े अंगोंवाले और उजले बेढंगे मुंहवाले भृंगी पार्वतीजी का मनोरंजन करने के निमित्त अपना नाच दिखाते हैं।

सदा प्रसन्न रहनेवाले भगवान् शंकर की आज्ञा पाकर हिलती हुई खोपड़ियों की माला कंठ में धारण करनेवाली कालिका ने भी अपने डरावने दांतोंवाला मुंह बना-बनाकर शंकरप्रिया को अपना नाच दिखाया।

इस प्रकार विकट रूप से भयंकर शब्द करते हुए भृंगी और काली को देखते ही पार्वतीजी की इस घबराहट में उनके उठे हुए और मोटे-मोटे स्तनों के अपनी छाती पर लगते ही शंकरजी मगन हो उठे, उनके मन में इतना काम उत्पन्न हो गया कि वे प्रेम में मतवाले हो उठे।

इस प्रकार पार्वतीजी की अनेक भावभरी लीलाओं और अनेक प्रकार के संभोग से सन्तुष्ट होकर भगवान् शंकर अपने साथ कैलाश पर्वत पर रहनेवाले अपने गणों के साथ बड़े प्रसन्न हुए।

दशम सर्ग

कुमार का जन्म

अग्नि ने शंकरजी के तप्त वीर्य को ग्रहण किया और उसे लेकर उस सभा में पहुंचे जहां इन्द्र आदि देवता विराजमान थे। इन्द्र ने बड़े आदर के साथ अपनी सहस्रों आंखों से अग्निदेव की ओर देखा तो उनको पता चला कि उनका सारा शरीर धुएं से काला पड़ गया है। अग्नि का यह रूप देखकर इन्द्र को बड़ा दुःख हुआ। उन्होंने कुछ क्षण विचार किया और वे समझ गये कि किसी कारण शंकर को अग्नि पर क्रोध हुआ होगा, उसके कारण ही अग्नि की यह दशा हो गई है।

इन्द्र ने बड़े आदरपूर्वक संकेत करके अग्नि को एक आसन पर बैठने के लिए कहा और उनके बैठने के बाद इन्द्र ने अग्नि से पूछा—'कहिए, आपकी यह दुर्दशा किस प्रकार हो गई?'

अग्नि ने दीर्घ श्वास छोड़ा और कहा, 'देवेन्द्र ! आपकी आज्ञा पाकर मैं शंकर भगवान् से मिलने के लिए जा पहुंचा। उस समय वे पार्वती के साथ सम्भोग कर रहे थे, इस कारण मैंने कपोत का रूप धारण कर लिया। किन्तु उन्होंने मुझे उस रूप में भी पहचान लिया और उनको जब मुझ पर क्रोध आने लगा तो मैं अपने वास्तविक रूप में उनके सम्मुख प्रकट हो गया।

मुझे पक्षी के कपट वेश में देखकर सब कुछ जाननेवाले शंकर को ऐसा क्रोध आया कि वे मुझे अपने ललाट की जलती आग में झोंक ही देते, किन्तु मैंने बड़े मधुर और अर्थपूर्ण शब्दों में उनकी स्तुति की तो वे किसी प्रकार पिघल गए। अपनी स्तुति किसको प्रिय नहीं लगती। एक बार जो कोई भी शंकर की शरण में पहुंच जाता है वह उसकी ही नहीं, सारे जगत की रक्षा करते हैं। यही कारण है कि उनकी क्रोध की अग्नि से मैं किसी प्रकार बच गया।

उस समय उन्होंने कसकर बंधे हुए पार्वतीजी के हाथों को छुड़ाया और लज्जा के कारण सम्भोग-सुख की इच्छा छोड़कर वे उनसे परे हट गये। किन्तु सम्भोग के बीच में ही रंग में भंग हो जाने के कारण उनका जो तीनों लोकों को जलानेवाला और किसी से भी सहा न जा सकनेवाला अचूक वीर्य निकला वह उन्होंने मेरे शरीर में डाल दिया। अब मैं उस असह्य तेज से इतना जला जा रहा हूं कि मुझे अपना शरीर भी भारी प्रतीत हो रहा है।

हे इन्द्र ! महादेवजी के इस अत्यन्त भयानक तेज से मेरा सारा शरीर जला जा रहा है अतः आप किसी भी प्रकार मेरे प्राण बचाने का उपक्रम कीजिए।

अग्नि की इस प्रकार की बातें सुनकर इन्द्र अपने मन में इसका कोई उपाय सोचने लगे। वे अग्नि की जलन मिटाने के लिए चिन्तित थे। महादेवजी के तेज से जलते हुए अग्नि के अंगों पर हाथ फेरते हुए इन्द्र ने कहा, 'हे अग्नि ! जब हवन करनेवाले होतागण स्वाहा, स्वधा और वषट्कार से हवन करते हैं उस समय तुम प्रसन्न होकर देवों, पितरों और मनुष्यों

को प्रसन्न करते हो। क्योंकि तुम्हारे ही मुख से तो सबको अपना-अपना भाग मिलता है। होतागण तुममें हवन करके पाप से छूटकर स्वर्गलोक में जाकर सुख भोगते हैं। वे तुम्हारे ही सहारे तो स्वर्ग तक पहुंचते हैं।

यज्ञ करनेवाले तपस्वीगण मन्त्र पढ़कर जो तुमको आहुति देते हैं उससे वे अपनी तपस्या का पूरा फल प्राप्त कर लेते हैं। क्योंकि तप के देवता भी तुम ही हो। सूर्य के लिए जो आहुति दी जाती है उसे तुम धरोहर रूप में स्वीकार कर फिर उन्हें दे देते हो। सूर्य उसको बादल में परिणत करके वर्षा कर देते हैं। उससे अन्न उत्पन्न होता है और फिर उसी अन्न से संसार के प्राणियों का पेट पलता है। इस प्रकार सारे संसार के पिता भी तुम ही हो।

सब प्राणियों के भीतर तुम ही तो रहते हो और वे सब तुम ही से उत्पन्न होते हैं। इसलिए तुम ही संसार के जीवन को प्राण देनेवाले हो। इस समस्त संसार का भला करनेवाले एकमात्र तुम ही हो। इसलिए इस प्रकार का काम तुमको छोड़कर अन्य कौन कर सकता है। तुम ही तो एक ऐसे हो जो देवताओं के कार्य को सिद्ध कर सकते हो। जो दूसरों की भलाई करने का संकल्प लेते हैं उसके लिए वे जो कष्ट सहते हैं वह भी उनके लिए गौरव और बड़ाई की बात ही है।

हमलोगों ने बड़ी कठिनाई से किसी प्रकार स्तुति-प्रार्थना करके गंगाजी को प्रसन्न कर लिया है। बस ज्यों ही आप उनकी धारा में स्नान करेंगे त्यों ही आपकी यह घोर तपन शांत हो जाएगी। इसलिए अब आप तुरन्त गंगाजी के पास चले जाओ, इसमें विलम्ब न करो। जिस काम को पूरा करने का निश्चय कर लिया जाये उसमें फिर किसी प्रकार का विलम्ब नहीं करना चाहिए। गंगाजी तो शंकरजी की जलवाली मूर्ति हैं, वे उनके तेजस्वी वीर्य को आपसे ले करके अपने में रख लेंगी।'

इन्द्र इतना कहकर मौन हो गये और अग्नि ने भी उनसे विदा ली और गंगाजी की ओर चल पड़े। इस प्रकार वे दुःखहारिणी गंगा के तीर पर जा पहुंचे। गंगा तो स्वयं सीढ़ी बनकर भक्तों को स्वर्ग पहुंचा देती हैं, मोक्ष प्रदान करती हैं, बड़े-बड़े पाप हर लेती हैं, कठिनाइयां दूर कर देती हैं, शंकरजी की जटाजूट में रहती हैं, उसने ही सगर के पुत्रों को तारा था, वह धर्म की रक्षा करनेवाली हैं, विष्णु के चरण से जल के रूप में निकलकर ब्रह्मलोक से आई हैं तथा अपनी धाराओं से तीनों लोकों को पावन करती हैं।

अग्नि ने देखा कि गंगाजी की लहरें उठ रही हैं। वे ऐसी लगती थीं कि मानो दूर से आते हुए अग्नि को देखकर वे प्रसन्न मन से अपनी लहरों के हाथों से उनका कार्य सिद्ध करने के लिए उन्हें दूर से ही बुला रही हों। वहां पर बहुत से राजहंस एक साथ मिलकर मतवाले बने हुए जो कलकल शब्द कर रहे थे वह ऐसा लग रहा था मानो गंगाजी अग्निदेव से कह रही हों कि सबका भला किया करती हूं और सबके दुःख हर लिया करती हूं।

गंगाजी की ऊंची उठती हुई और हर-हर करके आगे बढ़ती हुई तरंगें जो ढलुवे तट पर बढ़ती आ रही थीं वे ऐसी लग रही थीं मानो गंगाजी कुछ आगे बढ़कर अग्नि का स्वागत करने चली आ रही हों।

ताप से जलते हुए अग्नि ने वहां पहुंचकर झट से गंगाजी में डुबकी लगाई। ठीक ही

कहा है–विपदाग्रस्त प्राणी को कहीं कुछ देर ठहरकर कुछ सोचने की सुधि थोड़े रहती है। सबका कल्याण करनेवाली, थकावट को मिटानेवाली, परम पवित्र तथा सबका उद्धार करनेवाली गंगाजी के जल में डुबकी लगाकर अग्नि को बड़ा सुख प्राप्त हुआ। अपनी ज्वाला से दहकता हुआ शंकरजी का वीर्य अग्नि से निकलकर गंगाजी की ऊंची तरंगों में पहुंच गया।

गंगाजी ने बड़े आदर से जब शंकरजी का वीर्य ले लिया तो अग्निदेव को प्रसन्नता हुई और वे जल से बाहर निकल आये। इस प्रकार परम पावन एवं शीतल गंगा-जल में स्नान करने के उपरान्त वे जहां से आये थे वहीं को चले गये।

शंकरजी के असह्य वीर्य को पाकर आकाश में बहनेवाली गंगाजी भी एकदम उबल-सी पड़ीं। जिस प्रकार प्रलय की आग की सैकड़ों लपटों से तपे हुए गरम जल को छोड़कर जल के जीव पानी से बाहर निकल आते हैं वैसे ही गंगाजी के तपते हुए जल को छोड़कर सब जीव भी घबराकर बाहर निकल आये।

रुद्र के उस भयानक तेज से वह जल अत्यन्त तप्त होने लगा। उस समय वह उबलकर ऐसा गरम हो गया कि उसका स्पर्श तक करना कठिन था। फिर भी गंगाजी उसे लिये रहीं। इसी प्रकार चलते हुए एक दिन माघ मास में जब संसार के नेत्र-रूपी प्रचंड किरणोंवाले भगवान् सूर्य थोड़े-थोड़े निकल रहे थे, उस समय छहों कृत्तिकायें नहाने के लिए गंगाजी के तीर पर आयीं। उस समय गंगाजी की उजली और आकाश चूमनेवाली तरंगें उछल-उछलकर मानो यह बता रही थीं कि स्वर्ग में निवास करनेवाले देवतागण यहीं आकर गंगाजी के दर्शन, स्नान और आचमन किया करते हैं।

उन्होंने देखा कि वहां तीर पर पूजा की सभी सामग्री बिखरी पड़ी थी जो उसे मुनियों ने स्नान-पूजा करने के उपरान्त उपयोग में लायी थी। उसी तीर पर कुश के आसनों पर पद्मासन बांधकर ब्रह्म के ध्यान में लीन समाधिस्थ कमर से घुटने तक वस्त्र धारण किए हुए मुनिगण सदा बैठे दिखाई देते थे और वहीं पर पांव-पांव के अंगूठे पर खड़े होकर सूर्य की ओर आंखें लगाये हुए ब्रह्मर्षि परम ब्रह्म का ध्यान किया करते थे।

ऐसे दिव्य नदी को उन छहों कृत्तिकाओं ने प्रणाम किया। भला अमृत-धारा वाली गंगाजी को देखकर कौन नहीं मुग्ध हो जाएगा। स्वयं भगवान् शंकर जिन गंगाजी को मस्तक पर धारण करते हैं, जिनके दर्शन करने से ही पुण्य होता है उन गंगाजी को देखकर छहों कृत्तिकायें मन में बड़ी प्रसन्न हुईं और उनके मन में गंगाजी के प्रति बड़ी श्रद्धा जाग उठी।

छहों कृत्तिकाओं ने मुक्ति प्रदान करनेवाली, विष्णु के चरणों से निकलनेवाली और पापों का नाश करनेवाली गंगाजी की बड़ी भक्ति से वन्दना की। बड़े सौभाग्य से जिनका दर्शन होता है और जो साक्षात् मोक्ष ही हैं उन कृत्तिकाओं ने गंगाजी की स्तुति बड़े भक्तिभाव से की।

तदनन्तर वे स्नान के लिए गंगाजी में अवतरित हुईं और उन्होंने जी भरकर उस निर्मल जल में स्नान किया। उस समय वह जल ऐसा लगता था मानो वह मुक्ति के पास ही पहुंच रहा हो। जिन गंगाजी में विगत जन्म के पुण्यवान जन ही स्नान कर पाते हैं उन गंगाजी

में बड़े आनन्द के साथ स्नान करके उन कृत्तिकाओं ने अपने भाग्य को खूब सराहा। जिस समय वे गंगाजी में स्नान कर रही थीं उस समय शंकरजी का अचूक वीर्य गंगाजी से निकलकर उन कृत्तिकाओं के शरीर में प्रविष्ठ हो गया।

शिवजी के असह्य एवं भयंकर वीर्य के उनके शरीर में आ जाने से वे कृत्तिकायें बड़ी उत्तप्त हो उठीं और उनको उस समय ऐसा जान पड़ने लगा कि मानो वे विष के समुद्र में डूब रही हैं। अन्त में किसी भी प्रकार उस असह्य तेज को बहुत काल तक न सह सकने के कारण वे भीतर-ही-भीतर जलती हुई उस तेज को धारण किए हुए ही जल से बाहर निकलीं।

शंकरजी का वह अमोघ भभकता हुआ वीर्य गंगाजी से छूट जाने पर उन कृत्तिकाओं के पेट में पहुंचकर गर्भ बन गया। जब उन कृतिकाओं ने यह देखा कि वह तेज तो गर्भ बन गया है और हमसे संभाले भी नहीं संभलेगा तब वे बुद्धिमती कृत्तिकायें अपने-अपने पतियों के डर से और लज्जा के कारण बड़ी दुखित अनुभव करने लगीं।

होनहार वाले उस अनिच्छित और अनवसर के गर्भ की उन छहों कृत्तिकाओं ने परस्पर मिलकर बड़ी सेवा की। उसके बाद अवसर पाकर वे छहों कृत्तिकायें एक सरकण्डे के वन में गयीं और भय तथा लज्जा के कारण उस गर्भ को वहां छोड़कर अपने घरों को लौट आयीं।

चन्द्रमा की किरणों के समान कोमल और तेजस्वी जो गर्भ उन कृत्तिकाओं ने सरकण्डों के वन में विसर्जित किए थे वे ऐसे तेजस्वी बन गए कि उनका तेज उदीयमान सूर्य से प्रतिस्पर्धा करता था और अपने छः मुखों से वे चार मुखवाले ब्रह्मा को भी चुनौती-सी दे रहे थे।

एकादश सर्ग

कुमार की बाल-लीला

सरकण्डे के वन में कुमार का जन्म तो हो गया किन्तु अब उसको स्तनपान कौन कराए? तब इन्द्र आदि सब देवता मिलकर गंगाजी के पास गए और उन्होंने उनसे अनुनय-विनय करके उस बालक के जीवन की रक्षा की गुहार की। गंगाजी द्रवित हो गईं और उन्होंने स्त्री-वेश धारणकर उस बालक को स्तनपान कराया।

छः मुखोंवाला वह बालक गंगामाता के स्तनपान से पल-पल में वेग से बढ़ने लगा। छहों कृत्तिकायें आकर उसकी देखभाल करने लगीं। उस दिव्य-रूपवान बालक को देखकर गंगा, और छहों कृत्तिकायें–सब अपनी आंखों में प्रेम के आंसू भरकर उस बालक को अपना-अपना पुत्र बनाने के लिए परस्पर झगड़ने लगीं।

यह संयोग की बात थी कि तभी शिवजी भी पार्वती के साथ घूमते हुए उधर आ

निकले। तब तक उस बालक को उत्पन्न हुए छः दिन हो गए थे। ऐसे उस छः मुखवाले बालक को देखते ही शिव-पार्वती की आंखें स्वाभाविक पुत्र-प्रेम की प्रसन्नता में छलछला आयीं। पार्वती ने शंकर से उसके विषय में जानना चाहा और यह भी जानना चाहा कि ये छहों कृत्तिकायें, गंगा और अग्नि परस्पर झगड़ क्यों रहे हैं? यह इन तीनों में से किसका पुत्र है? अथवा यह इनका न होकर किसी अन्य का पुत्र है? आदि-आदि।

पार्वतीजी की जिज्ञासा शांत करते हुए शंकरजी ने उनसे कहा, 'कल्याणी! यह इनमें से किसी का भी पुत्र नहीं। यह वीर बालक तुम जैसी वीर माता का ही पुत्र हो सकता है, यह तुम्हारा अपना बालक है। भला तुम्हें छोड़कर देवताओं का कल्याण करनेवाला ऐसा पुत्र और कौन उत्पन्न कर सकता है?'

पार्वतीजी आश्चर्य प्रकट करने लगीं कि वह उनका पुत्र किस प्रकार हो गया? उस समय शंकर भगवान् ने उन्हें कथा सुनाते हुए बताया, 'मैंने अपना अचूक वीर्य अग्नि में रख दिया था, अग्नि ने उसे गंगाजी में छोड़ दिया। उसी समय ये छहों कृत्तिकायें गंगा में स्नान करने के लिए आयीं तो वह वीर्य उनके पेट में पहुंच गया। उन्होंने उस गर्भ को सरपत के वन में डाल दिया और उसी गर्भ से यह बालक उत्पन्न हुआ है।

हे पार्वती! अपने इस बालक को ग्रहण करो।'

पार्वती ने जब यह सुना तो उनको अपार हर्ष हुआ और वे उस बालक को गोद लेने के लिए अधीर हो उठीं। उस समय आकाश में इन्द्र आदि सभी देवगण वहीं से हाथ जोड़कर और सिर नवाकर उनको प्रणाम करने लगे। गंगा, अग्नि और कृत्तिकाओं ने भी उनको प्रणाम किया।

पार्वती ने बड़े चाव से उस पुत्र को उठा लिया। वे उसके प्रेम में अपनी सुध-बुध खो बैठीं। आंखों में आनन्द के आंसू छलक आने से वे थोड़ी देर तक तो अपने पुत्र को देख ही नहीं पायीं और कली के समान अपने कोमल कर से पुत्र को सहलाते हुए सुख का अनुभव करने लगीं। कुछ क्षण उपरांत जब उनके आंसू थम गए और दृष्टि स्पष्ट हुई तो फिर उन्होंने उस बालक को जी भरकर देखा। उस समय उनके रोम-रोम में वात्सल्य टपक रहा था। वे समझती थीं कि काश! इस समय उनकी एक सहस्र आंखें होतीं। पुत्र-दर्शन के समय किसका जी भरता है!

संसार की माता पार्वती ने जब उस पुत्र को गोद में उठाया तो वात्सल्य रस की स्वाभाविक धारा उनके रोम-रोम से उमड़ पड़ी। हर्ष के अमृत की बाढ़ आ गई और उनके स्तनों से दूध की धारा बह चली। इस प्रकार जब कार्तिकेयजी सब लोकों की माता पार्वती का स्तन-पान करने लगे तो पार्वती ने हर्ष के आंसू बहाते हुए उसके मुखों को चूम लिया। पुत्र को गोद में लिये हुए सुखी मन से पार्वती बहुत ही सुन्दर लग रही थीं।

उस पुत्र को लेकर वे दोनों कैलास पर्वत पर लौट आये। पुत्र-प्रेम में दोनों इतने पगे कि बार-बार गोद में लेकर शंकर और पार्वती अपना मन बहलाने लगे। कैलास पर्वत पर आने पर शंकरजी ने अपने प्रमथ आदि मुख्य-मुख्य गणों को बुलाया और उनको कहा कि वे पुत्रजन्म के उत्सव की तैयारी करें।

बड़े आनन्द और चाव से सभी गुणवान गण इस कार्य में तन-मन से जुट गये। कुछ गण तो स्फटिक में चमकती हुई किरणों के पड़ने से रंग-बिरंगे दिखाई देने वाले कपड़ों से और कल्पवृक्ष के फूलों से सुनहरे सुन्दर वन्दनवारों से अपने स्फटिक के भवन सजाने लगे। कुछ गणों ने नगाड़े बजाये जिनकी ध्वनि सारे देवलोक में यह गुंजरित करने लगी कि कैलास पर्वत पर पुत्रोत्सव मनाया जा रहा है।

गन्धर्व और विद्याधर स्त्रियां आ-आकर मंगल-गान करने लगीं। उन्होंने पार्वती को बधाई दी और बालक पर दूध-अक्षत छिड़ककर सब उसको अपनी-अपनो गोद में उठाने लगीं। इस प्रकार चारों ओर से उत्सव के साज-सामान एकत्रित हुए। तब देवतागण भी आकाश मार्ग से आकर विमानों से फूल बरसाते चले गए।

शंकरजी के इस पुत्रोत्सव से जहां सारा देव-लोक प्रसन्न था, वहीं तारक राक्षस की राजलक्ष्मी भय से कांप उठी।

बालक अपनी गति से बढ़ता गया और शंकर तथा पार्वती उसकी तोतली बातों का रस लेने लगे। बालक जब चलता तो चलते-चलते लड़खड़ाकर कहीं गिर पड़ता। माता-पिता उसके साथ खिलवाड़ करते और वह दिन भर उनको आनन्दित करता।

कभी-कभी वह बालक शंकर के गले में पड़ी मुंडमालाओं के मुख में हाथ डालकर उनके दांतों को मोती समझकर उन्हें उखाड़ने की चेष्टा करता, तो कभी वह शंकर के सिर पर विराजमान गंगाजी की लहरों में हाथ ढाल देता। इस प्रकार वह कुमार भांति-भांति के खेल करते हुए शिव-पार्वती का भरपूर मनोरंजन करने लगा। जटा में विराजमान गंगा की लहरों में गया उसका हाथ जब बहुत ठंडा हो जाता तो वह उसको झट से शिवजी के माथे पर विद्यमान तीसरे नेत्र के आगे ले जाकर उसे सेंकने लगता।

यह षड्मुख बालक जब देखता कि शिवजी का कन्धा तनिक नीचा हो रहा है और शिवजी के जटाजूट नीचे को झुक रहे हैं तब वह उन जटाओं के साथ नीचे लटकनेवाले उनके सिर पर स्थित चन्द्रमा को चिरकाल तक चूमता रहता।

इस प्रकार अपने पुत्र की शिशु-सुलभ मनोहर और खिलवाड़ से भरी बाल-लीलाओं का आनन्द लेते हुए शंकर और पार्वती इतने मग्न रहने लगे थे कि उनको कभी यह भान ही नहीं रहता था कि कब दिन चढ़ा और कब रात आई।

शिव और पार्वती को वह बालक अपने उत्पन्न होने के छठे दिन ही प्राप्त हुआ था। यों वह बालक भांति-भांति की मनोहारिणी सुन्दर और अनुपम बाल-लीलायें करता हुआ छठे दिन ही बड़ा बुद्धिमान और नवयुवक-सा हो गया। उसके बाद अगले छः ही दिनों में वह बालक सकल शास्त्रों में भी पारंगत हो गया।

द्वादश सर्ग

कुमार सेनापति के रूप में

कुमार के जन्मोत्सव का समाचार जब तारक राक्षस को मिला तो वह विचलित हो गया। देवताओं के प्रति उसके अत्याचार बढ़ गये। जिस प्रकार प्यास लगने पर पपीहा बादल की शरण में जाता है उसी प्रकार तारक से त्रस्त देवतागण पुनः शंकरजी की शरण में गए। तारक का आतंक ऐसा छा गया था कि देवताओं को कैलास तक जाने का मार्ग ही नहीं मिल रहा था। किसी प्रकार बादलों में छिप-छिपाकर वे लोग कैलास पर पहुंच पाये थे।

शंकरजी के भवन के द्वार पर नन्दी महाराज विराजमान थे। नन्दी ने इन्द्र आदि देवता का वहीं पर स्वागत-सत्कार किया और फिर महादेवजी को सूचना देने भीतर चला गया। शंकर भगवान् की आज्ञा पाकर नन्दी सब देवताओं को उनकी सेवा में ले गया।

इन्द्र ने शिवजी को चंडी, भृंगी आदि-आदि अनेक रंग-रूपवाले गणों से घिरा हुआ पाया। शिवजी के हाथ में एक ब्रह्म कपाल का पात्र था, गले में मरे हुओं की हड्डियों के टुकड़ों के गहने थे और उनके दूसरे हाथ में युद्ध समाप्त करनेवाला ऊपर को उठा हुआ त्रिशूल था। भगवान् विष्णु वहीं समीप बैठे उनकी सेवा कर रहे थे। पार्वतीजी शिवजी की गोद में विराजमान थीं।

शिवजी के हाथ में वह पिनाक धनुष था जिसने अन्धक नाम के मतवाले दैत्य के प्राण हर लिये थे। उस पिनाक के आश्रय शिवजी ने बड़े-बड़े दानवों को मारकर उनकी स्त्रियों को विधवा बना दिया था। कामदेव को जलाकर उन्होंने राख कर दिया था। वह धनुष ऐसा था कि उसको कोई अन्य तो उठा भी नहीं सकता था।

अपने आसन पर विराजमान शंकरजी की छटा बड़ी निराली लग रही थी। उनको इस प्रकार देखकर कुछ क्षण के लिए तो इन्द्र का मन भी ललच उठा। क्योंकि अचानक इतनी सुख-सम्पत्ति इकट्ठी देखकर भला किसका मन नहीं ललच उठेगा। अपनी सहस्त्र आंखों से शंकरजी को देखकर इन्द्र ने अपने भाग्य को बड़ा सराहा, इससे उनके शरीर में रोमांच हो आया। इससे उनको भ्रम हो गया कि कहीं इन्द्राणी यह न समझ बैठें कि किसी अन्य स्त्री को देखकर उनको रोमांच हो आया है।

इन्द्र ने जब शंकरजी के पास बैठे हुए, सुमेरु के समान बलवाले और शस्त्रास्त्रों से सज्जित कुमार को देखा तो उनके मन में आशा का संचार हुआ कि अब तो वे शत्रु को अवश्य ही पराजित कर लेंगे।

तभी नन्दी महाराज ने अपने सोने का डंडा एक कोने में रखकर, आगे बढ़कर और हाथ जोड़कर शंकरजी की कृपा पाने की इच्छा से उनके समीप आकर कहा, 'देव ! देवताओं के स्वामी इन्द्र आपको प्रणाम करने के लिए यहां पर बाट जोहे खड़े हैं। इनकी ओर भी अपनी कृपा-दृष्टि कीजिए।'

नन्दी की बात सुनकर शंकर भगवान् ने अपनी दृष्टि उठाई और देवताओं की ओर देखकर उनका स्वागत किया। इन्द्र आदि देवता उनकी कृपा-दृष्टि पाकर अनुगृहीत हो गये। इन्द्र ने शिव को प्रणाम किया और फिर उसके बाद वहां उपस्थित सभी देवताओं ने एक-एक करके उनको प्रणाम किया।

तदनन्तर शिवजी के आदेशानुसार उनके गणों ने सबके बैठने की व्यवस्था की। जब सब देवगण अपने-अपने आसनों पर आश्वस्त होकर बैठ गये तो शिवजी ने कहा, 'देवगण! आप तो वीर शिरोमणि माने जाते हैं, सदा एक से बढ़कर एक अस्त्रों से भी सुसज्जित रहते हैं। तदपि आप लोगों के मुख की आभा क्यों लुप्त हो गई है। आप लोग तो बड़े पुण्यशील हैं, फिर आप स्वर्ग से निकलकर यहां कैसे आ गए हैं? आप लोगों के छत्र-चंवर आदि राज-चिह्न कहां हैं, उन्हें आप कभी मत छोड़िए। आपलोग इस प्रकार मारे-मारे से क्यों फिर रहे हैं।

जिस प्रकार पाप करने से बहुत दिनों का एकत्रित किया हुआ पुण्य भी मनुष्य के हाथ से निकल जाता है, उसी प्रकार बड़ी-बड़ी सिद्धियों से भरा हुआ बड़ा सुन्दर स्वर्ग भी आपलोगों के हाथ से सहसा किस प्रकार निकल गया? आप लोगों का धीरज लुप्त हो गया-सा लगता है? कहीं आपलोगों ने दैत्यराज तारक से झगड़ा तो आरम्भ नहीं कर दिया है।

'यदि उस दैत्य ने आपलोगों को किसी प्रकार का अपमान किया है तो उसका बदला तो केवल मैं ही ले सकता हूं, क्योंकि जंगलों में लगी हुई आग बादलों की बड़ी घटा को छोड़कर और कौन बुझा सकता है?'

शंकरजी का कथन समाप्त होने पर आश्वस्त मन से इन्द्र ने उनसे कहा, 'हे प्रभो! आप तो घट-घट की बात जानते हैं। आप अपने कभी न बुझनेवाले ज्ञान के प्रकाश से संसार के भूत, भविष्य और वर्तमान—इन तीनों कालों की सब बातें जान जाते हैं। तब आपको यह भी भली-भांति विदित होगा कि मतवाला होकर, देवताओं को पीड़ित करनेवाला तारकासुर इस समय स्वर्ग का स्वामी बन गया है और उसने हम सबको वहां से निकाल दिया है।

तारकासुर ने ब्रह्माजी से अचूक वरदान प्राप्त किया है और फिर तीनों लोकों पर अधिकार कर बैठा है। अब वह हम देवताओं को तुच्छ और तिनके के समान समझता है। उससे त्रस्त होकर जब हम एक बार बहुत पहले ब्रह्माजी की शरण में गए थे तो उन्होंने हमें आश्वस्त किया था कि जब शंकरजी के पुत्र उत्पन्न होगा और वह देवताओं का सेनापतित्व सम्हालेगा, तभी वह दैत्य मारा जाएगा।

हम देवतागण तब से लेकर आज तक तारक असुर द्वारा पराजित किये जाने की कसक और चुभन लिये उसकी आज्ञा का पालन करते हुए अपना नारकीय जीवन व्यतीत कर रहे हैं। अन्त में बहुत समय व्यतीत होता जानकर हम आपकी शरण में आये हैं और आपसे विनती करते हैं कि अपने आनन्द-दायक पुत्र को हमारा सेनापति बनने की आज्ञा देकर हमें कृतार्थ करिए। जब तक यह तारकासुर मारा नहीं जाता तब तक हमारे हृदय का यह शूल मिटेगा नहीं।

हे नाथ ! कोई इस प्रकार का उपाय करिए कि इस महासंग्राम में आपके पुत्र के नुकीले वाणों से महादैत्यों के सिर कट-कटकर गिरें तब उन दैत्यों की स्त्रियों के विलाप से दशों दिशाएं गूंज उठें और जब आपके पुत्र उस महासमर भूमि में उन दैत्यों को सियार आदि जन्तुओं की भेंट चढ़ावें तब स्वर्ग में बन्दी बनी हुई अपनी सुन्दर नेत्रोंवाली स्त्रियों की उलझी हुई एक लड़ीवाली चोटियों को ये देवगण जाकर खोलें।'

इन्द्र के मुख से जब भगवान् शंकर ने तारक के अत्याचार का विवरण सुना तो उनको क्रोध हो आया। उन्होंने देवताओं से कहा, 'देवगण ! मैंने आपलोगों की दुखद कथा सुन ली है। अब मैं अपने पुत्र को लेकर तुम्हारा काम करने के लिए तैयार हो गया हूं। देवताओं !'समाधिस्थ होने पर भी मैंने पार्वती के साथ इस कारण विवाह किया था कि इनके गर्भ से उत्पन्न मेरा पुत्र तारक का वध करे। अतः अब मैं अपने इस कुमार को सेनापति बनाकर भेजता हूं। आपलोग मिलकर तारक का नाश कर स्वर्ग पर पुनः अधिकार करिए।'

इस प्रकार भगवान् शंकर ने उस घोर संग्राम को महोत्सव समझकर अपने पुत्र से कहा, 'हे पुत्र ! तुम जाकर देवताओं की सेना का नेतृत्व सम्हालो और इनके परम शत्रु तारक को युद्ध-भूमि में परास्त कर इनके दुःख दूर करो।'

कुमार कार्तिकेय ने अपने पिता शंकर भगवान् की आज्ञा को सिर नवाकर स्वीकार किया। जो पुत्र पितृ-भक्त होता है उसका यही परम धर्म है कि वह पिता की हर आज्ञा को स्वीकार करे।

जिस समय शंकर भगवान् अपने पुत्र को दैत्यों से युद्ध करने की कला-कौशल का वर्णन कर रहे थे उस समय समीप विराजमान पार्वती की छाती स्वाभिमान से दुगुनी हो गई। यह स्वाभाविक ही है कि वीर-माता को वीरता की बातों से प्रसन्नता होती है।

दैत्यों की स्त्रियों को रुलाकर उनकी आंखों का आंजन उनके ही आंसुओं से मिटाने में समर्थ तथा संसार को अभय प्रदान करनेवाले पराक्रमी कुमार कार्तिकेय को अपने सेनापति के रूप में प्राप्त कर इन्द्र आदि देवता आनन्द और प्रसन्नता से खिल उठे। यह निश्चित है कि अपनी इच्छा की पूर्ति होने पर कौन आनन्द से पागल नहीं हो उठता?

त्रयोदश सर्ग

सेनापति का अभिषेक

जब कुमार का सेनापति बनकर जाने का निश्चय हो गया तो उन्होंने सैनिक वेश धारण किया। तदनन्तर जाने के लिए उद्यत कुमार ने अपने पिता शंकर भगवान् को प्रणाम किया। उस समय उनको उठाकर उनका सिर सूंघते हुए भगवान् शंकर ने उन्हें आशीर्वाद देते हुए कहा, 'वीर पुत्र ! जाओ, युद्ध में इन्द्र के शत्रु का वध करके इन्द्र को उनके पद पर पुनः प्रतिष्ठित करो।' इस प्रकार अपने प्रेमाश्रुओं से अपने पुत्र का अभिषेक किया।

अपने पुत्र के प्रति असीम मोह रखनेवाली पार्वती ने उसको अपने समीप बुलाकर अपनी गोद में बैठाया और उसका माथा सूंघकर उसको आशीर्वाद देते हुए कहा, 'पुत्र ! युद्ध में जाकर शत्रु को पराजित कर यह सिद्ध कर दो कि मैं तुम्हारी वीरप्रसू जननी हूं।'

इस प्रकार अपने माता-पिता से आशीर्वाद प्राप्त कर उस दैत्यराज तारक को मारने और संग्राम रूपी उत्सव मनाने के लिए उतावले बने हुए कुमार बड़ी भक्ति से अपने माता-पिता की आज्ञा लेकर स्वर्ग के लिए प्रस्थान करने लगे। इन्द्र आदि सभी देवता भी भगवान् शंकर और भगवती पार्वती को प्रणाम करके कुमार के साथ चल दिए। उस समय उन देवताओं के मुख पर जो कान्ति झलक रही थी और उनके एक साथ चलने से ऐसा जान पड़ने लगा था मानो आकाश में दिन में ही बड़े-बड़े तारे चमकने लगे हों और उनके मध्य में चलनेवाले कुमार ऐसे लग रहे थे मानो नक्षत्रों के मध्य में चन्द्रमा जा रहा हो।

कैलास पर्वत से चलकर कुछ ही देर में कुमार सहित सभी देवता स्वर्गलोक में जा पहुंचे। दैत्यराज तारक का डर अभी भी देवताओं के मन में था इसलिए स्वर्ग में प्रविष्ट होने में इस समय भी उनके मन में झिझक हो रही थी। उनमें यह झगड़ा हो रहा था कि आगे कौन बढ़े। कोई कहता, 'तुम पहले जाओ।' तो दूसरा कहता, 'नहीं, तुम पहले जाओ।' यद्यपि स्वर्गलोक में पहुंचने का देवताओं को आनन्द तो था किन्तु दैत्य के डर से उनके शरीर कांप भी रहे थे। ऐसे में उनका एकमात्र आश्रय कुमार ही थे।

देवताओं ने इस असमंजस की घड़ी में कुमार की ओर देखा। उनको इस प्रकार त्रस्त देख कुमार ने कहा, 'बस ! अब डरने की कोई बात नहीं है। आपलोग निर्भय होकर स्वर्ग में प्रवेश करिए। मैं चाहता हूं, आपके परम शत्रु तारक को मैं इसी स्थान से देख लूं। मैं तो चाहता हूं, जिस तारक असुर की भुजाएं, बलपूर्वक लक्ष्मी के बाल पकड़कर उनकी दुर्दशा करते हुए खींचने के लिए मचलती रहती हैं, उनका रक्त पीने का आनन्द मेरे बाणों को तुरन्त इसी स्थान पर प्राप्त हो। मैं चाहता हूं कि वह चमकनेवाली अत्यन्त तेजस्विनी, प्रतापशालिनी स्वर्गलोक की राजलक्ष्मी का कष्ट दूर करनेवाली मेरी शक्ति यहीं पर शत्रु का सिर काटकर आपलोगों को आनन्दित करे।'

कुमार के मुख से इस प्रकार के वीरतापूर्ण कथन को सुनकर देवताओं के मुख प्रसन्नता से खिल उठे। अत्यन्त आनन्द से इन्द्र भी इस प्रकार पुलिकत हो उठे कि उनके शरीर की सब आंखें खिल उठीं। उस समय इन्द्र और कुमार ने परस्पर अपने-अपने उत्तरीय बदलकर अपनी मित्रता को और प्रगाढ़ रूप दे दिया।

देवताओं में सर्वाधिक वृद्ध ब्रह्मा ने जब इस परम आनन्दकारक दृश्य को देखा तो उनकी आंखें भी प्रसन्नता से छलछला आयीं। उनके चारों मुख प्रसन्नता से खिल उठे और उन्होंने अपने चारों मुखों से कुमार के छहों मुखों का बड़े विचित्र ढंग से चुम्बन किया।

उस समय गन्धर्व, विद्याधर और सिद्ध कुमार को 'साधु-साधु' कहकर बड़े आनन्द के साथ उनकी बड़ाई करते हुए यह कहकर उनको आनन्दित किया, 'हे वीर ! तुम्हारी जय हो।'

देवर्षि नारद ने भी शत्रुंजय कुमार की बहुत प्रशंसा की और उनके सुनहले उत्तरीय

आदि वस्त्रों से अपने वल्कल बदलकर उनसे मित्रता का नाता जोड़ लिया। हाथ में शक्ति धारण करनेवाले कुमार का इस प्रकार सहारा प्राप्त कर देवगण निर्भय हो गए और वे उसी उत्साह से स्वर्ग में प्रविष्ट हुए जिस प्रकार किसी बड़े शक्तिशाली हाथी का आश्रय पाकर छोटे-छोटे हाथी भी जंगल में निर्भय होकर प्रविष्ट हो जाते हैं।

जिस समय भगवान् शंकर त्रिपुरासुर को भस्म करने के लिए चले थे तो उनके पीछे-पीछे उनके प्रमथ आदि गण भी चले थे, उसी प्रकार तारक को मारने के लिए कृतसंकल्प कुमार के पीछे-पीछे भी देवता लोग स्वर्ग में प्रविष्ट हुए।

स्वर्ग में प्रविष्ट होने पर सर्वप्रथम उनको वह आकाश गंगा दिखाई दी जिसका जल उसमें विहार करनेवाली अप्सराओं के धुले हुए अंगों से छुटे हुए अंगराग से रंग जाया करता है। जिस गंगा में विहार करते समय दिग्पालों के हाथी उसकी लहरों में अपनी सूंड़ों को पटका करते हैं और जिसकी लहरों के जल से तीर पर खड़े हुए पेड़ों के थांवले सदा सिंचे रहते हैं, जहां खेलने के लिए आई हुई देवकन्याओं के हाथों की बनी हुई सुनहले बालू की ऊंची-ऊंची वेदिकायें दूर-दूर तक बनी हुई थीं जो उन्होंने बीच-बीच में मणि डाल-डालकर अपने खेल के लिए बना रखी थीं।

वहां सुगन्ध के लोभी भौंरे सदा गुंजार करते रहते थे और सुनहले हंस किल्लोल किया करते थे। जहां ऐसे सोने के कमल खिले रहते हैं जिनके गिरे हुए पराग से वहां का जल भी पीला हो उठता है। वहां देव-ललनाएं जल-विहार के लिए और अपने मन-बहलाव के लिए उसके तट पर आ-आकर बैठा करती हैं।

बहुत दिनों बाद उस देव नदी को देखकर इन्द्र का मुख प्रसन्नता से खिल उठा। वे उत्साह से आगे बढ़े और कुमार को वह आकाश गंगा दिखाने लगे। उस समय कुमार को सब देवताओं ने चारों ओर से घेर लिया था। कुमार ने जब उस देव नदी को देखा तो उनको उसे देखकर बड़ा आश्चर्य हो रहा था और उनकी आंखें भी प्रसन्नता से खिल उठी थीं।

मन्दाकिनी वह नदी है कि जिसकी सब देवता स्तुति करते हैं। उसके तट पर आकर कुमार कार्तिकेय ने सिर झुकाकर अपने किरीट के सिरे पर हाथ जोड़कर तथा बड़ी भक्ति से एवं प्रसन्नता से प्रणाम करते हुए उनकी वन्दना की।

मन्दाकिनी की तरंगें खिले कमलों को नचा रही थीं, मन्द-मन्द पवन चल रही थी। इस सबको देखकर कुमार की जो थकावट थी, वह मिट गयी और वे लोग वहां से आगे के लिए चल दिए। वहां से चलकर इन्द्र कुमार को अपने विलास के नन्दन उपवन के समीप ले गये। उन्होंने देखा कि वहां के सभी साल के वृक्ष या तो तोड़ डाले गए थे या उखाड़ लिये गये थे। कुमार समझ गये कि तारकासुर के अत्याचार से ही इस नन्दन उपवन की यह दशा हुई है। यह विचार आते ही उनको क्रोध आ गया और उससे उनका मुख लाल हो गया, उनकी भौंहें तन गईं, उनकी आंखों से क्रोध की ज्वाला उठने लगी।

इन्द्र उनको वहां से आगे ले चले। तब वे विश्व की सर्वश्रेष्ठ नगरी अमरावती में पहुंचे। वहां जाकर उन्होंने देखा कि उसके लीला उपवन भी तहस-नहस कर डाले गए हैं, वहां के ऊंचे-ऊंचे भवन गिरा दिये गए हैं। सारा नगर ऐसा उजाड़-सा दिखने लगा था कि किसी का मन उस ओर जाने को भी नहीं कर रहा था।

तारकासुर द्वारा इस प्रकार तहस-नहस की गई उस नगरी को देखकर कुमार को उस पर उसी प्रकार बड़ी दया आई जिस प्रकार किसी नपुंसक नारी को देखकर आती है। अमरावती की वैसी दुर्दशा देखते ही कुमार इस दुराचारी पर बड़े क्रुद्ध हुए और युद्ध के लिए उतावले-से दीखने लगे। इसी क्रोध में वे देवताओं की राजधानी में प्रविष्ट हुए।

राजधानी के जो भवन स्फटिक के बने हुए थे वे सब दैत्यों के हाथियों की दांतों की खरोंच से तड़क गए थे। वहां स्थान-स्थान पर छोटे-बड़े अनेक प्रकार के सांपों की केंचुल गिरी पड़ी दिखाई देती थीं। कुमार ने जब यह सब देखा तो उनको बड़ी वेदना-सी होने लगी।

कुमार देख रहे थे कि देवताओं के विलास-घरों में जो बावड़ियां बनी हुई हैं उनमें से सोने के कमल उखाड़ लिये गये हैं। दिग्गजों के मद से उन बावड़ियों का जल गंदला हो गया है। वहां निवास करनेवाले सुनहरे हंस अब वहां दिखाई नहीं देते थे। वैदूर्य की बड़ी-बड़ी शिलायें भी टूट-फूट गई थीं तथा चारों ओर छोटी-छोटी घास उग आई थी।

शत्रु के द्वारा उसकी ऐसी दुर्दशा देखकर कुमार को बड़ा दुःख हो रहा था। उनको दुःखी देखकर इन्द्र उनके अपने बैजयन्त नामक भवन की ओर ले गये। उन्होंने देखा कि वहां की सुनहली दीवारें भी हाथियों के दांतों की टक्कर लगने से फट गई थीं। चारों ओर मकड़ियों के जाले तने हुए थे।

कुमार को साथ लिये आगे-आगे इन्द्र चल रहे थे और उनके पीछे-पीछे शेष देवगण जा रहे थे। उस भवन में चढ़ने के लिए रत्नों की सीढ़ियां बनी थीं। उनके आश्रय कुमार उस भवन में जा पहुंचे। उनके पीछे वे सभी देवगण भी वहां जा पहुंचे।

उस भवन में कल्पवृक्ष ही स्वयं वन्दनवार का रूप लिये हुए था, पारिजात के फूलों का ढेर वहां बिखरा पड़ा था। किसी समय वहां देवर्षि स्वस्ति-पाठ किया करते थे और वहां एक से बढ़कर एक अप्सरायें निवास किया करती थीं।

देव और दानव, दोनों वंशों के सर्वाधिक वृद्ध महर्षि कश्यप वहां पर विराजमान थे। कुमार ने उनके चरणों की प्रदक्षिणा की फिर अपने छहों सिरों से उनको प्रणाम किया। महर्षि के समीप ही उनकी पत्नी देवताओं की माता अदिति भी विराजमान थीं। उन सर्वपूज्या माता को भी कुमार ने सिर नवाकर प्रणाम किया।

महर्षि कश्यप और माता अदिति कुमार की विनम्रता से प्रसन्न हुए और उन्होंने अपने मन से उनको आशीर्वाद देते हुए कहा, 'कुमार ! तीनों लोकों को त्रस्त करनेवाले तारक का वध करने में तुम अवश्य ही सफल होओगे।'

कुमार के आगमन की बात जब उस आश्रम में फैली तो अदिति के आश्रम में रहनेवाली सभी देवांगनायें कुमार को देखने के लिए वहां आ गईं। कुमार ने उन सबको प्रणाम किया और उन पतिव्रता स्त्रियों ने कुमार के विजय की कामना करते हुए उन्हें आशीर्वाद दिया।

उसके बाद कुमार इन्द्र की पत्नी शची के समीप गये और उनको प्रणाम किया। शची ने भी उनको आशीर्वाद देकर उनका मान बढ़ाया।

कश्यप ऋषि की अन्य सात पत्नियां अपने कक्ष में थीं। कुमार उनके समीप उन्हें

प्रणाम करने के लिए गए। कुमार के आगमन से उनको भी बड़ा आनन्द हो रहा था और कुमार के प्रणाम करने से पूर्व ही उन्होंने उनको विजय का आशीर्वाद दे दिया।

यह औपचारिकता पूर्ण होने के उपरान्त इन्द्र आदि सब देवता एकत्रित होकर आनन्द के साथ कुमार का सेनापति के रूप में अभिषेक करने लगे। अब कुमार विधिवत देवसेना के सेनापति बना दिये गये थे।

जब अनन्तशक्ति सम्पन्न कुमार कार्तिकेय देवताओं की सकल सेना के सेनापति बना दिये गये तो देवताओं को भी विश्वास हो गया कि अब वे लोग अवश्य ही अपने परम शत्रु तारक असुर को पराजित कर देंगे।

यह विचार मन में आते ही देवताओं का सारा शोक और दुःख दूर हो गया।

चतुर्दश सर्ग

देव-सेना का प्रस्थान

स्वर्गपुरी में जब देवता लोगों का निर्बाध प्रवेश हो गया तो फिर उन्होंने युद्ध की तैयारी आरम्भ की। कुमार कार्तिकेय के कहने के अनुसार विजय की इच्छा से युयुत्सु देवताओं ने अपने-अपने अस्त्र सम्हाल लिये। इस प्रकार जब सेना तैयार हो गई तो सेनापति कुमार अपने 'विजित्वर' नामक रथ पर आरूढ़ हुए। इस रथ की विशेषता यह थी कि यह मन से भी अधिक वेग से दौड़ता था और इस पर चढ़कर जो युद्ध करता था उसको विजय प्राप्त होना निश्चित था, इसलिए इसका नाम 'विजित्वर' पड़ गया था।

कुमार के रथ पर चढ़ने पर किसी ने उन पर वह छत्र तान दिया जो स्वर्ग की लक्ष्मी को सुख देनेवाला और दैत्यों की सम्पत्ति को उजाड़नेवाला माना जाता था। कुमार के दोनों ओर चन्द्रकिरणों के समान उज्ज्वल चंवर हिल रहे थे। उनके आगे-आगे किन्नर, सिद्ध और चारण उनके विजय के गीत गाते हुए जा रहे थे।

युद्ध की सज्जा करके तथा पर्वतों के पंख काटनेवाला वज्र लेकर इन्द्र भी स्फटिक के पर्वत के समान उजले और ऊंचे ऐरावत हाथी पर चढ़कर उनके पीछे-पीछे चलने लगे। शत्रु पर क्रोध के कारण और भी अधिक जलते हुए अग्नि देव भी अपने पर्वत के समान ऊंचे और बड़े बिगड़ैल मेढ़े पर चढ़कर तथा बड़ा भयंकर दहकता हुआ अपना वस्त्र हाथ में लेकर वे भी उनके पीछे-पीछे चले।

यमराज भी अपने नीलम के पर्वत समान ऊंचे काले भैंसे पर चढ़कर तथा अपना दण्ड हाथ में लेकर कुमार के पीछे-पीछे चले। उनका भैंसा अपनी सींगों से बादलों को फाड़ता हुआ चलता था।

इसी प्रकार नैऋत्य दिशा का स्वामी नैऋत्य राक्षस भी उनके साथ हो लिया। राक्षस जाति का होने पर भी उसको तारक के प्रति द्वेषभाव था। वह अपने मतवाले प्रेत पर आरूढ़ होकर कुमार के पीछे-पीछे चल रहा था।

बलवान वरुणदेव भी अपनी अमोघ शक्ति रूपी फांस को लिये हुए अपने काली घटा के समान काले घड़ियाल पर आरूढ़ होकर कुमार की सहायता के लिए चल रहे थे। पवनदेव भी अपने हिरण पर आरूढ़ होकर और अपना अस्त्र लेकर इस युद्ध में चल रहे थे। पवनदेव का वाहन हरिण पृथ्वी और आकाश में कहीं भी वायु की गति से बे-रोक-टोक दौड़ता था।

जो गदा शत्रुओं का रक्त पीकर ही युद्ध का व्रत तोड़ा करती थी उस भारी गदा को लेकर और अपनी पालकी पर सवार होकर कुबेर भी इस युद्ध में भाग लेने चल पड़े। अपने-अपने हाथों में पिनाक धनुष और जलते हुए त्रिशूल लेकर अपने जटा-जूटों को बड़े-बड़े सांपों से कसकर हिमालय के समान उजले बैलों पर चढ़कर ग्यारहों रुद्र भी कुमार के पीछे-पीछे चल रहे थे।

महायुद्ध रूपी इस उत्सव में रुचि रखनेवाले अन्यान्य सभी देवता अपने-अपने वाहनों पर चढ़कर आनन्द से हंसते-गाते कुमार के साथ जा रहे थे। इस प्रकार सब युद्धसाजों से सज्जित, अनगिनत सोने के डंडों को ऊपर उठाती हुई, चमचमाते हुए रंग-बिरंगे छत्र चमकाती हुई, झुंड-के-झुंड चलनेवाले रथों की घनघनाहट से भयंकर लगती हुई मतवाले हाथियों की टन-टन और उनकी चिंघाड़ों से कान फाड़ती हुई अनेक प्रकार के झिलमिलाते अस्त्र-शस्त्रों की चमक से चारों दिशाओं और आकाश को चमकाती हुई देवताओं की उस महासेना को लेकर वीर कुमार रण-क्षेत्र में उतर रहे थे।

उत्साह से आगे बढ़ती हुई इस देवसेना की ऊंची-ऊंची और बड़ी ध्वजाओं से दशों दिशायें, आकाश और पृथ्वी सब एक हो गए-से लगने लगे थे। उनके नगाड़ों की घनघोर ध्वनि सुनकर तो राक्षसों की राजलक्ष्मी भी कांप उठी थी। सेना के चलने से जो धूल उड़ रही थी वह आकाश में इस प्रकार छा गई थी मानो समुद्र-मन्थन के समय उसके गर्जन से भी अधिक भयानक ध्वनिवाले दैत्यों की स्त्रियों के गर्भ गिरानेवाले नगाड़ों की धमक सुनकर आकाश रो उठा हो।

उस समय सुमेरु पर्वत की धूल इस प्रकार आकाश में पहुंची कि पहले तो रथों ने वहां की मिट्टी उखाड़ी, फिर घोड़ों ने अपने खुरों से उसे खोद-खोदकर महीन कर दिया और उसके बाद हाथियों ने भी अपने कान हिला-हिलाकर उसे चारों ओर फैला दिया तथा लहराती हुई झुंडियों ने उस धूल को और भी इधर-उधर बिखेर दिया एवं वायु उसको आकाश में उड़ा ले गई।

सुमेरु की तलहटी से उठी वह धूल रथ खींचनेवाले घोड़ों के खुरों से पिसकर हरहराते हुए पवन के सहारे सभी दिशाओं में फैल गई। इस प्रकार चारों ओर फैली वह धूल ऐसी सुनहरी लगती थी कि मानो सूर्य की सुनहरी धूप भी उसके सम्मुख तुच्छ हो।

इस प्रकार चलते हुए हाथियों ने वहां की चमकती हुई धरती पर जब अपनी परछाईं देखी तो उनको यही भ्रम होने लगा कि ये पाताल से निकले हुए बड़े-बड़े हाथी हैं। उनको उन पर क्रोध आने लगा और वे अपनी परछाइयों पर ही अपने दांतों का प्रहार करने लगे।

इसी प्रकार उन हाथियों को सुमेरु पर्वत पर भी अपनी-अपनी परछाइयों को देखकर भ्रम होने लगा था।

इस प्रकार युद्ध के समुद्र में तैरने को उद्यत देवराज इन्द्र की सेना अपने गनघोर गर्जन से गुफाओं को गुंजाती हुई बड़े वेग से सुमेरु पर्वत से नीचे को उतरी। देवसेना के रथों की घोर घरघराहट और बजते हुए घंटों को तथा बड़े-बड़े हाथियों की चिंघाड़ों की ऐसी ध्वनि होते हुए भी सुमेरु पर्वल की लम्बी-लम्बी गुफाओं से सोने वाले सिंहों ने अपनी नींद के स्वप्नों का सुख छोड़ा नहीं, वे उसी प्रकार मस्त सोये पड़े रहे।

उन गुफाओं में गूंजते हुए नगाड़ों की घन गंभीर और भयंकर ध्वनि और बड़े-बड़े रथों के पहियों की घड़घड़ाहट जब उन गुफाओं से टकराती थी तो वह दुगुनी हो जाती थी। इतना होने पर भी वहां के सिंह ज्यों-के-त्यों रहे, वे तनिक भी न विचलित हुए और न हिले। इस प्रकार उन्होंने सिद्ध कर दिया कि वे वास्तव में वनराज हैं।

उस विशाल देवसेना के चलने के कारण जो विराट ध्वनि सुनाई दे रही थी उसे सुनकर भयभीत अथवा विचलित होने की अपेक्षा वहां के सिंह और भी मतवाले हो गए थे। किन्तु वहां के हिरण इससे भयभीत होकर चौकड़ी भर-भरकर वहां से दूर चले गये थे। उनको भय होने लगा कि कहीं देवसेना उनका ही संहार न कर दे।

इस प्रकार चलते हुए यह देवसेना सुमेरू पर्वत की तलहटी पर उतर गई। उस देवसेना को अमरावती निवासी सभी स्त्री-पुरुष बड़े चाव से देख रहे थे। सुमेरु पर्वत की पीली, नीली, लाल और उजली चट्टानों से उड़ी हुई धूल से भरा हुआ आकाश ऐसा लगने लगा मानो बिंना परिश्रम के ही वह अनेक रत्नों से भरा गन्धर्वपुर बन गया हो।

देवसेना का वह उमड़ा हुआ घोर शब्द कानों को फाड़नेवाला था। वह हड़बड़ाते हुए समुद्र के कोलाहल से भी अधिक बढ़कर सारे ब्रह्माण्ड को गुंजाने लगा था। यहां तक कि मतवाले हाथियों की भारी चिंघाड़, चांरों ओर घोड़ों की हिनहिनाट और चलते हुए रथों की घोर घरघराहट में गंभीर और कान फाड़ने वाली नगाड़ों की ध्वनि डूब सी गई थी।

देवसेना के चलने से उड़ी हुई वह धूल क्षण भर में ही धीरे-धीरे दैत्यों की स्त्रियों के बालों, उनकी आंखों, अलकों और स्तनों पर बैठी हुई फिर उनकी पताकाओं, हाथियों, रथों और घोड़ों पर जाकर जमने लगी। जब सेना की यह घनी धूल सूर्य को ढंककर आकाश में छा गई तो हंसों ने तो यही समझा कि आकाश में बादल छा गये हैं और इसे बरसात का आगमन समझकर वे मानसरोवर की ओर उड़े तथा मोर भी इसे बरसात का आगमन मानकर मस्ती से नाचने लगे।

देवसेना के चलने से उठी हुई यह धूल आकाश में नये बादलों की पंक्ति की भांति तथा उनकी सुनहरी पताकायें चमकती हुई बिजली की लहरों-सी चमकने लगी थीं। आकाश और पृथ्वी के ठीक बीचों-बीच छाई उस धूल को देखकर लोग यही सोचते रह गये कि यह धूल ऊपर से नीचे उतर रही है अथवा कि नीचे से ऊपर को जा रही है। उस धूल के कारण कहीं सुई के नोक के बराबर भी स्थान खाली नहीं दिखाई देता था, इस कारण सर्वत्र अन्धकार छा जाने से कहीं किसी को कुछ भी दिखाई नहीं देता था।

सेना में ऐसे बहुत से बाजे बज रहे थे जिनकी घोर ध्वनि सुनकर मतवाले हाथियों का मद भी सूख जाता था और वह ध्वनि विमानों की छतरियों से टकराकर और भी दुगुनी गूंज उठती थी। उसे सुनकर ऐसा लगता था कि आकाश में घनघोर गर्जन हो रहा है।

इस प्रकार चलते हुए देवताओं की यह महासेना पहले तो धरती में भर गई। किन्तु वहां वह पूरी समा नहीं पायी इसलिए वहां से फिर आकाश में गई। किन्तु जब वह सेना वहां भी नहीं समा पायी तो घबराकर सोचने लगी कि अब यहां से कहां जाना चाहिए।

ऊंचे-ऊंचे मतवाले हाथियों की चिंघाड़ों से, अत्यन्त ऊंचे घोड़ों की हिनहिनाहटों से और चलनेवाले रथों की घड़घड़ाहट से सब ऐसे घबरा उठे मानो सबकी सांस घुटी जा रही हों। हाथियों की चिंघाड़ और उनकी घंटियों की टन-टन तथा मतवाले वीर सैनिकों की ललकार चारों ओर फैलकर ऐसी लग रही थी मानो दशों दिशाएं कोलाहल मचा रही हों।

बड़े-बड़े हाथियों का इतना मद बहा कि वहां की सूखी नदियों में भी बाढ़ आ गई थी। फिर घोड़ों के सूमों से उठी हुई धूल के भर जाने से उन नदियों में कीचड़-ही-कीचड़ हो गया और फिर रथों के पहियों से दबकर वहीं पर ज्यों-की- त्यों धरती दिखाई देने लगी।

चलते हुए घोड़ों के खुरों से रौंदी जाने पर और रथों तथा हाथियों के चलने से दब जाने पर नीचे के स्थान ऊंचे हो गए और ऊंचे स्थान नीचे हो गये। बड़े-बड़े पहाड़ों को फोड़ देनेवाली और समुद्र में हलचल मचा देनेवाली वह नगाड़े की ध्वनि आकाश और दिशाओं में गूंजी तो उसकी और भी भयानक ध्वनि सुनकर सारा संसार ही घबरा उठा। उस सेना की टनटनाते हुए घुंघरूवाली लाखों झंडियां सारे आकाश में भरकर सब मार्ग रोके हुए वायु के झोंकों में फहरा रही थीं। वह भी उस सेना के चलने से उड़ी हुई धूल के समुद्र में डूब गई।

मतवाले हाथियों की गूंजती हुई चिंघाड़ और पल-पल में भयंकर होती हुई घंटे की ध्वनि के आगे सेना के नगाड़ों का शब्द सुनाई ही नहीं पड़ रहा था। जैसे किसी शोर मचानेवाली नंगी रजस्वला को देखकर सज्जन लोग आड़ कर लेते हैं वैसे ही सेना के शब्दों से घोर कोलाहल करती हुई और आकाश-रूपी वस्त्र को फाड़कर रज से भरी हुई दिशा-रूपी नायिका को देखकर फैले हुए धूल के अंधेरे की ओट करके स्वयं को छिपा लिया।

वहां जो नगाड़े बज रहे थे उनकी ध्वनि ऐसी प्रतीत होती थी मानो आकाशरूपी वह नायक धूल से भरी हुई अपनी दिशा रूपी रजस्वला नायिका पर सैनिकों को इतना बड़ा धावा देखकर घोर ईर्ष्या से गरज उठा हो। बड़े-बड़े हाथी आकाश में इस प्रकार घूम रहे थे जैसे किसी बड़े भारी आंधी से पहाड़ की चट्टानें ऊपर उड़ रही हों। भूमि पर रथ इस प्रकार चल रहे थे मानो बड़े-बड़े बादल चल रहे हों।

इस युद्ध में ऐसा लग रहा था मानो पृथ्वी के पहाड़ तो आकाश में उड़ने लगे हों और आकाश में विचरण करनेवाले बादल पृथ्वी पर विचरण करने लगे हों।

इस प्रकार घोर कोलाहल मचाती हुई, देवलोक के बड़े-बड़े राजाओं से युक्त वह देवसेना चारों ओर से भली प्रकार भरी होने पर भी और भी अधिक बढ़ती जा रही थी। उसे देखकर ऐसा लगने लगा था, मानो बलवान असुरों के इस महाप्रलय के समय बहुत ही घनघोर गर्जन करता हुआ महासागर उमड़ा चला जा रहा हो।

पंचदश सर्ग

देव-दानव युद्ध

इतना कोलाहल हो और इतनी बड़ी देवसेना का प्रयाण हो तो दैत्यों को इसकी सूचना न मिले, यह तो किसी प्रकार भी सम्भव नहीं था। दैत्यों ने जब यह कोलाहल सुना और जब उनको यह विदित हुआ कि भगवान् शंकर के पुत्र कार्तिकेय के सेनापतित्व में अपनी सेना लेकर दैत्यों का परम शत्रु इन्द्र उनसे युद्ध के लिए चला आ रहा है तो उनमें बड़ी खलबली मच गई।

अभी तक तो उन्होंने केवल सुना ही था कि कार्तिकेय सेनापति बनकर आए हैं किन्तु जब उन्होंने स्वयं देख लिया कि जयलक्ष्मी के साथ देवताओं की सेना लेकर विजयी कार्तिकेय वास्तव में ही सेनापति बनकर आये हैं तो सभी दैत्यों को मानो काठ-सा मार गया।

दैत्यों के राजा तारक की नगरी में रहनेवाले सभी दैत्य एकत्रित हुए और वे तारक के पास जा पहुंचे। वहां पहुंचकर उन्होंने अपने राजा को प्रणाम किया और फिर बताया कि युद्ध के लिए प्रवृत्त होकर और भगवान् शंकर के पुत्र कुमार को साथ लेकर इन्द्र उनसे युद्ध करने के लिए आ गये हैं।

तारक ने जब यह सुना तो उसकी हंसी छूट गई। उसने व्यंग्य से कहा, 'पिछले कई युद्धों में मुझ त्रैलोक्य विजयी को इन्द्र तो परास्त कर नहीं सका, अब जब वह कुमार के भरोसे युद्ध करने चला है तो फिर उसकी जीत कहां?'

यह कहते हुए उस तीनों लोकों को जीतने की शक्ति रखनेवाले तारक के ओठ क्रोध से कांपने लगे और उसने अपनी सेना को युद्ध के लिए तैयार होने की आज्ञा दे दी। उसे अपने सैनिकों के बाहुबल पर बहुत ही भरोसा था। और हो भी क्यों न, अभी तक तो उनके आश्रय ही वह युद्ध में विजयी होता आ रहा था।

उस समय अस्त्र-शस्त्र बांधकर बड़े-बड़े दैत्य सेनापति तारक के आंगन में आकर एकत्रित हो गये। उस आंगन में उनके [illegible] ये पहले से ही तारक के अधीन जितने भी राजा थे वे सब आकर खड़े थे।

इस प्रकार जो-जो आता गया उसको लेकर द्वारपाल तारक के पास जाते और वे तारकासुर को प्रणाम करते और वहीं खड़े होते जाते। इस प्रकार उस दैत्यराज ने देखा कि उसके ये अगण्य सेनापति युद्ध-कला में एक से बढ़कर एक निपुण हैं।

युद्ध की तैयारी करके वह स्वयं भी उस भयंकर रथ पर चढ़कर, जो अकेला इन्द्र की सेना को तहस-नहस कर सकता था, युद्ध के लिए चल पड़ा। उस रथ की कर्कश ध्वनि सुनकर हाथियों का चिंघाड़ना, मद बहाना भी बन्द हो जाता था और वह रथ पर्वत तथा समुद्र, कहीं भी बिना किसी बाधा के जा सकता था।

सारी धरती और आकाश पर धूल उड़ाती हुई तारकासुर की सेना भी अपने राजा और सेनापतियों के पीछे-पीछे बड़े उत्साह से चलने लगी। उनके चलने से भी धरती और आकाश में धूल छा गई और उनकी पताकायें बिजली के समान आकाश में चमकने लगीं।

तारक की सेना के नगाड़ों की जो गम्भीर ध्वनि थी वह पर्वत की कन्दराओं को भी फोड़ने में समर्थ थी। उसको सुनकर समुद्र अपना तट छोड़कर ऊपर को उठ आया और आकाश गंगा में भी बाढ़ आ गई।

दैत्यराज तारक की बड़ी भारी सेना का बड़ा भारी शोर जो आकाशगंगा में गूंजा तो उसमें से उछली हुई सुन्दर कमलों से भरी सैकड़ों लहरों ने वहां के भवन ही धो डाले।

जब वह दैत्यराज युद्ध करने के लिए चला तो उसके सम्मुख ऐसे-ऐसे अपशकुन होने लगे कि जिनसे यह आभास मिलता था कि आज वह राक्षस किसी भारी विपत्ति में पड़नेवाला है।

उस समय यह भी दिखाई दिया कि दैत्यों का मांस पाने की टोह में बहुत गिद्ध-कौवे आदि पंक्तिबद्ध होकर दैत्यों की सेना के ऊपर इस प्रकार मंडराने लगे कि उनकी छाया भी नीचे नहीं पड़े।

न केवल इतना अपितु आकाश में बार-बार ऐसी आंधियां उठने लगीं कि छत्र, चमर, पताकायें ये सब टूट-फूट गईं। धूल उड़कर उसकी आंखों में भर गई। इतना ही नहीं, हाथी, घोड़े और रथ आदि सबको उन आंधियों ने झकझोर डाला।

काले-काले भयंकर विषधर सांप, जो विष भरी आग की ऊंची-ऊंची लपटें उगलने वाले, बड़े ही भयंकर डील-डौल वाले सांप तारक की सेना का मार्ग काट-काटकर उसके सामने से निकलने लगे थे।

इसी प्रकार सूर्य ने भी तारक को यह सूचित करते हुए कि अब उसके दिन पूरे हो चले हैं, भयंकर सांपों की कुंडली के समान बड़ा-सा मंडल उसके चारों ओर डाल दिया था। युद्ध में तारक का लहू पीने की उतावली में सियारिनें सूर्य-मंडल के चारों ओर आ-आकर बड़े डरावने स्वर में रुदन करने लगीं।

दिन में निकले हुए तारे उस सेना के चारों ओर बड़े वेग से टूटकर गिरने लगे। इससे लोगों को यह विश्वास हो गया कि ये सब उपद्रव तारक के नाश के लिए ही हो रहे हैं। अपनी घोर और भयंकर तड़प से हृदय फाड़नेवाली और अपनी जलती हुई चमक से सारी दिशाओं को तथा आकाश को चमका देनेवाली बिजली भी बिना बादल के ही आकाश से टूट-टूटकर गिरने लगी थी।

चारों ओर से आकाश तथा दशों-दिशाओं में ऐसा भयंकर शोर हो रहा था जो क्रोध में भरे हुए काल की गरजना के समान कानों के परदे फाड़े डाल रहा था। उसकी गूंज से पर्वतों की चोटियां भी फटी पड़ रही थीं।

तभी सहसा ऐसा भयंकर भूचाल आया कि समुद्र हिलोरें लेने लगा, पर्वतों में दरार

पड़ गई। यहां तक कि तारक के सैनिक परस्पर एक-दूसरे को पकड़कर लिपट गये। बड़े-बड़े हाथी भी लड़खड़ाने लगे और घोड़े तो जहां-तहां गिरते दिखाई दिये।

एक साथ बहुत से कुत्ते सूर्य की ओर मुंह उठाकर रोते हुए और बुरे ढंग से भौंकते हुए तारक के सामने से ही निकल-निकलकर इधर-उधर जाने लगे।

जबकि इस प्रकार के अपशकुन चारों ओर से उस दैत्य को दिखाई दे रहे थे, फिर भी उस दुष्ट ने युद्ध से विरत होने के विषय में नहीं सोचा। उसकी सेना अथवा प्रजा में जो-जो विद्वान थे, उन्होंने इस प्रकार के अपशकुन देखकर तारक को युद्ध से रोकना चाहा किन्तु उसने किसी की नहीं सुनी, वह आगे बढ़ता ही चला गया। क्योंकि जो लोग हठ के कारण अंधे हो जाते हैं उनको अपने बड़े-बूढ़ों का उपदेश कभी अच्छा नहीं लगता।

तभी उलटा बहता हुआ वायु का एक ऐसा झोंका आया कि तारक का सुनहरा राजछत्र भी भूमि पर आ गिरा। तब ऐसा लगने लगा कि उसकी मृत्यु ने अपना व्रत तोड़ने के समय भोजन करने के लिए सोने का थाल लाकर सामने रख दिया हो।

तारक के मुकुट से मोती टूटकर गिरने लगे थे जो इस बात का संकेत दे रहे थे कि मुकुट को भी तारक की मृत्यु का आभास हो गया है और वह अपने रुदनरूप में मोती के आंसू बरसा रहा है। तारक के सिर पर गिद्ध मंडरा रहे थे जिन्हें उसके सेवक बार-बार भगाने में लगे हुए थे। यह भी इस बात का संकेत था कि अब उसके दिन पूरे हो गये हैं।

तभी तारक के सैनिकों ने देखा कि उसकी ध्वजा पर बड़ा काला और भयंकर सांप अपने फण की मणि की किरणों के प्रकाश से चमकते हुए फनोंवाला तथा विषधरी फुंकार छोड़नेवाला, उस ध्वजा से जा लिपटा है।

तभी सहसा तारक के रथ के पहिये से ऐसी भयानक आग की लपट-सी उठी कि उससे रथ के घोड़ों के बाल, कान और चौरियां झुलस गईं। यहां तक कि तारक के धनुष, बाण और तूणीर भी जल उठे।

इस प्रकार के अपशकुन बार-बार दिखाई देने पर भी जब वह दैत्य युद्ध से विमुख नहीं हुआ तो उसको आकाश से देववाणी सुनाई दी।

'हे घमंडी दैत्य ! अपने भुजदण्डों पर अभिमान करके उन कार्तिकेय के सम्मुख युद्ध करने के लिए मत जा, जिनके साथ इन्द्र और विजयी देवता भी चले आ रहे हैं। यद्यपि यह बालक कुमार छः दिन का ही है किन्तु उसके सम्मुख युद्ध करने पर दैत्यों की वही दशा होगी जो सूर्य के सम्मुख अन्धकार की होती है। तू उनसे भला क्या लड़ेगा?

ऐ तारक ! जिस क्रौंच पर्वत की शताधिक चोटियां आकाश का चुम्बन करती हैं और जो दशों दिशाओं में विस्तीर्ण हैं उसे भी जिसने अपने बाणों से वेध डाला हो उसके साथ तू क्या युद्ध करेगा? जिन परशुरामजी ने शंकरजी से धनुर्विद्या सीखकर इक्कीस बार युद्ध में राजाओं के गाढ़े रक्त में स्नान करके अपने क्रोध शांत किया था, ऐसे क्षत्रियों के नाश की कालरात्रि बुलानेवाले परशुराम भी जिनसे लड़ने में घबराते हैं उन त्रिभुवन प्रसिद्ध महायोद्धा से लड़ने का साहस तुममें कहां है?

ऐ घमंड से अन्धे दैत्य ! तू अपना यह घमंड छोड़कर कुछ ऐसा उपाय कर कि जिससे तू कुमार की शक्ति के आगे न जा सके। इसलिए अच्छा यही है कि इस समय तू सीधा उनकी शरण में चला जा। इससे तेरे प्राण तो बचे रह जाएंगे !'

अपने क्रोध से तीनों लोकों को कंपानेवाला वह दैत्य ऐसी आकाशवाणी सुनकर एक बार तो भय से कांप उठा। किन्तु तुरन्त ही सम्हल गया और अपने घमंड में आकाश की ओर मुख करके गरजकर कहने लगा, 'अरे कार्तिकेय की प्रशंसा करनेवाले, आकाश में घूमनेवाले देवताओं ! क्या तुम मेरे बाणों की उस पिछली पीड़ा को भूल गये हो जो इस प्रकार बक-बक कर रहे हो?

अरे देवताओं ! कार्तिक मास में जिस प्रकार पागल कुत्ते भौंका करते हैं और रात को वन में सियार, लोमड़ी आदि धूर्त पशु बोला करते हैं वैसे ही तुम लोग भी आकाश में चढ़कर उस छः दिन के बालक कुमार की रिरियाकर क्या झूठी शान बघार रहे हो? यह छोटा-सा बालक तुम लोगों के साथ रहने के कारण वैसे ही मारा जाएगा जिस प्रकार चोर का साथ देनेवाला भी दंड का भागी बन जाता है।'

यह कहकर उस दैत्यराज ने अपना जो कृपाण उठाया तो आकाश में खड़े सब देवताओं में भगदड़-सी मच गई। तारक बड़े घमंड से उन पर हंस पड़ा और फिर उसने म्यान से अपनी तलवार निकाल ली और अपने सारथी से कहा कि वह तुरन्त रथ को दौड़ाता हुआ इन्द्र के पास ले चले।

इस प्रकार वह दैत्यराज देवताओं की सेना के सम्मुख जा पहुंचा। उसने जब वहां पर देवताओं की भयंकर सेना को खड़ा पाया तो उसके भुजदंड भी युद्ध के लिए फड़क उठे।

दैत्य को सामने खड़ा देखकर इन्द्र के वीर योद्धा उस पर टूट पड़े। क्योंकि जो युद्ध के लिए आतुर होते हैं वे अवसर आने पर किसी प्रकार आगा-पीछा नहीं देखते और युद्ध में कूद पड़ते हैं।

देवसेना के दैत्य-सेना पर टूट पड़ने पर दैत्य-सेना अविचल नहीं रह सकती थी। उसके सैनिक भी देव-सेना पर प्रहार करने लगे। वे अपना नाम सुना-सुनाकर शत्रु सेना पर प्रहार कर रहे थे।

अपने सम्मुख समुद्र के समान हिलोरे लेती हुई उस दैत्य-सेना को देखकर बड़े-बड़े देवताओं के भी छक्के छूटने लगे। परन्तु उस सारी दैत्य-सेना को एक कनखी से देखकर ही निडर सेनापति कार्तिकेय ने समझ लिया कि इस सेना में कोई दम-खम नहीं है।

दैत्यों की सेना के डर से घबराई हुई देव-सेना की ओर अपने आनन्द के अमृत से धुले हुए नेत्रों से देखकर कुमार ने संकेत किया कि डरो मत, युद्ध किये जाओ। जब देवताओं ने उस युद्ध में शक्तिशाली कार्तिकेय के दर्शन कर लिये तो उनका उत्साह बढ़ गया और इन्द्र आदि सभी देवता यह कहकर प्रसन्नता से उछलने लगे कि हम शत्रुओं को जीत लेंगे। ठीक ही तो है कि भले लोगों का संग कर लेने से किसका बल नहीं बढ़ता।

अपने-अपने शस्त्र उठाकर देवताओं और दैत्यों के सैनिक अपने-अपने चारणों के

गाये हुए अपने- अपने नाम-वाले पराक्रम के गीत सुनते हुए विजय की इच्छा से समर में कूद पड़े।

जिस प्रकार प्रलय के समय अपनी मर्यादा को तोड़कर चारों ओर फैले हुए संसार को डुबोते हुए, बहाते हुए, उसे काल का भोजन बनाते हुए, दो समुद्र परस्पर टकराते हुए बढ़ चलते हैं, उसी प्रकार ताड़ के वृक्षोंवाले पहाड़ की तलहटी को फाड़ देनेवाला यह देवताओं और दैत्यों की सेनाओं के समुद्र का भारी कोलाहल, यमराज को आमन्त्रित-सा करता हुआ सारे ब्रह्मांड को अपनी कुक्षि में भरने लगा।

षोडश सर्ग

युद्ध-वर्णन

जब देव और दानवों की सेनाओं के समुद्र का कोलाहल समस्त ब्रह्माण्ड में व्याप गया तो युद्ध आरम्भ हो गया। उस समय इन्द्र और तारक की सेनायें अपने-अपने शत्रु की सेना पर भीषण शस्त्रों के प्रहार करने लगीं। इस प्रकार उस युद्ध ने भयंकर रूप धारण कर लिया।

पैदल जो सेनानी थे वे पैदलों से जाकर भिड़े तो रथवाले रथों से और घुड़सवार सेनानी घुड़सवारों से, हाथी पर चढ़ी हुई सेना भी इसी प्रकार हाथी सवारों से जाकर भिड़ गई। इधर वीर सेनानी युद्ध कर रहे थे तो उधर दोनों पक्षों के चारण अपने सैनिकों का उत्साह बढ़ाते हुए उनके वंश की और उनकी विरुदावलि गा रहे थे। इस प्रकार सैनिकों का उत्साह और भी दुगुना बढ़ जाता था।

किन्तु वे वीर योद्धा युद्ध में अपने प्राणपण की बाजी लगाकर प्रहार कर रहे थे, चारण क्या गा रहे हैं, किसके कुल की अथवा किस वीर की क्या प्रशंसा कर रहे थे, यह सब सुनने का उनको अवकाश ही कहां था। हां, कभी-कभी बीच में एक क्षण के लिए रुकते तो उस समय उनके कानों में चारणों के गीतों की ध्वनि सुनाई पड़ती थी।

सैनिकों को युद्ध में बड़ा ही आनन्द आ रहा था। वे सैनिक जिस प्रकार प्रखर वेग से खड्ग, कृपाण आदि चला रहे थे कि वह सब देखते ही बनता था। कवचों के टूटने पर उनके भीतर बंधी हुई रुई आकाश में उड़कर ऐसी फैल गई थी कि दशों दिशायें किसी बूढ़े के बालों के समान श्वेत दिखाई देने लगीं।

जहां कहीं सूर्य की किरणें पड़तीं वहीं रक्त-रंजित तलवारें बिजली की तरह कौंधती-सी दिखाई देने लगतीं। वीर सैनिकों ने क्रोध में भरकर जो विषैले बाण अपने शत्रु पर छोड़े, उनसे सारा आकाश छा गया था। वे बाण अपने लक्ष्य को पाकर उस सैनिक के शरीर से इस प्रकार पार निकल जाते थे कि उनमें रक्त का स्पर्श भी नहीं हो पाता था।

इस प्रकार युद्ध करते हुए जब आकाश वाणों से छा गया तो वहां युद्ध देखने के लिए

एकत्रित हुए देवगण वहां से इस डर से हट गये कि कहीं वे वाण उनको ही न लग जाएं। वाणों के भयंकर गर्जन से आकाश में एक विशेष प्रकार की गर्जना-सी सुनाई देने लगी। आकाश में छोड़े गये ये बाण शत्रु का रक्त पीने को लालायित दिखाई देते थे।

युद्ध-क्षेत्र में वीरों के हाथों में खड्ग, कृपाण और तलवारें बिजली-सी कौंध रही थीं। युद्ध-भूमि में चमकते हुए भाले ऐसे लगते थे मानो यमराज ही अपनी जीभ को लपलपा रहे हों। इसी प्रकार उन चक्रधारी वीरों के चक्र भी युद्ध-भूमि में चारों ओर चक्रवत् घूमते दिखाई दे रहे थे।

कभी-कभी कोई वीर जब गर्जन करता हुआ शत्रु को ललकारता तो उस ललकार को सुनकर ही बहुत से सैनिक अपने घोड़ों से गिर जाते थे और बहुत से तो यों ही मूर्च्छित होकर गिर पड़ते थे।

योद्धाओं में कोई-कोई वीर तो ऐसे थे कि जब कोई उन्हें मारने के लिए सामने आए तो वे प्रसन्न हो उठते थे कि चलो इसी से दो-दो हाथ हो जाएं, पर जब वह घबराकर लौट आता तब उनको इस बात का दुःख होता कि उससे दो-दो हाथ करने का अवसर हाथ ही नहीं आया।

कुछ तो ऐसे भी रणबांकुरे थे कि वे अनेक वीरों के साथ युद्ध करके और चारों ओर घूम-घामकर उन वीरों के पास पहुंच जाते थे जिनसे लड़ने का निश्चय उन्होंने पहले से ही किया हुआ था। जब ऐसे वीर योद्धाओं ने देखा कि युद्ध के लिए उन्मत्त और फड़फड़ाती भुजाओंवाले वीर चारों ओर छा गये हैं तो वे बड़े प्रसन्न होते कि चलो अब जी भरकर युद्ध करने का अवसर तो मिलेगा।

शस्त्रों से कटे हुए हाथियों के मस्तकों से झड़े हुए मोती उस युद्ध स्थल पर बिखरने से वहां की शोभा ऐसे बढ़ा रहे थे जैसे किरण के खेत में बोए हुए यश के अंकुर फूट निकले हों। रण में वीरों की भयानक ललकारों से भागे हुए हाथी, हाथीवानों के अंकुश खाकर इधर-उधर भाग निकलते थे। जिन हाथियों के हाथीवान शत्रुओं द्वारा युद्ध में मार दिये गये थे वे हाथी मनमाने घूमते हुए लहू की नदी में स्नान किये से लाल-लाल दिखाई देने लगे।

बड़े ऊंचे रथों पर चढ़े हुए सैनिक लहू की नदी की अपार धारा में डूबते रहने पर भी क्रुद्ध होकर ललकारते हुए शत्रु पर बाण छोड़ रहे थे। ऐसे भी अनेक वीर थे कि जिनके सिर शत्रु की तलवार के घाट उतर गये थे। उनके कबन्ध जब धरती पर गिरते तो गिरते-गिरते भी वे एक-दो शत्रुओं के सिरों को काट कर ही गिरते।

शस्त्रों से कटकर गिरे हुए वीरों के सिर क्रोध से दांत पीसते हुए शत्रु की ओर दौड़ रहे थे। जो सिर कटकर गिर रहे थे उन्हें आकाश में उड़नेवाले बाज उड़ा ले जाते—यों सारा आकाश उन मुंडों से छा गया था। पैदल और घुड़सवार सैनिकों ने क्रोध से उन्मत्त होकर सामने पड़नेवाले हाथियों के दांतों पर चढ़कर हाथी पर सवार सैनिकों को छेद डाला।

हाथीवानों के मारे जाने पर उन्मत्त हाथी-युद्ध क्षेत्र में दौड़ रहे थे और जो हाथी परस्पर भिड़ते तो उन पर बैठे हुए योद्धा आपस में लड़ने लगते और एक-दूसरे को बलपूर्वक

मार डालते थे। क्रोध से परस्पर टक्कर लेनेवाले हाथियों के दांतों की चोट से ऐसी आग उठती कि शत्रु के शस्त्रों से मरे हुए सैनिक अचानक जल उठते थे।

पदाति सैनिक भी इस प्रकार लड़ रहे थे कि यदि कोई अत्यन्त क्रुद्ध हाथी उनको अपनी सूंड में उठाकर उछाल भी देते तो वे उसके स्वामी देखते-देखते उसकी सूंड ही अपनी तलवार से काट देते थे। जिन वीरों को हाथियों ने उछालकर ऊपर कर दिया था उनके प्राण तो वहीं स्वर्ग को प्रयाण कर गये, केवल उनके निष्प्राण शरीर ही धरती पर गिरते थे। तदपि वीर सैनिक सूंड़ को ऐसे झटके से काटते कि उनकी तलवार भी धरती पर आकर धंस जाती।

जो सैनिक वीर-गति प्राप्त कर स्वर्ग में जाते, स्वर्ग की देवांगनायें उन्हें अपना प्रेमी बनाने के लिए उतावली हो उठती थीं।

किसी समय कोई धनुषधारी सैनिक घुड़सवार अपने बाणों से किसी हाथी- सवार को बाण मारकर मूर्च्छित कर देता था तब वह बहुत समय तक इस प्रतीक्षा में रहता कि वह फिर उठे तो उससे पुनः युद्ध किया जाए, क्योंकि मूर्च्छित को मारना युद्ध-नियम के विपरीत था। इसी प्रकार एक बिगड़ैल हाथी पैदल सैनिक को अपने सूंड़ में लपेटना चाह रहा था, सैनिक ने जब यह देखा तो पहले तो अपनी तलवार से उस हाथी की सूंड़ को काट डाला और फिर उसके दांत उखाड़ने के लिए उसके दांतों पर चढ़ गया।

इसी प्रकार अन्य पैदल सैनिक शत्रु-सेना में घुस गया और अपनी तलवार से एक हाथी के दोनों दांत काटकर पुनः अपनी सेना में लौट आया। क्रोध से भरे हुए हाथी की सूड़ में कसकर लिपट जाने पर भी एक वीर हाथी को मारकर जीवित अपने क्षेत्र में लौट आया।

ऐसे ही एक घुड़सवार सैनिक अपने शत्रु की छाती पर अपना भाला मारकर ऐसा प्रसन्न हुआ कि जब उस सैनिक ने घोड़े से गिरते हुए उलटकर उस पर भाला चलाया तो उसे यह भी भान नहीं रहा कि उसको चोट लगी है। मारने के लिए अपने हाथ में भारी गाला उठाकर घोड़े की पीठ पर जमकर बैठा हुआ एक सैनिक शत्रु के भाले से मारे जाने पर भी ऐसा लगता था कि वह अभी जीवित है।

शत्रु से आहत पृथ्वी पर पड़े सैनिक का घोड़ा अपने स्वामी के प्रति इतनी भक्ति दिखाता कि मानो उसक उठने की प्रतीक्षा में वह वहीं पर उसके चारों ओर चक्कर लगाने लगता। यों ही तीखा प्रहार लगने से एक घुड़सवार लड़खड़ाता हुआ भी क्रोध के कारण मूर्च्छित नहीं होता था और वह चाह रहा था कि यदि उसका शत्रु सामने आ जाये तो उसको वहीं से यमलोक भेज दे।

दो घुड़सवार परस्पर लड़ते हुए घोड़े से नीचे गिर पड़े और वहीं धरती पर छुरों से एक-दूसरे पर प्रहार करने लगे। इसी प्रकार एक रथवाले योद्धा को उसके शत्रु ने मार दिया तो वह अपना टूटा हुआ धनुष खींचे हुए उस रथ पर मरा हुआ भी ऐसा बैठा दिखाई देता था कि अभी अपने शत्रु पर बाण छोड़ेगा।

दो श्रेष्ठ शस्त्रधारी रथारूढ़ सैनिक जब मरकर स्वर्ग पहुंचे तो वहां पहुंचकर भी वे

दोनों परस्पर एक अप्सरा के लिए लड़ पड़े। इसी प्रकार अर्द्धचन्द्र वाणों से एक-दूसरे का सिर काटकर दो रथी स्वर्ग में पहुंचे और वहीं से वे अपने उन धड़ों का खेल देखते रहे जो बहुत देर तक युद्ध-भूमि में हाथ में तलवार लिये परस्पर युद्ध कर रहे थे।

युद्ध-क्षेत्र में चारों ओर नगाड़ों का घनघोर गर्जन हो रहा था, भूत-प्रेतों की स्त्रियां गीत गा रही थीं। युद्ध-भूमि रक्त से इस प्रकार रंजित हो गई थी कि उस फिसलन में वाण लिये हुए वीरों के धड़ों के लिए नाचना कठिन हो रहा था।

इस प्रकार इस भयंकर युद्ध में जब रक्त की नदी बहने लगी तो उसके तीर पर ही वीर सैनिक डूबने लगे तो उस समय देवताओं का परम शत्रु तारक राक्षस क्रोध से अपनी भौंहों को नचाता हुआ लाल-लाल आंखें करके स्वयं युद्ध करने के निमित्त इन्द्र आदि दिग्पालों के सम्मुख आकर खड़ा हो गया।

सप्तदश सर्ग

तारक-वध

तारकासुर को लड़ने के लिए सामने आया देखकर सब दिग्पाल बड़े प्रसन्न हुए। जिस दैत्यराज का रोम-रोम लड़ाई के लिए फड़फड़ा रहा हो, जिसने धुआंधार बाणों की वर्षा करके धरती और आकाश में अंधेरा कर दिया था, वही दैत्य अब उनसे लड़ने के लिए उनके सामने आकर खड़ा हो गया था। इससे बढ़कर प्रसन्नता की और क्या बात हो सकती थी।

तारकासुर ने आते ही देवताओं पर अपने बाणों की वर्षा करनी आरम्भ कर दी। वह घनघोर अट्टहास करता हुआ अपने बाणों से देवताओं को पीड़ित करने लगा। उस युद्ध-क्षेत्र में इन्द्र आदि जो दिग्पाल अपने तीखे-तीखे बाण छोड़ते थे उन्हें चुन-चुनकर दैत्यराज के बाण वैसी ही फुर्ती से काटते चले जा रहे थे मानो बहुत से गरुड़ मिलकर सांपों के झुंड काटते चले जा रहे हों।

दैत्यराज को वह युद्ध साधारण युद्ध नहीं दिखाई दे रहा था। इसलिए उस दैत्यराज ने क्रोध से लाल होकर ऐसे भयंकर वाण छोड़े कि वे वाण सर्प बनकर इन्द्र आदि सब देवताओं के गले से लिपटकर उनके लिए फांसी बन गए। इससे तो उन सब देवताओं की सांस घुटने लगी। उनको इतनी वेदना हुई कि उन्होंने लड़ना छोड़ा और सब-के-सब सेनापति कार्तिकेय के पास दौड़े गए।

पर ज्यों ही कुमार कार्तिकेय ने उनकी ओर केवल दृष्टि मात्र की कि सबके पाश यों ही ढीले पड़ गए और उनकी श्वास लेने की कठिनाई जाती रही। देवताओं ने प्रसन्न होकर कार्तिकेय का स्तुतिगान आरम्भ कर दिया।

तारक ने जब यह देखा तो उसका चेहरा क्रोध से तमतमा उठा। उसने अपने सारथी को कहा, मैंने इन्द्र आदि जिन देवताओं को अपने नागपाश में बांध लिया था, उसके पाश से तो इस कुमार ने अपनी एक ही दृष्टि में मुक्त कर दिए हैं। अब सबसे पहले इस कुमार को

गिद्ध और सियारों की भेंट करता हूं। इसलिए तुम इस रथ को झटपट आगे बढ़ाकर उस शंकर के पुत्र के पास पहुंचाओ, जिससे मैं भी देखूं कि मुझसे लड़ने के लिए वह अपनी किन भुजाओं के बल पर इतना ऐंठ रहा है।

सारथी ने तारक की आज्ञा का पालन किया और रथ को लेकर तुरन्त उस ओर को चल पड़ा, जहां इतने सैनिक शत्रु कटकर गिरे हुए थे कि उनके मांस, हड्डी और रक्त के कीचड़ में उसके रथ के पहिए धंस गए थे। उस समय चलता हुआ तारक का वह रथ ऐसा लगता था मानो प्रलय की आंधी में हिमालय उड़ा चला आ रहा हो। उसके नीचे देवताओं की सेना के जो सैनिक पिस रहे थे उनके हाहाकार से वह और भी भयंकर हो गया था और जब तारक का वह रथ देवताओं के बिलकुल समीप आ गया तो उसे देखकर तो देवसेना के प्राण ही सूखने लगे।

तारक ने देवताओं के मुरझाए हुए चेहरे देखे और अपनी बड़ी भारी भुजाओं में धनुष पकड़े हुए वह कुमार कार्तिकेय के पास जा पहुंचा। कार्तिकेय भी लड़ने के लिए अधीर हो रहे थे।

तारक ने उनके पास पहुंचकर उन्हें ललकारा, 'हे तपस्वी शंकर के पुत्र ! तुम अपनी भुजाओं पर इतना अभिमान मत करो और इन देवताओं का साथ छोड़ दो। कहां तो ये तुम्हारी छोटी-छोटी बचकानी कोमल भुजाएं और कहां ये भारी-भारी शस्त्र। तुम्हारे इन कोमल हाथों में ये सब शोभा नहीं देते।

तुम पार्वती और शंकर के एकलौते पुत्र हो। मेरे तीखे बाणों से बिंधकर तुम क्यों काल के ग्रास बनना चाह रहे हो? तुम्हारे लिए अच्छा यही है कि यहां से चले जाओ, जिससे तुम्हारे प्राण बच जायें और तुम अपने माता-पिता को प्रसन्न कर सको।

कुमार ! तुम अपना भला-बुरा स्वयं सोचो। इन्द्र का साथ छोड़कर यहां से हट जाओ, नहीं तो जब मैं उस पर बाणों की वर्षा करूंगा तो पत्थर की नाव जिस प्रकार स्वयं ही गहन जल में डूब जाती है वैसे ही यह भी गहरे जल में डूबेगा और साथ में तुमको भी ले डूबेगा।'

तारकासुर की इस प्रकार की अनर्गल बातें सुनकर कुमार कार्तिकेय के ओठ क्रोध से कांपने लगे तथा उनकी आंखों में क्रोध की लाली कौंध गई। बड़े क्रोध से अपने धनुष की ओर देखते हुए और अपने बल पर भरोसा कर कुमार ने तारक को ललकारते हुए कहा, 'तारक ! अपने गर्व में चूर होकर जो कुछ भी तुमने अभी कहा है वह तुम्हें कहना नहीं चाहिए था। क्या करूं, मेरा भी आज तुम्हारी इन बड़ी-बड़ी भुजाओं की थाह लेने के लिए मन कर रहा है, इसलिए उठाओ अपने शस्त्रास्त्र, अपने धनुष की प्रत्यंचा चढ़ाओ, देखता हूं, इन सब में कितना बल है।'

तारक ने जब यह सुना तो उसको क्रोध आ गया और उसने दांत पीसते हुए कहा, 'यदि इस युद्ध में अपनी इन भुजाओं पर गर्व है तो आओ और शत्रुओं की पीठ को छलनी बना देनेवाले मेरे बाणों के प्रहार का स्वाद लो।'

कुमार का क्रोध इससे और भी बढ़ गया। पागल और क्रुद्ध सर्प की भांति कुमार

अपने विजयी वाण का सन्धान कर ही रहे थे कि तभी तारक ने भी अपने धनुष पर वह वाण चढ़ाया जिसको देखकर ही शत्रु डर जाया करते हैं।

इस प्रकार दोनों ही अपनी चमक से आकाश को जगमगा देनेवाले वाणों को अपने-अपने धनुष पर चढ़ा-चढ़ाकर धनुष को कान तक तानकर एक-दूसरे पर बाण छोड़ने लगे। तारक के धनुष से छूटे हुए बाण ऐसी सनसनाहट करते थे कि उनको देखकर सैनिक कांप उठते थे। उनकी वर्षा से देवताओं की आंखों के सामने अंधेरा छा गया। थोड़ी देर के लिए कार्तिकेय को भी सामने कुछ दिखाई नहीं दिया।

इसके बाद कार्तिकेय ने अपने पूर्ण बल से धनुष की डोरी को कान तक खींचकर अपने तीखे और विजयी बाणों की वर्षा करते हुए तारक के बाणों को तितर-बितर कर दिया। इस प्रकार जब तारक के बाणों की घटा फट गई तो देवताओं ने भगवान् शंकरजी के कुमार को अपने परम तेजस्वी रूप में देखा।

इस युद्ध में कुमार कार्तिकेय का ऐसा प्रताप बढ़ा कि तारक को अपनी छल-विद्या का प्रयोग करने के लिए विवश होना पड़ा। उसने माया-युद्ध आरंभ कर दिया।

जिस विजयी तारक ने सारे संसार को अपनी मुट्ठी में कर लिया था उसने जब यह जान लिया कि शस्त्रास्त्र के युद्ध में अब वह अधिक समय तक कुमार के साथ टिक नहीं सकेगा तब उसने बड़े क्रोध में भरकर किसी को कुछ न समझते हुए अपने धनुष पर वायव्य नामक वह बाण चढ़ाया जिसके छूटने पर समस्त वातावरण में भयंकर आंधी छा जाती थी।

उस वाण के धनुष पर चढ़ते ही धूलभरी आंधी चलने लगी। उस समय ऐसा लगने लगा था मानो प्रलय ही होने वाला हो। उसकी धूल से सभी दिशायें और आकाश भर गये। ऐसा लगता था कि आकाश में बादल छा गये हों।

उस आंधी ने देवताओं की सेना की सारी ध्वजायें इस प्रकार तहस-नहस कर दीं मानो वे साधारण चमेली के फूल के समान हों। ये पताकायें आकाश में जाकर उड़ने लगीं। उससे ऐसा लगता था मानो आकाश-गंगा अपनी लहरों को आकाश में फैला रही है। यहां तक कि देवसेना के हाथी तक उस अंधड़ में लड़खड़ाने लगे थे। रथों के घोड़े लड़खड़ा कर गिरने लगे, सारथी इधर-उधर गिर पड़े। सब कुछ उलट-पुलट होने लगा।

यहां तक कि देव-सेना के घुड़सवार अपने ही सैनिकों पर अपने बाण चलाने लगे थे। इस प्रकार अपनी सेना के सैनिकों को वे धरती पर गिराकर अपना बल कम कर रहे थे। उस अस्त्र के प्रयोग से देव-सेना के पदाति सैनिक भयभीत होकर हाहाकार करने लगे।

अब तारक के वायव्य बाण का यह प्रभाव कार्तिकेय ने देखा तो उन्होंने भी उसको तुरन्त ही निरस्त करने का उपाय ठान लिया। उन्होंने अपने मन्त्रबल से ही अन्धड़ को दूर कर दिया और जो देव-सेना इधर-उधर लुढ़की पड़ी थी वह तरो-ताजा होकर युद्ध के लिए तैयार खड़ी दिखाई दी।

तारक ने जब यह देखा तो उसके सारे शरीर में आग लग गई। तब उसने अपना सधा हुआ अग्निबाण चला दिया। उसके चलते ही सारे आकाश में काला धुआं फैल गया।

उसमें किसी को कुछ दिखाई हीं नहीं देता था। काले धुएं के बादलों के आकाश में भर जाने पर राजहंसों को भ्रम हो गया कि वर्षा-ऋतु आ गई है, इसलिए वे प्रसन्न होकर मानसरोवर की ओर उड़ने लगे।

तभी देव-सेना के भीतर ऐसी आग की लपटें उठने लगीं कि उससे आकाश की दिशाएं पीली पड़ गईं। चारों ओर आग की लपटें दिखाई दे रही थीं। सब सैनिक इस आग में झुलस रहे थे और शरण पाने के लिए इधर-उधर दौड़ रहे थे। इस प्रकार झुलसी हुई देव-सेना अन्त में कार्तिकेय की ही शरण में गई।

कार्तिकेय ने उसके लिए अपने धनुष पर तुरन्त वारुणास्त्र चढ़ा लिया। इस बाण के छोड़ते ही भयंकर अंधेरा करती हुई प्रलय की आग से उठे हुए धुएं के समान काली-काली घटायें आकाश में उमड़ने लगीं। बादलों ने ऐसा गर्जन किया कि उससे पर्वतों के शिखरों तक में दरार पड़ गई। इसके साथ ही बड़ी भयानक बिजली कौंधी और उसकी चमक से सब दिशायें पीली पड़ गईं। उस समय वह प्रलय काल में काल की लपलपाती जीभ-सी दिखाई दे रही थी।

आकाश में इस प्रकार गहन अन्धकार छा गया कि कहीं किसी को कुछ दिखाई ही नहीं दे रहा था। आकाश में घनघोर गर्जन हो रहा था और चारों ओर मूसलाधार वर्षा हो रही थी। इससे तारकासुर के बाणों से संसार में फैली हुई सारी आग बुझकर शान्त हो गई।

तारक का क्रोध देखने लायक था। उसने अपने धनुष पर भांति-भांति के बाण चढ़ाकर देव-सेना पर प्रहार करना आरम्भ कर दिया। इस प्रकार उसने देव-सेना को डराकर तितर-बितर कर दिया। उसने कार्तिकेय पर भी बड़ा गहरा प्रहार किया।

कार्तिकेय कब तक उसका खेल देखनेवाले थे। उन्होंने भी अपने खेल-खेल में ही उसके धनुष और बाणों को काट-काटकर धरती पर गिरा दिया। इससे तो दैत्य तारक का क्रोध आकाश को पहुंच गया। उसने अपना रथ छोड़ा और हाथ में लपलपाती भयंकर तलवार लेकर कार्तिकेय पर टूट पड़ा।

कार्तिकेय ने उसका यह उपक्रम देख लिया था। वे यह भी देख रहे थे कि देव-सेना उसको पराजित करने में असमर्थ सिद्ध हो रही है, तब उन्होंने अपना प्रलय की अग्नि के समान भयंकर भाला उस पर फेंका। वह भाला अपनी चमक से सब दिशाओं को चमकाता हुआ शक्ति का प्रतीक वह ठीक तारक के हृदय पर जा कर लगा। तारक के हृदय पर उसके लगते ही देवतागण हर्ष-निनाद करने लगे। उनकी आंखों से हर्ष के आंसू बहने लगे। उसके साथ ही दैत्यों की आंखों से शोक के आंसू लुढ़कने लगे।

उस भाले के प्रहार से तारक मरकर गिर पड़ा था। उस समय वह ऐसा दिखाई दे रहा था मानो प्रलय की आंधी से किसी पर्वत का कोई शिखर गिर पड़ा हो। इन्द्र आदि देवताओं ने जब तारक को इस प्रकार गिरे हुए देखा तो हर्ष से उनका रोम-रोम पुलकित होने लगा।

कार्तिकेय की इस विजय पर उस समय उसके सिर पर आकाशगंगा के जल की

फुहारों से भरे हुए और गन्ध के लोभी भौंरों से घिरे हुए कल्पतरु के फूल आकाश से बरसने लगे। इस विजय से देवताओं के मन आनन्द से खिल उठे थे। उनका आनन्द इतना अपार था कि उनकी छातियों पर बंधे कवच के बन्ध तक तड़ातड़ टूटने लगे थे। वे इतना फूले न समा रहे थे।

इन्द्र आदि सभी देवता कुमार के समीप आकर उनके भुजबल की भूरि-भूरि प्रशंसा करने लगे।

जैसा ब्रह्माजी ने देवताओं को आश्वासन दिया था, तदनुसार जब कार्तिकेय के नेतृत्व में देवसेना ने तारक से युद्ध किया और कुमार कार्तिकेय ने भी तीनों लोकों के हृदय में शूल के समान चुभनेवाले उस तारक राक्षस को यमलोक भेज दिया तो स्वाभाविक ही इन्द्र स्वर्ग के स्वामी बन गये। इन्द्र को सबसे श्रेष्ठ मानकर सब देवतागण अपने-अपने मुकुट-मणियों सहित उनके चरणों में आकर प्रणाम करने लगे।

●●●